Sabine Schlickers

«Que yo también soy pueta»:
la literatura gauchesca rioplatense y brasileña
(siglos XIX-XX)

Ediciones de Iberoamericana

Serie A: Historia y crítica de la literatura
Serie B: Lingüística
Serie C: Historia y Sociedad
Serie D: Bibliografías

Editado por
Mechthild Albert, Enrique García Santo-Tomás
Walther L. Bernecker, Aníbal González
Enrique García Santo-Tomás, Frauke Gewecke
Aníbal González, Jürgen M. Meisel
Klaus Meyer-Minnemann, Katharina Niemeyer

A: Historia y crítica de la Literatura, 28

Sabine Schlickers

«Que yo también soy pueta»: la literatura gauchesca rioplatense y brasileña (siglos XIX-XX)

Iberoamericana • Vervuert • 2007

Bibliographic information published by Die Deutsche Nationalbibliothek.
Die Deutsche Nationalbibliothek lists this publication in the Deutsche
Nationalbibliografie; detailed bibliographic data are available on the Internet at
http://dnb.ddb.de

Gedruckt mit Unterstützung des Förderungs- und Beihilfefonds Wissenschaft
der VG WORT

ISBN 978-84-8489-327-1 (Iberoamericana)
ISBN 978-3-86527-352-9 (Vervuert)

Depósito Legal: SE-6303-2007 Unión Europea

Imagen de la cubierta: Juan León Palliere: "Interior de una pulpería" (1862)

Diseño de cubierta: Michael Ackermann

Este libro está impreso íntegramente en papel ecológico sin cloro.

Printed by Publidisa

Índice

Palabras liminares 9

1. INTRODUCCIÓN 11

2. EL CONTEXTO HISTÓRICO-SOCIAL Y CULTURAL 17
   2.1 Gauderios y gauchos... 17
   2.2 Origen etimológico y étnico 19
   2.3 Vida y cultura del gaucho 20
   2.4 Los tres países fronterizos 24
   2.5 Regionalismo vs. Criollismo 31

3. MODELO GENÉRICO DE LA GAUCHESCA 41
   3.1 Rasgos genéricos a nivel del discurso..................................... 43
   3.2 Rasgos genéricos a nivel del contenido................................... 50

4. LA PAMPA INVADE LA CIUDAD: FORMACIÓN Y DESARROLLO DE LA LITERATURA
   GAUCHESCA 65
   4.1 De los fundadores a las obras cumbre 65
       4.1.1 Un antecedente olvidado: el teatro gauchesco primitivo 65
              El amor de la estanciera (1787)................................. 65
       4.1.2 Los inicios políticos en la poesía gauchesca....................... 67
              Bartolomé Hidalgo: *Cielitos y diálogos patrióticos*
              (1818-1822) 71

Luis Pérez: «Poesía biográfica de Rosas...» (1830) 76
Hilario Ascasubi: «La Refalosa» (1853) y «Isidora la federala
y mazorquera» (1843) y *Paulino Lucero* (1839-1851).......... 78
4.1.3 La poesía gauchesca humorística 81
Estanislao del Campo: *Carta de Anastasio el Pollo...* (1857),
Fausto (1866) y «Gobierno gaucho» (1870)...................... 81
Antonio Lussich: *Cantalicio Quirós y Miterio Castro...*
(1883) 89
4.1.4 La poesía gauchesca seria....................................... 91
Hilario Ascasubi: *Santos Vega o Los mellizos de «La Flor»*
(1872) 91
Rafael Obligado: *Santos Vega* (1885)............................. 96
4.1.5 Las obras cumbre... 100
Antonio Lussich: *Los tres gauchos orientales* (1872) y
El matrero Luciano Santos (1873)................................ 100
José Hernández: *Martín Fierro* (1872 y 1879) 102
Fontanarrosa: «Cuando se dice adiós»............................. 106
Anastasio Culebra: *Juan Acero* (¿1885?) 112
4.2 Muerte y transfiguración del gaucho................................. 114
4.2.1 La institucionalización académica del gaucho................. 114
4.2.2 El gaucho malo 122
Eduardo Gutiérrez: *Hormiga Negra* (1881)...................... 122
Martiniano Leguizamón: *Calandria* (1896) y (1901)......... 125
4.2.3 El centauro de la pampa: la vertiente romántico-realista 128
José de Alencar: *O gaúcho* (1870) 128
Joáo Simóes Lopes Neto: *Contos gauchescos* (1912) 128
Eduardo Acevedo Díaz: *Ismael* (1888), *Nativa* (1890),
Grito de Gloria (1893) y *Lanza y sable* (1914)................. 136
Luis Piñeyro del Campo: *El último gaucho* (1891) 137
Leopoldo Lugones: *La guerra gaucha* (1905)................... 138
El gaucho de la frontera (1905)................................. 139
4.2.4 El gaucho a pie: la vertiente naturalista...................... 140
Eugenio Cambaceres: *Sin rumbo* (1885)........................ 141
Javier de Viana: *Campo* (1896)................................. 142
Alcides Maya: *Ruínas vivas* (1910).............................. 147
Cyro Martíns: *Sem rumo* (1937)................................ 151
4.2.5 La reaparición del gaucho en las tablas 153
Eduardo Gutiérrez: *Juan Moreira* (1886)....................... 153

Florencio Sánchez: *La gringa* (1904) y *Barranca abajo* (1905) 156

Alberto Ghiraldo: *Alma gaucha* (1907) 160

4.2.6 Laucha y Chimango: la vertiente gauchi-picaresca 162

Roberto Payró: *El casamiento de Laucha* (1906) 162

Florencio Sánchez: *El caudillaje criminal en Sud América* (1903) 164

Amaro Juvenal: *Antônio Chimango* (1915) 165

4.2.7 Entre tradición y modernización: la vertiente regionalista-criollista 167

Benito Lynch: *Romance de un gaucho* (1929-1930) y *Los caranchos de la Florida* (1916) 168

Carlos Reyles: *El terruño* (1916) y *El gaucho Florido* (1932) 171

Víctor Pérez Petit: *Entre los pastos* (1920) 174

Enrique Larreta: *Zogoibi* (1926) 175

Ricardo Güiraldes: *Don Segundo Sombra* (1926) y *Cuentos de muerte y de sangre* (1911-12) 178

Enrique Amorim: *El paisano Aguilar* (1934) 183

Roberto Fabregat Cúneo: *El Inca de la Florida* (1935) 186

Arturo Jauretche: *El Paso de los Libres* (1934) 188

Carlos A. Leumann: *Los gauchos a pie* (1938) 190

Elbio Bernárdez Jacques: *La gaucha* (1953) 191

Chito de Mello: *Rompidioma* (2005) 192

4.2.8 Del gaucho al guapo: reescrituras y parodias 193

Jorge Luis Borges: «El Sur» (1953), «El muerto» (1949), «Historia del guerrero y de la cautiva» (1949), «Biografía de Tadeo Isidoro Cruz (1829-1874)» (1944), «El fin» (1953) ... 194

Fontanarrosa: «Payada con un negro» y «La pampa de los senderos que se bifurcan» 206

Jorge Luis Borges: «La intrusa» (1970), «El indigno» (1970), «Hombre de la esquina rosada» (1935) y «Historia de Rosendo Juárez» (1970), «El otro duelo» (1970), «El Evangelio según Marcos» (1970) 207

Juan Filloy: *Los Ochoa* (1972) y *La Potra* (1973) 219

Dalmiro Sáenz: «Treinta Treinta» (1963) 226

Donaldo Schüler: *Martim Fera* (1984) 227

Roberto Bolaño: «El gaucho insufrible» (2003) 230

5. Conclusión 233

8

6. Bibliografía 237
   6.1 Textos 237
   6.2 Estudios 244
   6.3 Repertorios 263

7. Abreviaturas utilizadas 265

Palabras liminares

Antes de entrar en materia, quisiera hacer constar aquí mi agradecimiento a mi colega Ligia Chiappini (Universidad Libre de Berlín), que me invitó a participar en su proyecto de investigación «Fronteras culturales y cultura fronteriza en la comarca pampeana» en el que nació la idea para esta monografía. Ligia organizó en septiembre de 2005 un viaje con sus estudiantes y su colega Ute Hermanns, durante el cual cruzamos dichas fronteras entre Brasil, Argentina y Uruguay en una excursión subvencionada por el DAAD-CAPES (Probral), la Universidad Libre de Berlín y la KfW (Kreditanstalt für Wiederaufbau). Esto me permitió conocer a los *gaúchos do Brasil,* entre los que debería mencionar también a algunas colegas especializadas en la literatura regionalista brasileña como Léa Masina (Porto Alegre) y María Helena Martins (Porto Alegre/São Paulo), con las que permanecí en contacto en varios coloquios que tuvieron lugar posteriormente en Bremen y Berlín.

La Universidad de Bremen me otorgó un semestre sabático que fue indispensable para redactar estas páginas. María José Pérez (Bremen) me ayudó incansablemente en la búsqueda de literatura y corrigió el manuscrito. Ángel Núñez (Buenos Aires), Ana Luengo Palomillo (Bremen) y Ligia Chiappini leyeron la primera versión, Klaus Meyer-Minnemann (Hamburg), Herminia Gil Guerrero (Bremen) y Vera Toro Ramírez (Bremen) la segunda, y todos me hicieron valiosas críticas. A Ángel le debo además la reproducción del cuadro *Interior de una pulpería* de León Palliere que ilustra la cubierta. Julio Schvartzman (Buenos Aires) me regaló sus textos sobre la gauchesca, entre los que encontré la cita del sargento Miranda que le da título a este trabajo. Elaine Padilha, ex estudiante mía proveniente de Porto Alegre, se entusiasmó con la cultura gauchesca de su país y buscó allí varias obras difícilmente asequibles. Mi amiga Laura Naboa me ofreció nuevamente su casa en San Telmo, y con ello las mejores condiciones de trabajo.

Versiones modificadas de algunas partes de este trabajo han aparecido en <http://www.celpcyro.org.br/WorkshopsdoprojetoPROBRAL.htm> y en Tito Carlos Machado de Oliveira (ed.): *Território sem limites. Estudos sobre fronteiras*, Campo Grande: UFMS, 2005, pp. 593-608 y en *Brasil en América Latina* (presumiblemente en la editorial El Salvador: Fundación Heinrich Böll, 2007).

Me gustaría dedicar este trabajo a Wilster, mi alazán querido, que me acompañó casi hasta el final de la redacción de estas páginas, y gracias al cual pude identificarme con el amor del gaucho por su pingo —y con la tristeza de perderlo—.

1. Introducción

Vivieron su destino como en un sueño,
sin saber quiénes eran o qué eran.
Tal vez lo mismo nos ocurre a nosotros.

(Jorge Luis Borges, «Los gauchos»)

En la literatura gauchesca un hombre de a caballo se pone a cantar o a contar para denunciar la miserable condición política y social que le ha tocado sufrir. Levanta la voz, pero no sólo para protestar, sino también para cantar su historia en forma de versos, acompañándose de su vihuela. De ahí el título de este traba-jo, una exclamación sacada del *Paulino Lucero* de Hilario Ascasubi[1], en la que el gaucho sargento Miranda se dirige al gacetero Jacinto Cielo: «empriésteme su gaceta/ que yo también soy pueta/ y en coplear tengo consuelo». Julio Schvartz-man (1996: 87) advierte que «los gauchos de Ascasubi trabajan con la letra. Son redactores, lectores, corresponsales»[2] y, habría que añadir, son «puetas» o paya-dores que reivindican cierta consideración artística.

Es de temer que el subtítulo de esta monografía, que menciona la literatura gauchesca de dos siglos en tres países fronterizos, produzca reacciones de extra-ñeza por parte de estudiosos argentinos y uruguayos, que suelen limitar el géne-ro a la poesía gauchesca decimonónica de Argentina y Uruguay. Pero la noción de «literatura» es más extensiva que la de «poesía», ya que la literatura abarca la poesía, la narrativa y el drama, a saber: los tres grandes géneros de ficción que se

---

[1] «Carta del sargento Mirando al gaucho Jacinto Cielo, que le contestó en las décimas que se leerán después de éstas». En la nota de la Biblioteca Virtual Cervantes se encuentra el aviso de que «esta composición es ajena a la pluma del autor de este libro; pero, haciendo naturalmente relación a su contenido en la contestación [del gaucho Jacinto Cielo] que sigue, se ha juzgado preciso inser-tarla antes».

[2] Los gauchos de Manuel Araucho y de Luis Pérez, enemigo político de Ascasubi, escriben, asimismo, cartas y gacetas.

presentan en este trabajo. En el Brasil, por el contrario, la literatura gauchesca se aplica indistintamente a textos en prosa y verso, al igual que en este trabajo.

El término «gauchesco» surgió a partir de 1874 (Chávez 2004: 18), pero, como casi siempre, la denominación es mucho más joven que el objeto a la que se refiere. De hecho, los antecedentes de la literatura gauchesca remontan a finales del siglo XVIII, al teatro primitivo argentino, mientras que el último texto literario tratado data de 2003.

El medio natural del gaucho es la pampa, que existe, al igual que la literatura gauchesca, en ambas bandas del Río de la Plata y —lo que es menos conocido— en el sur del Brasil. Existen incontables estudios sobre el máximo representante de la poesía gauchesca, el *Martín Fierro*, pero menos estudios sobre otros representantes de este género tan popular. En los últimos cincuenta años se publicaron algunas antologías de poesía gauchesca que incluyeron muchos textos canónicos y otros pocos epígonos. Pero no existe ninguna monografía que presente el desarrollo genérico de la literatura gauchesca de los tres países fronterizos, ni que tome en cuenta las distintas concepciones acerca de lo que es la literatura gauchesca, ni que incluya representantes literarios del teatro, de la poesía y de la narrativa. El presente trabajo tiene el objetivo de llenar estos vacíos y de presentar la literatura gauchesca de cada uno de los tres países y el desarrollo genérico de la gauchesca de la «comarca pampeana» (*vide infra*). Para ello es imprescindible adoptar una «perspectiva *trans-*» —a saber: transnacional, transcultural y transgenérica— e investigar un amplio corpus de textos dramáticos, líricos y narrativos de la gauchesca de Argentina, Uruguay y Brasil de los siglos XIX y XX. El anhelado panorama completo, aunque no exhaustivo de la literatura gauchesca debe no sólo recuperar textos olvidados o ignorados, sino que tiene que considerar el hecho de que, después de la supuesta muerte del gaucho debido a la modernización, hubiera en el siglo XX resurrecciones asombrosas:

> La gauchesca vuelve, reciclada y hecha otra, en las interpretaciones nacionalistas de Rojas y Lugones; en el estilo sentencioso de Atahualpa Yupanqui; en cierta veta de la cultura populista del peronismo, divergente de la solemnidad de los sonetos de homenaje a Evita; en el humor pictórico de Molina Campos; en las alegorías obvias y estáticas de *Los Hijos de Fierro* de Solanas; en las reescrituras paródicas de Leónidas Lamborghini; en la gran producción historietística de Fontanarrosa y su Inodoro Pereyra; en el trabajo con los nombres propios y las citas en una zona de *Alambres* de Néstor Perlongher; en la inversión genérica de *La muda encarnación*, de María del Carmen Colombo, que transforma la vaca de una descalificación nietzscheana en el vesre [sic] equino y femenino de «yovaca»; en la entonación de *Roña Criolla*, de Ri-

cardo Zelarayán; en las voces barriales y suburbanas neopunk de Dos Minutos; en grupos de rock que mientan carnes y guerras gauchas y hasta en la razón social de un sello grabador que insiste en llamarse, puente hacia atrás-adentro y adelante-afuera, Cielito... ¡Records! (Schvartzman 1996:174 s.)

En el capítulo 4.2.1 volveré a las «interpretaciones nacionalistas de Rojas y Lugones», debido a las cuales el largo poema *Martín Fierro* experimentó la consagración académica y oligárquica, adquiriendo después del Centenario estatus de literatura nacional. El famoso folklorista Atahualpa Yupanqui se ubica en el otro polo, el popular. Recuerda en textos y canciones nostálgicamente su juventud en el campo argentino, donde los paisanos le enseñaron su música, y enumera en su descripción del ambiente aquellos elementos que son tópicos de la literatura gauchesca:

> mientras a lo largo de los campos se extendía la sombra del crepúsculo, las guitarras de la pampa comenzaban su antigua brujería, tejiendo una red de emociones y recuerdos con asuntos inolvidables. Eran estilos de serenos compases, de un claro y nostálgico discurso, en el que cabían todas las palabras que inspirara la llanura infinita, su trebolar, su monte, el solitario ombú, el galope de los potros, las cosas del amor ausente. Eran milongas pausadas, en el tono de do mayor o mi menor, modos utilizados por los paisanos para decir las cosas objetivas, para narrar con tono lírico los sucesos de la pampa. El canto era la única voz en la penumbra [...]. Así, en infinitas tardes, fui penetrando en el canto de la llanura, gracias a esos paisanos. Ellos fueron mis maestros (Yupanqui 1965).

A pesar de su lista considerablemente larga, Julio Schvartzman no menciona la conservación de la cultura gauchesca por medio de canciones, bailes, rodeos, carreras, vestidos y otros usos gauchescos en las familias y en los centros de tradiciones criollas, como tampoco su comercialización en las *souvenir-shops*. En este trabajo se analizarán algunos de estos productos «reciclados» que llegan a ser muy sublimes, por ejemplo, las reescrituras de un autor tan renombrado como Jorge Luis Borges, graciosas historietas de Fontanarrosa, parodias por parte de autores «vernáculos», pero asimismo «extranjis» como el chileno Roberto Bolaño, pero también textos criollos populares rastreables en anticuarios.

La literatura gauchesca de Argentina y Uruguay tiene más títulos y más fama que la brasileña, que «é pobre em quantidade» (Martins 1944/2002:15), pero esto no puede ser motivo para ignorarla tanto por parte de la historiografía

como de la historia literaria[3]: La *Encyclopædia Britannica* (s.v. «gaucho») menciona «the Argentine and the Uruguayan pampas», pero informa sólo en la última frase: «The people of Rio Grande do Sul state in Brazil are called *gaúchos*»; y
bajo «gaucho literature», el Brasil ni siquiera aparece. Borges (1950), tal vez el
lector más famoso de la *Encyclopædia Britannica,* no menciona tampoco la literatura brasileña en sus estudios sobre la poesía gauchesca.

La literatura gauchesca brasileña se formó tardíamente, al principio del siglo
XX, sobre la base de la gauchesca argentina y uruguaya. Según Léa Masina (2002:
93), «a crítica dominante até as últimas décadas do século XX [...] negou [este]
influxo platino na literatura gaúcha por motivos ideológicos», que residirían en
el temor de que los «sul-rio-grandenses, contaminados pelo caráter libertário e
bélico dos platinos, reivindicassem sua separação territorial e administrativa do
resto do Brasil». Pero sería erróneo concluir que no existían intercambios entre
autores y críticos brasileños e hispanoamericanos, aunque están mal estudiados.
Los trabajos de Túlio Medeiros (2006) sobre el olvidado crítico pernambucano
Sílvio Júlio (1895-1984), de Eoná Moro sobre traducciones que facilitaron el
intercambio entre los escritores y otras tesis de doctorado que se están escribien-
do dentro del proyecto de investigación «Fronteras culturales y cultura fronteriza en la comarca pampeana», bajo la dirección de Ligia Chiappini, ayudarán a
llenar este vacío. Por el momento, existen relativamente pocos estudios de críticos brasileños sobre la influencia del *Martín Fierro* en la obra de Alcides Maya
(Masina 1998) y en la cultura gauchesca del Brasil (Chiappini 2001), sobre el
Fausto de Estanislao de Campo (Chiappini 2000) y los cuentos de Javier de Viana (Chiappini 2005b). Pero la mayoría de los críticos y autores brasileños parecen no haber tomado en cuenta la literatura gauchesca rioplatense[4] y viceversa.
Los críticos hispanoamericanos señalan hoy la gran influencia que tuvo el *Martín Fierro* en el sur del Brasil, donde se escribió también su primera parte, pero
se refieren únicamente al poema satírico *Antônio Chimango* como representante
de la literatura gauchesca de Rio Grande do Sul (Chávez 2004: 29, Núñez 2004:
208) sin mencionar siquiera la narrativa gauchesca brasileña[5].

---

[3] Félix Weinberg (1974: 103-145) constituye —hasta donde veo— la única excepción de esta
regla: dedica cinco páginas a la literatura gauchesca riograndense.

[4] Aunque Cyro Martins (1944/2002:14) reconoce que la presentación de la literatura gauchesca «deverá abarcar o estudo da literatura crioula do Uruguai e da Argentina», limita su propio estudio a la literatura riograndense.

[5] No obstante, es de suponer que esta exclusión se debe a la mencionada concepción del género de los críticos argentinos que lo limitan a la poesía gauchesca.

En lo que sigue incluiré algunos de estos textos literarios riograndenses para poder presentar un cuadro más completo y equilibrado de la literatura gauchesca de los tres países. La historia del género está vinculada estrechamente al contexto histórico-social y cultural (cap. 1), cuya reconstrucción trata de revelar en un segundo paso por qué la literatura gauchesca adquirió estatus de literatura nacional en Argentina y Uruguay, y «sólo» de literatura regional en Rio Grande do Sul. Pero no faltan únicamente estudios que se dediquen a las tres culturas y a los tres grandes géneros. La literatura gauchesca carece también de una modelización teórico-genérica y narratológica (cap. 3) que fomente la base para poder (re)construir la formación y el desarrollo de la misma (cap. 4). No sólo hay que trazar someramente las grandes líneas del desarrollo de la literatura gauchesca, sino que para llegar a esta abstracción es imprescindible dedicarse cuidadosamente a los textos gauchescos singulares del teatro, de la poesía y de la narrativa. Puesto que la pertenencia genérica es contingente —los poemas gauchescos suelen ser largos y narrativos y lo que importa es el contenido gauchesco como rasgo fundamental— prescindo en adelante de una división por géneros. La presentación de los textos se ordena, en cambio, de un modo cronológico, poetológico y temático, lo que corresponde más al proceso real de su gestación y circulación. Una presentación por géneros insinuaría, en cambio, cierta teleología que me parece muy arbitraria y que podría ser contradicha fácilmente por la aparición o el descubrimiento de cualquier texto no tomado en cuenta, por ejemplo un poema gauchesco paródico tardío (como efectivamente se encontró) en el supuesto siglo de la narrativa gauchesca.

Debido a que la crítica erudita descarta los textos gauchescos en prosa, y como la mayoría de ellos son desconocidos y no pocos difícilmente accesibles, me decidí a presentarlos a modo de breves reseñas. El análisis de textos literarios canónicos y de epígonos forma el grueso de este trabajo y persigue varios objetivos: destacar las semejanzas y diferencias de la literatura gauchesca dentro de y entre los tres países; revelar las particularidades de los textos singulares que no pueden o no deberían reducirse a sus rasgos típicos genéricos; resaltar la figura del gaucho como modelo de identidad en los tres países fronterizos y completar así desde una posición externa la investigación de la literatura gauchesca.

2. El contexto histórico-social y cultural

2.1 Gauderios y gauchos

Los antecedentes del gaucho eran los gauderios, que aparecieron en 1773 en la literatura como «hombres 'sin ley y sin rey' que a menudo solían tener enredos con la justicia de la colonia» (Guarnieri 1967: 28). Al contrario de los gauchos solitarios, los gauderios formaban grupos grandes cuyo núcleo «estaba constituido por lusitanos o descendientes de los mismos, que se dedicaban al comercio y al arreo clandestino de ganado que se introducía en el Brasil» (*Ibíd.*:34). Después se borran sus huellas. Guarnieri (35) constata con cierto desamparo que «los gauderios parecen desaparecer en el punto mismo —indeciso y muy vago— en que aparece el gaucho». Pero ¿dónde y cuándo apareció el gaucho? Estas cuestiones palpitantes ocupan buena parte de la investigación.

Tal vez sea una ironía de la historia que los investigadores encontraran siempre documentos que atribuían el origen del gaucho al país vecino: el uruguayo Fernando de Assunção detectó una voz que los ubica en 1774 en Rio Grande do Sul, «desde donde el gaucho se habría desparramado por el Uruguay y las pampas» (Dellepiane 1981: 11). Pero Assunção no consideró el hallazgo del autor y crítico argentino Martiniano Leguizamón (*La cuna del gaucho*, 1935), quien había encontrado en el Archivo de Indias un manuscrito de 1772 que demuestra que el gaucho existía ya en aquel entonces en lo que posteriormente sería el Uruguay[1]. Becco, en cambio (basándose también en el estudio de Assunção, pero sin indicar exactamente la fuente), cita una comunicación del comandante de Maldonado (Uruguay) al virrey, fechada un año antes, en 1771, en la que figura la re-

---

[1] Emilio Coni (1945: 185 s.) —según Assunção (1978: 439) «paladín de [la] gauchofobia», juicio repetido por Cymerman (1997: 203) sin referirse a Assunção— ignora asimismo el hallazgo de Martiniano Leguizamón, postulando que «el vocablo *gaucho* [aparece por primera vez en la escritura lusitana] en 1803, es decir, bastante años después que en la documentación española, cuya mención más antigua hasta hoy conocida es de 1790» Garganigo (1966: 12 s.), en cambio, cita el estudio de Leguizamón.

ferencia a algunos «gahuchos» malhechores que «se habían dejado ver a la Sierra».
Estos documentos relativizan el valor atribuido a la supuesta fuente primaria que
habla de los gauchos sin mencionar el lexema, el *Lazarillo de ciegos caminantes*
(1773)[2] de Concolocorvo (seudónimo de Alonso Carrió de la Vandera). El autor,
«indio de origen inca que acompañó al Inspector de Correos [...] entre Montevideo y Lima a principios de 1771», editó su obra en España. En ella

> aparece la primera referencia a los Payadores, [que le cayeron al autor] de manera
> poco afortunada: «Se hacen de una guitarra, que aprenden a tocar muy mal y a can-
> tar desentonadamente varias coplas, que estropean y muchas que sacan de su cabeza
> que regularmente ruedan sobre amores» (citado en Jubany 2003: 58).

No obstante, el primero que puso un gaucho a cantar fue Baltazar Maciel,
un «escritor anodino de la colonia», quien compuso en 1777 un poema que se
llamaba «Canta un guaso en estilo campestre los triunfos del Excmo. Señor Don
Pedro de Cevallos» (ver Schvartzman 1996: 162). Cortazar (1969: 22) opina
asimismo que «por su metro, su atribución a 'un guaso' y algunas notas de color
local puede ser ubicado como la primera y ocasional manifestación de la poesía
gauchesca porteña». El primer verso de esta composición fue adoptado posteriormente por Hernández en el *Martín Fierro*: «Aquí me pongo a cantar».

A Slatta (1985: 25) le «parece probable que los gauchos hayan surgido en la
banda argentina del Río de la Plata como cazadores del ganado cimarrón que se
propagó a lo largo del río, desde Asunción del Paraguay, a fines del siglo dieciséis
y principios del diecisiete». Carlos Reverbel (1986: 69) es, independientemente
de Slatta, de la misma opinión:

> O gaúcho apareceu, na sua feição primitiva, em terras do Rio da Prata. E começou a
> esboçar-se, como tipo social, a partir de 1536, data da primeira fundação de Buenos
> Aires. Seu aparecimento no Rio Grande ocorreria bem mais tarde, sob a influência
> dos mesmos fatores: pastagens abundantes e enormes rebanhos sem dono.

Sea como fuere, podemos concluir que los gauchos poblaron la «comarca
pampeana» platense y riograndense desde el siglo XVIII[3].

---

[2] Curiosamente, el lexema pícaro tampoco se utiliza en la primera novela picaresca, el *Lazarillo de Tormes*.

[3] Larocque Tinker (1952: 69) advierte que la historia de los vaqueros mexicanos es muy parecida, puesto que los conquistadores españoles introdujeron las reses y caballos que se convirtieron

2.2 ORIGEN ETIMOLÓGICO Y ÉTNICO

Otra cuestión arduamente discutida se refiere al origen etimológico de la palabra gaucho. Borges (1975/2002: 207) dice al respecto: «entre las veintitantas etimologías de la palabra gaucho, la menos inverosímil es la de huacho, que Sarmiento aprobó». Martiniano Leguizamón (1935: 148) sostiene la misma hipótesis que Sarmiento: «de la palabra denigrativa huacho, animal sin madre, huérfano, desamparado, nació, por metátesis con sólo alterar una letra, el nombre del primitivo morador de nuestros campos». Assunção (citado por Becco 1972: 18) plantea otro origen etimológico: el lexema gaucho sería «derivado del francés o provenzal 'gauche', del verbo 'gauchir' = alabeado, torcido, desviado, y que pudo ser aplicado por extensión [...] con el valor de descarriado, cimarrón, evadido social, mal inclinado».

Más interesante que la etimología es la significación y connotación de la palabra que cambió a lo largo del tiempo:

> la palabra gaucho —que significó *pastor* en las ganaderías del virreinato; *soldado* en las caballerías de la independencia; *jinete diestro* y *hombre altivo* en las épocas de germinación federal, llegó a significar *bandido, ocioso,* para las nuevas y destacadas generaciones portuenses (Rojas 1948: Vol. 2, 598).

Mientras para unos los gauchos lucharon involuntariamente en las guerras de independencia, para otros participaron porque querían «vengarse de los agravios recibidos de las autoridades españolas y dar rienda suelta a sus instintos sanguinarios» (Coni 1945: 197) y sembraron luego «el terror entre la población sedentaria y pacífica» (*Ibíd.*: 198). Slatta (1985: 30 s.), en cambio, cita un fragmento del diario de Darwin de 1833 que da fe de sus impresiones bastante favorables de los gauchos «o gentes campestres [que] son muy superiores a quienes residen en la ciudad. El gaucho es invariablemente más agradecido, cortés y hospitalario»; pero comenta también «la proclividad del gaucho a las peleas a cu-

---

en grandes rebaños y manadas salvajes que se «extendieron hasta California y la parte suroeste de los Estados Unidos». De ahí también que los *cowboys* de Norteamérica aprendieran a cuidar el ganado, domar potros, etc. de los vaqueros mexicanos (ver *Ibíd.*: 94 ss.). Pero el dominio de los *cowboys* en la vida económica y política de una cuarta parte de los Estados Unidos fue relativamente corta: «Empezó justo después del final de la guerra civil, en el año 1865, y acabó allá por el año 1890» (*Ibíd.*: 103).

chillo». Pronto se formó una «leyenda negra gauchesca» que Guarnieri (1967: 36) explica así: «El nombre del gaucho [...] no mereció por entonces el honor de ser estampado por la pluma de los amanuenses y los escribas coloniales. [Sólo cuando] el gaucho 'se enredó' con una justicia que no podía comprender [...], el gaucho apareció en los documentos oficiales [...] como cuatrero, vago, contrabandista». Entre estos hombres rudos de la pampa se formaron frecuentemente los caudillos regionales (*HGL* Vol. 2, 426) —versión criticada por Ansolabehere (1997: 270) como «extremadamente ingenua», porque «en realidad los caudillos fueron, en su gran mayoría, importantes terratenientes o ex jefes militares de los ejércitos de la revolución».

El origen étnico del gaucho constituye el tercer aspecto discutido. Mientras que «los hispanistas acentúan las raíces andaluzas o árabes de la cultura ecuestre de la pampa» (Slatta 1985: 23 s.) —Slatta menciona a Tobal, Quesada y Martiniano Leguizamón—, el «uso de boleadoras, y la adicción al mate, de larga data en Sudamérica, respaldan el argumento indianista». Podrían añadirse las facultades de baquiano y de rastreador a favor de este argumento[4], aunque «la mayoría de los argumentos americanistas [...] enfatizan el origen mestizo del gaucho» (*Ibíd.*: 24) que Sarmiento ya había destacado en el *Facundo*. No obstante, las teorías raciales pueden llegar fácilmente a paroxismos insostenibles, como por ejemplo en el caso de Moysés Vellinho (1958). Según este crítico brasileño, el gaucho del Río de la Plata es un mestizo bárbaro, mientras que el gaucho riograndense desciende de los «pioneiros», o sea, «lagunistas, bandeirantes e reinóis, de soldados [...] e de numerosos casais de açorianos» (218). Aunque los últimos no gozaban precisamente de una imagen positiva, la mezcla de sangres, sobre todo la de «índio e negro que se juntou a êsses troncos [do gaúcho riograndense] não foi suficiente para afetar-lhes a vocação originária ou desviá-los de seu destino político» (219). Léase: el riograndense era siempre un gaucho disciplinado y civilizado que luchaba por una patria mejor.

2.3 Vida y cultura del gaucho

Sobre este trasfondo resulta que hay que vincular las destrezas y características del gaucho a una cultura particular y no a su origen étnico o nacional, por lo

---

[4] Ver asimismo la hipótesis de Núñez (1992), según el cual el gaucho proviene de las «estancias jesuíticas de guaraníes», ya que los jesuitas, que tenían que alimentar a los indios que habían agrupado en las reducciones, desarrollaron toda una cultura de cría de bovinos y trabajo con caballos.

demás bastante oscuro[5]. Borges (1975/2002: 207 s.) confirma: «No eran un tipo étnico: por sus venas podía o no correr sangre india. Los definía su destino». Ángel Rama (1983/2001: 1069) advierte otro aspecto interesante de esta cultura:

> podrían haber sido bilingües, utilizando el español y alguna lengua indígena o el portugués, no sólo por su doble origen racial (padre
> español, madre indígena) sino sobre todo por su doble comercio con ambos grupos étnicos. Refugiarse como Cruz y Fierro en las tolderías indias no debía ser inusual en la vida de tantos gauchos alzados.

Guarnieri (1967) comienza su estudio sobre el gaucho con una descripción de la vida rural en el virreinato, cuando el gaucho vivía con toda la familia en un rancho, «las más de las veces de una sola habitación» (40). En aquella soledad pampeana no llegaba ni la escuela ni la ley, sino el «válete a ti mismo» (43)[6].

Como la mayoría de los historiadores y sociólogos, Guarnieri (1967: 66) recurre a la literatura como fuente y constata que «toda la literatura gauchesca de los primeros años (Hidalgo, Ascasubi y luego Hernández y Lussich) nos muestra al gaucho respetuoso de su religión», puesto que hay «a menudo invocaciones a la Virgen, a Cristo, a la Virgen de Luján» y la forma de saludar «era la de 'Ave María purísima', que se contestaba con un 'sin pecado concebida', al que seguía una invitación a desmontar y pasar al rancho» (*Ibíd.*: 67)[7]. Si este respeto no alcanzaba, los hombres recurrían a medidas más drásticas: en el cuento «La estancia vieja» (Güiraldes: *Cuentos de muerte y de sangre*), don Rufino, propietario de una estancia que sigue las viejas tradiciones, tiene una Virgen que no le ayuda para traer la lluvia necesaria en tiempos de sequía. La pone en un palo «hasta que hagás llover» (87) —poco después, estalla una tormenta—. Otra característica de los gauchos es su superstición: «Ante un peligro o ante una 'luz mala' el gaucho se persignaba, con lo que se creía lo suficientemente protegido por Dios»

---

[5] Véase también el uso del adjetivo en *Facundo* (174): «un asistente inglés, tan gaucho y certero en el lazo y las bolas como el patrón».

[6] Scalabrini Ortiz (1931: 39) caracterizará el «hombre de Corrientes y Esmeralda» entre otros aspectos por esta «facilidad para salir de apuros, encontrar recursos en sí mismo, en resolverlo todo en plena pampa [que] sorprenderá siempre al viejo europeo».

[7] La validez (literaria) de este saludo se confirma en la novela *La reina del Plata* (1988: 49) de Abel Posse, donde los gauchos refugiados en un hotel de la «Capital Confederal» contestan el saludo «—¡Ave María Purísima!» de la amante del narrador con un «—¡Sin pecado concebida! niña...».

(Guarnieri 1967: 67). Inchauspe (s.v. «luz mala») aclara la procedencia de estas 'luces malas':

> Las materias grasas —carnes, huesos, etc.— que se encuentran en descomposición en los terrenos húmedos, suelen producir una fosforescencia que se destaca, con gran nitidez, en la oscuridad de la noche: es un fuego fatuo. Pero el gaucho, que ignoraba su origen, la consideró cosa sobrenatural [...]: encarnación de un ánima en pena.

Slatta (1985: 115) menciona las supersticiones que tenían «con respecto a las mujeres; por ejemplo, que no se podía permitir que las mujeres montaran un buen caballo: la debilidad femenina presuntamente corrompía al animal, lo volvía desobediente, le hacía perder la resistencia y aun el pelo» —*cherchez la femme...*—. Además, los gauchos respetaban ciegamente los códigos autoritarios, por lo menos, si debemos creer a Sarmiento: «así es el gaucho argentino: mata porque le mandan su caudillos matar, y no roba, porque no se lo mandan» (*Facundo*, 187).

Los hombres calzaban al principio «botas de potro», que fueron «el calzado del pobre de tierras adentro» (19) y se hacían de las patas de los animales: el codo se ponía en el talón, por lo que «los dedos grandes de los pies quedaban fuera» (55) y debían sostener la cuerda del estribo —de ahí que Vizcacha «tenía las patas como loro,/ de estribar entre los dedos» (*Martín Fierro*, II, vv. 2173 s.)—. Esta imagen puede interpretarse como signo de ficcionalidad, puesto que «es muy raro que un gaucho ponga el pie en el estribo (andando a caballo nunca), pues lo usa únicamente en las paradas cuando quiere lucir su figura» (Guarnieri 1967: 61 s., sin referirse a *Martín Fierro*). Gracias al progreso y al contacto con otras nacionalidades, la bota de potro cayó en los años sesenta en desuso (ver Slatta 1985: 289) y el gaucho, que se alimentaba casi sólo de carne y sufría por ello constantemente de quistes en el hígado, empezó a saborear el pan.

Las famosas boleadoras se utilizaron tanto para la caza del venado y de los avestruces como para los trabajos rurales y las guerras. Rodríguez Molas (1968: 447) cita a oficiales superiores que «aluden con frecuencia a la total falta de interés del gaucho por las armas de fuego». Antes de la implantación de la leva (*cfr. infra*), los gauchos pelearon ya en las guerras de la independencia, pero fueron despreciados por los ciudadanos:

> Cuando en el curso de las guerras de la independencia —con Artigas y otros caudillos— el gaucho se asomó a la ciudad y recorrió luego sus calles como un conquistador, la buena sociedad porteña hizo una mueca de desagrado. Sus damas no bordaron banderas para estos soldados altivos y sufridos, ni cosieron uniformes y ropas. Los gauchos de la Banda Oriental solían morir con los pechos desnudos. Antes de

entrar en batalla se quitaban las camisas para salvarlas de los desgarrones de las chuzas y los sables (Guarnieri 1967: 85).

Juan Manuel de Rosas mantenía un régimen privado de gauchos, los «colorados del monte», con ayuda de los cuales extendió en los años veinte hasta mediados de los treinta la frontera en el sur de Buenos Aires (*HGL*, Vol. 2, 413). Bajo su régimen existían simultáneamente un fuerte culto al gaucho —piénsense en las cintas rojas de los años cuarenta[8]— y una fuerte represión del mismo[9]. Rodríguez Molas (1968: 228 s.) señala que «la propaganda federal atrae a sus filas al pueblo, enemistándolo con los 'doctrinarios' y los comerciantes de la ciudad. Con ese motivo afirman públicamente que los estancieros constituyen los verdaderos defensores de los intereses de los gauchos»: «[...] Esto es lo que se [h]a aprendido/ con la civilización:/ si no saben otra cosa/ más sabio es mi mancarrón. // *Cielito, cielo que sí/ cielito*; y es evidente/ el hacendado es de plebe,/ y un tiendero hombre decente». El valor propagandístico de este «Cielito del Torito» de Luis Pérez se vuelve evidente si se piensa en que los dueños de grandes extensiones de tierras y los comerciantes desdeñaban a la «plebe» gauchesca.

Aunque Rosas no reforzaba la política de inmigración —se mofaba de la «escasa inteligencia de los galleguitos» (*Ibíd.*: 285), los pagaba mal y los obligaba al servicio militar—, los extranjeros ejercían aquellos trabajos a pie que los gauchos no querían hacer, como la «limpieza y mantenimiento de pozos y estanques» (*Ibíd.*: 288). Assunção (1978: 437 s.) confirma que los trabajos agrícolas como arar, sembrar, cosechar, trillar no les agradaban nada a los gauchos y que fueron reservados a los «gringos». Pero aclara que con el tiempo los gauchos se mezclaron con las hijas de los gringos y que debido a este «agri[n]gamiento» hicieron paulatinamente los trabajos antes desdeñados. Otros oficios frecuentemente tratados en la literatura eran el de tropero, que conducía vacunos o caballos a través de las regiones fronterizas, y el de contrabandista[10].

---

[8] Luis Pérez (*vide infra*) defendió el decreto del uso de la divisa poéticamente: «Al ver los federales/ con su divisa/ a algunos unitarios/ les causa risa./ No será espanto/ que esta risa algún día/ se vuelva llanto./ Vale más un paisano/ con sus cintitas/ que no esos maricones/ hermafroritas (*sic*) [...]» (citado en Schvartzman 1996: 123 s.).

[9] Ver Slatta (1985: 281 ss.); Rodríguez Molas (1968: 239) advierte que la leva existía en la época de Rosas con iguales características que en los tiempos anteriores, porque las frecuentes guerras contra sus opositores demandaban gran cantidad de soldados.

[10] Reverbel (1986: 75) encuentra el origen del contrabando en el virreinato: «como as duas coroas, tanto a lusitana como a espanhola, entravavam o livre comércio, não permitindo o seu natural

Podemos concluir que el gaucho se caracteriza por su marginación social, cierta pobreza, poca cultura y mucho machismo. Vamos a ver más adelante cómo se construye esta imagen en la literatura gauchesca. Borges había constatado ya en 1950 que «derivar la literatura gauchesca de su materia, el gaucho, es una confusión que desfigura la notoria verdad» (5), y Rama refuerza esta observación en «El sistema literario de la poesía gauchesca» para enfocar el lado de la producción literaria:

> Las causas de la literatura gauchesca [...] no deben buscarse en los asuntos de que trata y menos en los personajes que utiliza, sino en las concretas operaciones literarias que cumplieron los escritores que las produjeron. Lo que implica abandonar uno de esos ilusionismos que construye con sutil artificialidad el verismo —el de que estamos ante espontáneas creaciones del pueblo cantor (Rama 1983/2001: 1050 s.).

No quiero tampoco proseguir con esta lectura verista, sino analizar el lado artístico-constructivo de la apropiación del gaucho en la literatura, que se revela también en las bellas artes y en la música[11]. Pero ya que la literatura gauchesca se apropia de determinadas circunstancias histórico-sociales, es imprescindible situarla en la historia social. Por esta razón se revisará en el siguiente capítulo el trasfondo histórico de los tres países fronterizos.

2.4 LOS TRES PAÍSES FRONTERIZOS

Empezando en 1806 con la llegada de tropas bajo el mando del general británico Whitelocke, la victoria de los argentinos y la proclamación de Liniers como virrey provisorio en 1808, y el «Día de la patria» (caída del virrey español) en 1810, hubo en Argentina en el primer cuarto del siglo continuamente guerras y revoluciones. La Constitución de 1819 no respetaba más la autonomía de las provincias, lo que provocó una protesta de «los 13 ranchos» y desembocó en una rivalidad permanente entre la capital y las provincias. En 1825, los federalistas vencieron a los unitarios; su líder, el general Rosas, primero gobernador de

---

desenvolvimento, o contrabando começou a correr frouxo, com a Colônia do Sacramento como principal entreposto».

[11] Ver para la construcción musical gauchesca de la *argentinidad* el estudio de Schwartz-Kates (2002) y para una lista de títulos de obras, géneros y autores pertenecientes a la música popular Carretero 2002: 234-238) y a la pintura *Ibíd.*: 246-252.

Buenos Aires (1829-1832), se convirtió después en un dictador cruel (1835-1852). En 1826, la Constitución fue declarada inválida; el experimento liberal había fracasado. Las «Provincias Unidas del Río de la Plata», como Argentina se llamaba en aquel entonces, eran una ficción, porque tal unidad o institución no existía: los estados federales inhabitados en los que existían unas pequeñas ciudades coloniales exigían su autonomía y tenían sus propios caudillos que luchaban o contra Buenos Aires o entre ellos mismos. En esos años violentos nació el mito del gaucho (rebelde) y de la pampa.

A partir de los años setenta se efectuó la modernización de las estructuras de producción en el campo, que «llevó al 75% de los peones y gauchos al paro»[12]. En consecuencia muchos se trasladaron, junto con los inmigrantes, a las ciudades y a la capital»[13]. Hubo, pues, cierto desarrollo económico en las ciudades, pero simultáneamente escasez y pobreza en el campo, donde los nativos competían además con los «gringos» (italianos y otros extranjeros inmigrados), para ellos «heraldos de un cambio indeseado: cercas, sembradías, ferrocarriles» (Slatta 1985: 18). No obstante, Slatta (*Ibíd.*: 291) alude simultáneamente al hecho de que

> los inmigrantes y los gauchos rara vez [competieran] directamente por los empleos porque los primeros hacían las tareas de a pie y los segundos las de a caballo. La crianza de ovinos era una de las pocas áreas de la economía rural donde competían los gauchos y los gringos. [Pero] los extranjeros solían trabajar en localidades cercanas al puerto, mientras que los nativos trabajaban en regiones del Sur y del Oeste.

Con la creciente falta de trabajo, los gauchos se convirtieron pronto en nómadas o criminales. Slatta (1985: cap. 10) documenta incluso una gran matan-

---

[12] La provocativa caracterización del siglo XIX en América Latina como «la pobreza del progreso» de Bradford Burns, «donde élites europeístas medraron a expensas de una población 'tradicional' que pagó a regañadientes el alto costo de una despareja 'modernización' (Slatta 1985: 13), es acertada, pero debería correlacionarse con la modernización dependiente del continente en su globalidad.

[13] Schlickers (2003: 64). La estadística sobre la «Migración interna a la provincia de Buenos Aires, 1869-1914» (ver Slatta 1985: 284) demuestra que «pocos inmigrantes se aventuraban más allá de la pampa húmeda hasta el estancado interior, prefiriendo permanecer en el puerto, en un pueblo pampeano, o en una chacra arrendada. Un tercio de todos los inmigrantes se estableció en la provincia y otros tres décimos en la Capital Federal. El grueso de los recién llegados eran varones adultos, lo cual alteró abruptamente la proporción entre los sexos en todo el litoral» (*Ibíd.*: 285).

za de extranjeros en el partido de Tandil en 1872 que demuestra hasta dónde llegó la reacción xenófoba de los gauchos[14]. *La Nación* publicó a raíz de este caso un editorial en el que «citaba las deplorables condiciones del gaucho en la campaña como la motivación central del crimen» (*Ibíd.*: 298). El exterminio de un pulpero vasco, representante de la pampa nueva, gringa, capitalizada, simboliza junto con la destrucción de sus libros de contabilidad la liberación de la esclavitud económica en la que había caído el gaucho (*Ibíd.*: 299).

Otros gauchos emigraron a las ciudades, donde vivían en los arrabales, compitiendo con los inmigrantes europeos, sobre todo italianos, cuyo «ingreso masivo alcanzó en la segunda mitad de los años ochenta un primer punto culminante, superado entre 1910 y 1915 por una segunda cumbre» (Schlickers 2003: 60). La identificación con el gaucho y con el criollo en los años veinte era una forma de protesta contra los inmigrantes, pero ya cuando Perón asumió el poder, «los gauchos y los orilleros a quienes había cantado Borges se habían transformado en los 'descamisados'» (Fernández 1999: 20). Creo que sería más exacto hablar como Eva Perón de una reencarnación del gaucho, puesto que la mayoría de los «descamisados», también llamados «cabecitas negras», eran migrantes mestizos de las provincias del interior (Slatta 1994: 160).

En Uruguay, que pertenecía como «Banda oriental» a España, hubo también hasta bien entrado el siglo XIX luchas constantes. Pero allí eran los españoles los que luchaban contra los portugueses por la hegemonía. La independencia de Argentina en 1810 originó también en Uruguay una rebelión, guiada por el carismático Artigas, que luchaba en favor de reformas sociales y agrarias. No obstante, en 1817 el país fue colonizado por Brasil y sólo en 1828 se independizó definitivamente. Poco después, los indios charrúas fueron exterminados. Las siguientes décadas se caracterizaron por guerras civiles y disputas entre el partido colorado de los liberales y el partido de los blancos conservadores que reinó en el interior del país. *Los tres gauchos orientales* (1872) de Lussich (4.1.5) y las novelas históricas de Acevedo Díaz (4.2.3) ofrecen un testimonio literario valioso de esta época desde el punto de vista de los gauchos que participaron activamente en las batallas sangrientas. Con el asesinato de Flores en 1868 termina en Uru-

---

[14] Francisco Fernández adoptó esta historia en 1884 bajo el título de *Solané* al teatro, pero no tuvo mucho éxito (Slatta 1985: 301). En los años siguientes, hubo más estallos de violencia en el campo (ver *Ibíd.*: 303 y *vide infra* el análisis de *La gringa*). Para las actitudes xenófobas en Buenos Aires de las que se apropian los autores de novelas naturalistas que tratan de inmigrantes ver Schlickers (2003: cap. 4.1.1).

guay el gobierno de los caudillos y se introducen nuevas técnicas de producción que modernizan el país y cambian la vida de los gauchos.

Rio Grande do Sul era antiguamente una provincia española que fue conquistada paulatinamente por los portugueses, hasta que se firmó en 1750 el Tratado de Madrid, según el cual las siete misiones jesuíticas iban a pertenecer a Portugal, mientras que Colonia de Sacramento cayó bajo el dominio de España. Poco después llegaron azorianos que fueron llamados para «poblar el desierto» y asegurar la frontera; un siglo más tarde, este proyecto se renovó con la llegada de los inmigrantes alemanes y en los años setenta, con los italianos. Entre 1835 y 1840, los riograndenses lucharon en la llamada Revolução Farroupilha contra el poder central, y trataron de fundar una república independiente dentro de la monarquía. Después del fracaso de la Revolução Farroupilha, el poder de los latifundistas riograndenses con respecto a la política nacional y regional quedó muy reducido. Al contrario de lo que pasaba en Argentina, donde la oligarquía ganadera tomaba decisiones importantes con respecto a la política del país, como lo demuestra Slatta (1980) en su estudio comparativo del desarrollo socio-económico y demográfico en Rio Grande do Sul y la provincia de Buenos Aires entre 1870 y 1920. Slatta concluye que «both areas 'modernized' according to the same general pattern» (191), pero observa que el desarrollo económico de Rio Grande se produjo más lentamente debido a su marginalidad política. La mayor diferencia social residió en la masiva inmigración a la provincia de Buenos Aires (195), que no puede compararse cuantitativamente con la llegada de los inmigrantes alemanes e italianos al Rio Grande do Sul.

En cuanto al otro país fronterizo, la Banda Oriental, hubo siempre muchos contactos: uruguayos y brasileños se casaban, organizaban tropas en el país vecino que procuraba, además, las armas, la munición y mercenarios para la próxima revolución (Reverbel 1986: 106 s.).

El primer «Centro de Tradições Gaúchas» (CTG) fue fundado en 1935[15] para rememorar la Revolução Farroupilha[16] y «resgatar a imagem épica do homem

---

[15] Ligia Chiappini advierte en un comentario personal que «já no tempo de Simões Lopes, existiu em Pelotas a União Gaúcha, espécie de precursora do CTG e com objetivos e atividades muito semelhantes» y señala el estudio *A parte e o todo* (1992) y varios otros ensayos sobre la tradición y el movimiento de los CTG del antropólogo Ruben Oliven (ver bibliografía).

[16] Esta Revolución se conmemora cada año con gran pompa en Porto Alegre, pero también en todo el estado de Rio Grande do Sul y en Rivera (Uruguay). Dos novelas recientes tratan de ella:

sul-rio-grandense» (Martins 1980: 26), pero sólo en los años setenta y ochenta, debido a la urbanización, las migraciones rurales, la pérdida de identidad cultural por la influencia extranjera (los inmigrantes alemanes e italianos y la creciente influencia norteamericana), los CTG se transformaron en un movimiento tan fuerte, que existen actualmente 1.500 en Rio Grande do Sul (y otros 800 en el resto del país)[17]. En Argentina los «centros criollos», fundados ya en los años noventa del siglo XIX, tenían la función de hacer «sobrevivir a la confusión cosmopolita» (Prieto 1988: 145), función que destaca, del mismo modo, en Uruguay (*vide infra* el fragmento citado de *La Razón* sobre la «Sociedad criolla») y en Rio Grande. Hoy en día, los CTG integran a los inmigrantes y funcionan como garante de lo vernáculo local frente a las tendencias homogeneizadoras de los medios masivos en tiempos de la globalización (*cfr.* Masina 2002: 96).

Shirley (1991) demuestra que los miembros del Movimiento Tradicionalista Gaúcho (MTG), un consejo coordinador que comenzó en los años cuarenta para establecerse definitivamente en 1959, son ricos estancieros que residen en las ciudades. El movimiento es conservador y populista; las mujeres, llamadas invariablemente «prendas», son consideradas como sexo débil que necesita la protección de los fuertes hombres en bombachas. Shirley (1991: 216) advierte que es una ironía de la historia que antiguamente

> the women in Rio Grande do Sul have occupied a very high position compared with women elsewhere in Latin America, perhaps because in that region men were constantly at war, and women took care of the ranches.

Una novela como *A Casa das sete mulheres* no revela, lamentablemente, nada de eso, sino que Leticia Wierzchowski transmite más bien una imagen patética de las mujeres de la oligarquía rural únicamente ocupadas con sus vestidos, rizos y rezos mientras esperan durante diez años noticias de sus maridos y hermanos que luchan en la Revolução Farroupilha.

La distorsión de la historia no se produce sólo en la literatura, sino también por parte de los tradicionalistas: los riograndenses crearon la imagen de un *gaúcho* modesto, respetuoso y leal que no tiene nada que ver con el heroico, inde-

---

Netto perde sua alma (2001) de Tabajara Ruas y *A casa das sete mulheres* (2002) de Leticia Wierzchowski, ambos son autores *gaúchos*. Ambas novelas han sido filmadas con gran éxito de cine en el caso de Ruas, y de televisión en el caso de Wierzchowski, es decir, que fueron difundidas en el país entero y no sólo en Rio Grande.

[17] Ver *História ilustrada do Rio Grande do Sul*.

pendiente y valiente gaucho del Río de la Plata, diferencia que se traduce en la literatura en los dos gauchos opuestos: Blau Nunes (de los *Contos gauchescos* de Simões Lopes, ver 4.2.3) y Martín Fierro (ver 4.1.5 y Shirley 1991: 203).

Puede resumirse que los estados y las fronteras se definen en la primera mitad del siglo XIX en la «comarca pampeana». Con esta noción, Ángel Rama (1982) define el área cultural del Río de la Plata y del Brasil del Sur con elementos naturales, étnicos y culturales parecidos que convergen en formas similares de creación artística. Chiappini (2004: 3) advierte que esta unidad supranacional se opone a la unidad territorial que la acepción «comarca» tiene en España, donde designa una región poco poblada o despoblada. El término alude, pues, a algo provincial, sin cultivo, a lo que podría añadirse la connotación de pampa en el sentido que le otorga Sarmiento. Pero Sarmiento no habla solamente de la barbarie, sino también de la inmensidad de la llanura. No carece de ironía que Sarmiento no la hubiera visto nunca al escribir el *Facundo*[18], sino que se basara en las descripciones de arrieros de San Juan que la atravesaron regularmente, en poetas compatriotas como Echeverría y en imágenes de la literatura europea y norteamericana[19] —lo que revela la apropiación ficcional de la pampa y de sus habitantes desde el principio de su entrada en la literatura—. Vamos a ver cómo esta inmensa llanura, que los europeos robaron a los nativos, iba a ser constitutiva para el desarrollo de la identidad nacional en el caso de los países rioplatenses —hecho que la pampa comparte con el lejano oeste de los Estados Unidos— y de la identidad regional en el caso de los riograndenses. Acá y allá, la pampa es inmensa; la argentina

se extiende desde la región del Gran Chaco en el Norte hasta el río Colorado, que separa la pampa de la Patagonia en el Sur. Abarca más de mil kilómetros desde el Océano Atlántico hasta el pie de los Andes[20]. [Los primeros viajeros] comentaron el tiempo violento e impredecible, especialmente los furiosos vendavales o «pamperos» que arrojaban polvo, granizo y aun insectos sobre la zona (Slatta 1985: 39 s.).

---

[18] Véanse Coni (1945: 266), Slatta (1985: 316) y *HGL* (Vol. II, 426).

[19] Sarmiento recurre particularmente a Fenimoore Cooper (*pathfinder* = baquiano, *outlaw* y *squatter* = gaucho malo, beduinos = gauchos, etc.). Doris Sommer (1991: 72) señala un pasaje en el que Sarmiento invierte la relación hipertextual de su texto con respecto a *The Last of the Mohicans* (1823): «[hallamos] en Fenimore Cooper descripciones de usos y costumbres que parecen plagiadas de la Pampa» (*Facundo*, 77); según Sommer, se trata de una «metaleptic inversion between text and commentary, and also between master and disciple».

[20] No obstante, «en la época en que se desarrolla la acción del *Martín Fierro*, 'pampa' era, de preferencia, la designación o denominación del territorio ocupado por la provincia de Buenos Aires

El fatalismo, el ensimismamiento y la melancolía del gaucho provienen tal vez de esa sensación de eternidad (Williams Alzaga 1955: 14). Ansolabehere (1998: 106) advierte otro aspecto:

> ser «pampa» significa ser hijo legítimo de la pampa, ser descendiente de las tribus indígenas que habitaban ese territorio al que dieron su nombre. Pero en la estancia, y también en la ciudad, ser «pampa» implica poseer un rasgo de ilegalidad, de propensión al delito: ser salvaje va contra la ley social.

Vamos a ver que la rebelión y la delincuencia son elementos esenciales de la literatura gauchesca y que se explican por la violenta historia de la independencia y posteriores guerras civiles y la falta de derechos cívicos del gaucho.

Para completar el panorama de la literatura gauchesca, habría que mencionar el Paraguay. Ángel Núñez hizo suponer ya en 1992 que el gaucho deriva de las «estancias jesuíticas de guaraníes» que abarcan justamente la zona donde hubo y hay gauchos riograndenses y guaraníticos (ver 2.2). Pero señala también la problemática: «si lo brasileño está poco estudiado y poco analizado en conexión con lo rioplatense, esta parte de la historia [el caso del Paraguay] está en veremos»[21]. De hecho, la mayoría de los documentos conservados en el Archivo Nacional de la Historia en Asunción sigue sin siquiera ser fichada[22], pero tal vez se animen futuros estudiosos a llenar este gran vacío que valdría la pena estudiar. Cito a propósito del vacío histórico-literario un fragmento de una carta de un gran conocedor del folklore guaranítico, Miguel Raúl López Bréard:

No es menos cierto que en los pueblos guaraníes y con más razón en el Paraguay por su encierro con Francia y los López, estos decires y cantares [alude a la gauchesca rioplatense] tuvieron pocos u olvidados difusores de este estilo. Por-

---

hasta la línea de fortines, la famosa 'frontera' que separaba los dominios cristianos de los que ocupaban los salvajes, dominios éstos a los que se conocía con el nombre de 'el desierto' y también con el de 'tierra adentro'. Esa línea de fortines [...] se extendía desde el Río Tercero, en Córdoba, hasta Bahía Blanca, pasando por el corazón mismo de la provincia de Buenos Aires» (Inchauspe 1955: 178 s.). Borges (1926/2000: 26), en cambio, se refiere a las anotaciones de Ascasubi en *Santos Vega* y ubica la pampa en «el territorio desierto que está del otro lado de las fronteras y que las tribus de indios recorren». En ambos casos, sin embargo, pampa es «palabra de lejanía» (*Ibíd.*).

[21] Carta de Ángel Núñez de julio de 2006.

[22] Como nos explicó allí en 2005 la historiadora Prof. Margarita Durán, docente de la Universidad Católica de Asunción.

que se cantaban el contrapunto donde los personajes más recordados son Mikú y Tikú, y con la triste guerra del 1865-70 las fuerzas de los ejércitos aliados, seguramente que llevaron a sus campamentos estas letras de las militancias políticas de los soldados. Pero el cantar de las fuerzas de ocupación no prendió en el alma del pueblo paraguayo, por el contrario, fueron los versos de Natalicio González a quien Juan E. O'Leary lo recuerda como «el Tirteo de Paraguay», como lo denominaba el poeta Olegario V. Andrade. Lo mismo pasaría más tarde con Emiliano R. Fernández, el otro gran poeta de las gestas paraguayas.

2.5 Regionalismo vs. Criollismo

El presente trabajo parte de la hipótesis de que términos claves como «literatura regional» y «criollismo» se definen de otra manera en los estudios literarios brasileños e hispanoamericanos, lo que tiene que ver con el hecho ya mencionado de que la literatura gauchesca de Rio Grande do Sul no obtuvo jamás el estatus de una literatura nacional, como en Argentina y Uruguay. Esto lleva a la exclusión de la literatura gauchesca brasileña de la historiografía y de la historia de la literatura latinoamericana. Leumann (1953: 13), por ejemplo, afirma categóricamente: «Fuera de la Argentina y del Uruguay nunca hubo nada equivalente a la literatura gauchesca»; críticos más concienzudos, como Walter Rela (1967), simplemente no mencionan la poesía y prosa gauchescas brasileñas.

El concepto de literatura nacional como equivalente cultural del nacionalismo es un concepto muy arduo[23] que sirve para proyectar «los modelos de comportamiento, las normas necesarias para la invención de la ciudadanía, los límites y las fronteras simbólicas, el mapa imaginario, en fin, de los estados en vías de consolidación» (Ramos 1989: 8). Parecido al concepto de la nación como «imagined community» (Anderson 1983), la literatura nacional puede concebirse como un constructo que representa características y personajes supuestamente propios, auténticos, vernáculos de una nación. El caso de *Facundo* revela, en cambio, que

paradójicamente la mayor parte de sus rasgos de heroísmo proceden, no de la versión del héroe que la literatura gauchesca elevó, sino de la visión de la filosofía y el pensamiento románticos que se nutrieron de Hegel o que, por alguna vía, asimilaron sus influencias. Y, también paradójicamente, perdurará, no por sus rasgos de hombre ex-

---

[23] Ver Schlickers (2003: cap. 3.1.2.3), también para el desarrollo de la literatura nacional en Hispanoamérica.

traordinario derivados de ese pensamiento y de esa filosofía del romanticismo europeo y estadounidense, sino por los de héroe gauchesco (Sardiñas 2002: 91 s.).

Y en cuanto al supuesto estatus del *Martín Fierro* como poema nacional, Calixto Oyuela reconoció ya en su *Antología poética hispanoamericana* (1919) que

> el asunto del *Martín Fierro* no es propiamente *nacional*, ni menos de raza, ni se relaciona en modo alguno con nuestros orígenes como pueblo, no como nación políticamente constituida. Trátase en él de las dolorosas vicisitudes de la vida de un gaucho, *en el último tercio del siglo anterior*, en la época de la decadencia y próxima desaparición de ese tipo local y transitorio nuestro, ante una organización social que lo aniquila, contadas o cantadas por el mismo protagonista (Oyuela citado en Borges 1950/1974: 194).

Sin referirse a Oyuela, Chávez (2004: 29) observa por su parte de modo parecido que «los protagonistas del poema hernandino son gauchos de nuestras cuatro provincias litorales, la Banda Oriental y Río Grande, que es como decir el ámbito épico y romántico de lo gauchesco. Y esto explica también la supervivencia de *Martín Fierro* en el sur de Brasil».

Para los brasileños, el regionalismo literario tiene una connotación peyorativa, puesto que se opone a literatura universal (Masina 2002: 96) o nacional. Gloria Videla de Rivero (1984: 15) escribe, sin embargo, algo parecido con respecto al caso argentino: «Cuando la obra regional es valiosa, cuando logra difusión en el país y en el mundo, parece que deja de ser regional, para convertirse en nacional: tal es el caso de los *Romances del Río Seco*, de Lugones o *Recuerdos de la Provincia*, de Sarmiento». A finales del XIX, el intelectual uruguayo José Enrique Rodó había hecho alarde ya de una orientación hispanoamericanista, abandonando la nacionalista y rechazando el «regionalismo infecundo» que lleva a «incomunicaciones e intolerancias»[24].

Para entender mejor la «cuestión palpitante» del regionalismo brasileño[25], en nuestro caso riograndense, es imprescindible recordar brevemente la historia sangrienta de esta región (ver 2.4): Kahmann destaca cierta «crisis de identidad»

---

[24] Ver Rodó: «El americanismo literario» (1895) y «La novela nueva» (1896).

[25] La tensión del regionalismo brasileño con la literatura nacional se encuentra asimismo en otros regionalismos, como en el «nordestino» del Brasil. Ver Gilberto Freyre (1926), quien concibe el regionalismo literario como expresión de un modo local del ser nacional.

de los riograndenses que se traduciría en la literatura regionalista, que persigue «un proyecto de ámbito nacional» y que recurre al modelo de identidad del *gaúcho* riograndense —sin mencionar el hecho de que hubiera también *gaúchos* en el Matto Grosso—. En los años veinte, los críticos vieron en los cuentos gauchescos de Simões Lopes las raíces de su identidad, y reconocieron la influencia de los países vecinos en el gaucho riograndense:

> há, sobretudo, pormenores típicos da nossa psicologia colectiva, como, por exemplo, habilíssimas exteriorizações do espetaculoso orgulho guasca, espécie de narcizismo explosivo e pitoresco, que nos vem não do português, mas do espanhol, por efeitos de contágio, através da Argentina e do Uruguai (Silva 1924/2002: 138).

De ahí que la descripción del arquetipo del gaucho riograndense creado por Simões Lopes concuerde perfectamente con las características del gaucho argentino y uruguayo:

> o gaúcho dos bons tempos, afeito às lutas mais sanguinolentas, é sempre um enamorado de si mesmo; tem, pelo menos, do seu próprio valor, uma noção exagerada. Sacrificando-se pela Pátria, nos campos de batalha; expondo cavalheirescamente a vida, pelas suas idéias, pela mulher amada, ou por coisa alguma, pelo mero prazer de fazer a corte à Morte; violando o fisco, às escancaras, na prática do contrabando, a convicção de que a sua coragem pessoal é capaz, por si só, dos maiores milagres, plasmao, não raro, em atitudes esculturais de semi-deus (*Ibíd.*).

Por otro lado, Euclides da Cunha comparó el «gaúcho do sul» en *Os sertões* (1902) con el «jagunço», o sea con el «vaqueiro do norte»[26], lo que demuestra que el modelo del gaucho formaba parte del imaginario colectivo brasileño y no sólo riograndense.

Relacionando la apropiación literaria de la identidad gauchesca en el regionalismo de Rio Grande con la pretensión de autonomía literaria adquirida en el Romanticismo, se llega a un doble paroxismo: Primero, resulta que esta identidad (literaria) gauchesca no es única, específica y original, sino que existe también en el otro lado de la frontera, donde es incluso más antigua. Segundo, según Clemente Pozenato, «o regionalismo gaúcho [...] não era um programa de autonomia regio-

---

[26] Ver Da Cunha: «O Homem». Berthold Zilly, brasilianista y traductor de *Os Sertões* al alemán, me dijo en una conversación privada que el *sertanejo* era en realidad un cabrero, pero que Da Cunha lo transformó en vaquero para elevarlo y que las cabras no aparecen ni siquiera en *Os Sertões*.

nal: a acentuação das particularidades regionais era feita, não no sentido de romper com o conjunto brasileiro, mas no de integrá-las» (citado en Kahmann 2004: 4). Pero si el regionalismo gauchesco sirve efectivamente para integrar al estado-provincia Rio Grande en la gran nación brasileña, destacando lo propio, el influjo rioplatense constituye un elemento perturbador. De hecho, la influencia literaria del Río de la Plata no se limita a la obra de Simões Lopes, el más reconocido autor gauchesco, sino que destaca asimismo en otros representantes del regionalismo riograndense, como Léa Masina demostró en cantidad de artículos y varios libros, y como comprobaremos en los análisis particulares. Flávio Aguiar confirma que «as marcas da região [riograndense foram] mais próximas das platinas do que da Baía da Guanabara» (citado en Kahmann 2004: 5). Kahman cita a investigadores que no reconocen el estatus hipotextual de la literatura rioplatense, cayendo, diría yo, en la trampa del paradigma romántico de la originalidad y del genio individual creativo, porque conceptúan el regionalismo riograndense como «proyecto nacional de una literatura autónoma»[27]. Con este proyecto ambicioso explican incluso la falta de verosimilitud y el exceso de idealización que caracteriza varias obras del regionalismo brasileño: «quizás por ello, explica [Chaves], la verosimilitud haya sido empurrada hacia un plan secundario, generando un exceso de idealización a enmascarar aquella misma realidad que sería su punto de partida programático» (*Ibíd.*). No obstante, es interesante observar que esta patetización no preparó el terreno para parodias gauchescas, tal como era el caso en Argentina, sino que hizo surgir reescrituras que resultan ser, según Chiappini (2005c), autoparodias de Simões Lopes (*Casos de Romualdo*, ver 4.2.3), Cyro Martins (*Gaúchos no obelisco*, 1980) y de Érico Veríssimo (*Incidente em Antares*, 1971).

El concepto del regionalismo literario que predomina en la hispanística, por el contrario, parece ser muy distinto. Después de una primera orientación americanista alrededor de 1900[28] en reacción al cosmopolitismo, exotismo y urbanismo de la novela modernista (ver Meyer-Minnemann 1997), el regionalismo experimentó en los años veinte un segundo auge. Se conoce bajo otros términos parecidos como mundonovismo, nativismo, novela de la tierra, novela criolla, novela rural, novela costumbrista, novela regional, novela campesina, novela de la selva, novela indigenista y, *last, but not least*, novela gauchesca (Alonso 1990: 39). Los autores se orientan en lo vernáculo, las idiosincrasias, y buscan una es-

---

[27] Kahmann, refiriéndose a Flávio Loureiro Chaves (2004: 5).
[28] Ver las novelas analizadas en Schlickers (2003: 4.3.2).

critura que debe expresar una identidad cultural criolla o mestiza del Nuevo Mundo. De ahí que lo autóctono no se encuentre sólo en el contenido, sino también en el nivel de la expresión, por ejemplo, en la imitación del habla cotidiana o en la transcripción de dialectos. La naturaleza adquiere estatus de protagonista, muchas veces es un antagonista del ser humano.

En este sentido, las novelas gauchescas rioplatenses como *Don Segundo Sombra* serían novelas regionalistas —y la historiografía literaria parece seguir esta lógica, puesto que la novela de Ricardo Güiraldes forma parte de una reconocida tríada regionalista, junto con *La vorágine* de José Eustasio Rivera y *Doña Bárbara* de Rómulo Gallegos[29]—. Las tres novelas aparecieron en los años veinte, después de la Primera Guerra Mundial, cuando se celebraron los primeros 100 años de la independencia de Hispanoamérica, y pueden leerse como toma de conciencia con respecto a los valores nacionales, propios[30]. Paralelamente surgieron movimientos, poemas, novelas y cuentos vanguardistas[31], con una poética que rompe con los códigos establecidos y cuestiona el concepto tradicional de la ficción mimética al que recurre, en cambio, la narrativa regionalista. Ésta concibe Latinoamérica como algo extraordinario, positivo, resaltando el aspecto de su «otredad». A la vez, persigue una intención civilizadora que destaca también en las novelas gauchescas de Carlos Reyles, Benito Lynch y otros, cuyos protagonistas quieren introducir nuevas tecnologías, reformar las estructuras y el trabajo en las estancias y luchar contra la indolencia de los paisanos[32].

Ligia Chiappini advierte que hay una diferencia entre el tradicionalismo como práctica e ideología (gauchismo) y el regionalismo de la gauchesca, pero que la historia del regionalismo no suele distinguir siempre claramente entre ellos. Chiappini, quien investigó en su tesis doctoral el regionalismo y modernismo brasileños (Chiappini 1978), concluye en otro lugar (1995: 158) que el gran escritor regio-

---

[29] Ver también *Literaturwissenschaftliches Wörterbuch für Romanisten*, s.v. «Regionalliteratur».

[30] Dieter Janik (2004: 216) advierte que el regionalismo es «acrisolado por un simbolismo que permite lecturas universalistas» y que «sigue siendo el eje de varias de las obras maestras de la así llamada nueva novela hispanoamericana de los años 50 y 60», como *Pedro Páramo*, *La casa verde* o *Cien años de soledad*.

[31] Ver el excelente estudio sobre la novela vanguardista hispanoamericana de Katharina Niemeyer (2004).

[32] En el modelo del mundo de la novela regionalista destaca cierta contradicción: por un lado, el hombre y su mundo aparecen como resultados de cierto desarrollo político-social y los autores implícitos persiguen una intención reformadora, didáctica. Por el otro, es justamente la alteridad la que aparece como eterna e interesante para ser apropiada literariamente.

nalista es aquel que sabe nombrar y que debemos despedirnos de la visión ingenua de la copia o del reflejo fotográfico que suponemos encontrar en la literatura del regionalismo. Concuerdo perfectamente con ello y propongo adherirnos en adelante al concepto de la apropiación literaria, mucho más adecuado por ser más neutro, supraepocal y supranacional. La apropiación literaria subraya el aspecto productivo, «poiético», de la ficción mimética (ver Dill *et al.* 1994).

Además, la diferencia entre literatura nacional y regionalista reside en el grado de identificación con cierto tipo autóctono por parte de la mayoría de la población, lo que depende del impacto de la literatura nacional. Según Borges, cada país elige por extrañas asociaciones «como representante de su cultura a hombres heterodoxos a ella: La flemática Inglaterra al barroco y desbordado Shakespeare, España a un loco y Argentina a un desertor» (citado en Chovié/Ortiz 1996: 226). Sólo a primera vista, Argentina y Uruguay carecen de regiones y tipos tan variados como Brasil, con la Amazonia, el Sertão, el interior, la costa y el sur, por lo que la identificación con el gaucho sería mucho más fácil para un argentino y un uruguayo. No obstante, Argentina tiene asimismo distintas regiones, como la selva, la Cordillera, la Patagonia, etc., con tipos fuertes como el hachero, el jangadero de los ríos, el indio caminador de las quebradas jujeñas, todos ellos distintos del gaucho convencional de la pampa húmeda[33]. Si el gaucho pampeano es asumido, pues, como personaje nacional de Argentina, esto se debe al parecer al *Martín Fierro*, que es el instrumento de la «heroización» del gaucho. Mas resulta que esta visión procede «del ensayo del Centenario, más que del propio texto de la obra» (Sardiñas 2002: 95). La canonización del *Martín Fierro* llevada a cabo por los nacionalistas no fue gratuita, sino que sirvió como reacción defensiva a la masiva inmigración a las grandes ciudades en Argentina y Uruguay (ver 4.2.1)[34]. Las reescrituras del *Martín Fierro* demuestran que este poema se ha convertido en un lugar de memoria (en el sentido de Pierre Nora, a saber: en un objeto autorreferencial que no tiene referente en la realidad), en un «residuo identitario frente a los efectos desestabilizadores de la modernidad, en una representación iconográfica que debe sostener determinadas constelaciones de hegemonía» (Andermann 2000: 45).

---

[33] Agradezco esta advertencia a Ángel Núñez.

[34] El caso brasileño, en cambio, es distinto, ya que la masiva inmigración no se dirigió a las regiones centrales de Minas, Bahía o Pernambuco, sino sobre todo al sur del país, por lo que el estatus regionalista de la literatura gauchesca brasileña es muy comprensible. Agradezco esta observación a Klaus Meyer-Minnemann.

A los criollos les quiero hablar: a los hombres
que en esta tierra se sien-ten vivir y morir, no
a los que creenque el sol y la luna están en
Europa.

(Jorge Luis Borges:
El tamaño de mi esperanza)

En cuanto al otro término clave, el criollismo, supuse en mi monografía sobre la novela naturalista hispanoamericana que en la Argentina de los años noventa era sinónimo de «literatura popular», como lo demuestra también la colección «Biblioteca Criolla» de Lehmann-Nitsche en el Instituto Iberoamericano de Berlín[35]. «Ernesto Quesada (1902) fue el primer letrado argentino que estudió esta creciente literatura popular, 'seudogauchesca' y 'perniciosa' según su punto de vista» (Schlickers 2003: 75 s.), puesto que temía el peligro de imitación de actos violentos por parte de un público inculto. Las diatribas en torno al criollismo iban, pues, mucho más allá de la cuestión literaria-estética. Rubione (1983: 34) menciona los conflictos más importantes ligados a la polémica: «inmigración, la cuestión social, crisis de la élite dirigente, conflicto con Chile, leyes represivas, constitución de una ideología nacionalista».

Un artículo que salió en 1894 en el diario *La Razón* (Montevideo) documenta una parecida actitud despectiva de la clase superior uruguaya con respecto al criollismo. Comentando la fundación de la Sociedad Criolla en 1894 por Elías Regules, entonces rector de la Universidad de la República Uruguaya, el articulista escribe:

Fuerte y feo ha entrado el amor por las costumbres nacionales; o mejor dicho por las costumbres de pa juera, porque aquí a Dios gracias no es todavía traje común el de la bombacha [...]. Se ha organizado una gran Sociedad, [...] cuyo único objetivo es conservar en la ciudad, a través del progreso, que perfecciona los hábitos y modifica

---

[35] Véanse además las hojas sueltas en la Biblioteca Nacional de Montevideo que complementan esta curiosa colección cuyo estudio profundizado todavía no se ha hecho. Fernández Latour de Botas (1973, Vol. 2: 214 ss) y Prieto (1988, anexo) presentan un índice con los títulos de unas 500 obras que «salieron entre 1885 y 1925 en Argentina, Bolivia, Chile, Perú y Uruguay» (Fernández Latour 1973, Vol. 3: 281). Aparecen autores de tangos, payadores y autores extranjeros como d'Annunzio —lo que significa que la «Biblioteca Criolla» reúne productos vernáculos e importados. Fernández Latour (*Ibíd.*: 290) concluye que «esta literatura oscura y artísticamente pobre es un fenómeno típico de aquellos años de desordenado germinar en las sociedades urbanas y periurbanas».

las costumbres, el pericón y el canto de contrapunto, que la influencia benefactora
de otra civilización superior ha delegado a los departamentos más atrasados de la República, donde la escuela no ha terminado aún su misión instructiva (citado en
Guarnieri 1967: 83 s.).

Pablo Rocca (2002: 78 s.) observa que la élite ilustrada de Buenos Aires y
Montevideo despreciaba la literatura gauchesca, reconociendo al mismo tiempo
su capacidad de penetración en los amplios sectores populares. De ahí que recu-
rriera a la gauchesca para difundir las ideas republicanas, la abolición del caudillismo y las prácticas que consideraba «bárbaras»[36]. Ascasubi hace explícitamente alarde de esta intención en su prólogo (1872) a *Paulino Lucero*: «teniendo en
vista ilustrar a nuestros habitantes de la campaña sobre las más graves cuestiones
sociales que se debatían en ambas riveras (*sic*) del Plata, me he valido en mis escritos de su propio idioma». Pero en Uruguay, el discurso criollista «nunca llegó
a traspasar la retórica, nunca consiguió hacerse un sitio estable en la vida insti-
tucional ni en el imaginario colectivo con el vigor que sí manifestó en la otra ori-
lla», la argentina (Rocca 2003: 125).

Otro aspecto importante del criollismo es el deseo de emancipación litera-
ria/cultural y política que conlleva, puesto que se trataba de crear algo genuinamente propio y vernáculo, opuesto a la imitación de la literatura europea[37]. Para
el Brasil, en cambio, este término parece no tener ninguna vigencia, aunque no
quisiera insinuar con ello que los intelectuales brasileños no anhelaron la emancipación literaria[38].

---

[36] Sirva como ejemplo el propio Sarmiento: en su *Diario de viaje* (1864) combina la poesía
gauchesca con la poesía nacional «civilizada», invirtiendo la perspectiva del *Facundo* (Rocca 2002:
80 y *vide infra*).

[37] No obstante, hay que advertir que el término «criollismo» se emplea en los distintos países
hispanoamericanos con diferentes intenciones y, sobre todo, extensiones, como Katharina Niemeyer (2004: 49, n. 76) ha constatado refiriéndose a estudios sobre Perú, Chile y Argentina. Niemeyer prefiere recurrir al término «regionalismo», que equipara, entonces, con criollismo.

[38] Existen además diferencias con respecto a la acepción del término criollo/*crioulo*. En la novela naturalista *Bom crioulo* (1895) de Adolfo Caminha, el *crioulo* es un marinero homosexual de piel
negra, lo que corresponde a las acepciones de *crioulo* en el *Aurélio*: «1. Diz-se de qualquer indivíduo
negro [...]. 3. Referente ao negro nascido no Brasil». Sólo la segunda acepción corresponde a la acepción española vigente: «indivíduo branco, nascido nas colônias européias, particularmente na América». No obstante, María Moliner registra asimismo «Negro nacido en América, a diferencia del que

En Hispanoamérica el criollismo formó parte del nacionalismo, que se oponía tanto a la noción europea vigente de la nación como a la reivindicación europea de una raza pura. Con ello se comprueba la pertinencia del concepto de la nación como «imagined community» (Anderson 1983), un artefacto político construido por los poderosos para celebrar y garantizar ciertos valores dentro de su sistema cultural. En el ámbito de la literatura, Juan José Saer (1999: 129), mencionando a Borges, dice:

> Lo que tantos nacionalistas le criticaban era por cierto su rasgo más genuino y, por paradójico que parezca, es su criollismo de sainete lo menos nacional de su creación, ya que los estereotipos que propende la estética criollista son tan representativos del Río de la Plata como las novelas de Agatha Christie de la realidad social inglesa.

No será mera coincidencia que Borges titulara su poema «Fundación mítica (*sic*) de Buenos Aires», ni que mitificara al compadrito. Borges mismo definió el término criollismo a mediados de los años veinte como sigue:

> antes fue palabra de acción (burla del jinete a los chapetones, pifia de los muy de a caballo a los muy de a pie), hoy es palabra de nostalgia (apetencia floja del campo, viaraza de sentirse un poco Moreira) [y] suele equivaler a un mero *gauchismo* (Borges 1926/2000: 17).

---

ha ido allí de su país de origen» (s.v. criollo/a), acepción que corresponde a la explicación dada por el Inca Garcilaso de la Vega en sus *Comentarios reales* (libro IX, cap. XXXI): criollo «es nombre que lo inventaron los negros [...]. Quiere decir entre ellos negro nacido en Indias; inventáronlo para diferenciar los que van de acá, nacido en Guinea, de los que nacen allá, porque se tienen por más honrados y de más calidad por haber nacido en la patria».

3. Modelo genérico de la gauchesca

Los textos gauchescos abarcan a la vez los tres grandes géneros (el drama, la poesía y la narrativa) y dos espacios lingüístico-culturales (el Río de la Plata y Rio Grande do Sul). Puesto que no existen criterios bien definidos para conceptuar el género, los críticos sitúan de modo subjetivo obras muy variadas dentro de la literatura gauchesca[1]. Hace falta, pues, modelizar los rasgos constantes y variables de la literatura gauchesca a nivel del contenido y de la expresión. Para realizar esta modelización hay que investigar la architextualidad o genericidad de la gauchesca, que no hay que confundir con los textos gauchescos mismos, puesto que éstos son sólo una concreción de la architextualidad. Los textos singulares que pertenecen al género se forman en el modo de la hipertextualidad (ver Schlickers 2003: 16 ss.). Esto significa que existe una «interrelación diacrónica de un grupo de textos a través de referencias intertextuales a determinados hipotextos comunes que así se convierten en manifestaciones privilegiadas del género una y otra vez referidas» (Niemeyer 2004: 131). En nuestro caso, el hipotexto común que se cita explícitamente o al que se refiere por medio de la intertextualidad es el *Martín Fierro* de José Hernández.

La evolución genérica o el cambio del paradigma genérico (aspecto diacrónico y dinámico) se efectúa por medio de textos híbridos —en nuestro caso reescrituras— que transforman los rasgos distintivos, o por medio de parodias que funcionan como motor para el cambio literario.

El ejemplo del máximo representante genérico *Martín Fierro* demuestra que la poesía gauchesca es una poesía narrativa, al igual que —*mutatis mutandis*— las grandes obras épicas. Debido a este carácter narrativo propongo analizar la poesía gauchesca con los métodos de la narratología. Ello no descarta, por supuesto, el análisis lírico de la métrica (los típicos versos octosílabos, que provienen del romance español, por ejemplo), de la rima mayormente asonante, sólo pocas veces

---

[1] Por ejemplo según Garganigo (1966: 14 s.), el largo poema melodramático *La cautiva* (1837) de Esteban Echeverría, que trata del cautiverio de la mujer de un capitán de tropas argentinas por parte de unos indígenas malvados, sería «el primer poema gauchesco escrito en el español coloquial», pese a no contar con la presencia de un solo gaucho o de una expresión en jerga gauchesca.

consonante (por ejemplo en *Santos Vega* de Obligado) o del uso del romance en las partes narrativas (como en los cantos XI, XX, XXIX de la segunda parte del *Martín Fierro*), del uso de ciertas estrofas típicas (las sextillas que Hernández inventó, más las redondillas, que se suman en décimas, con frecuencia en *Los tres gauchos orientales* de Lussich), el análisis de metáforas, metonimias y de otros tropos, así como el análisis sémico e isotópico, etc. Pero hay que resaltar que la forma métrica y el ritmo de la poesía gauchesca son contingentes, mientras que el contenido narrativo es el elemento constitutivo, transgenérico. En cuanto a la instancia narradora, que solemos denominar en textos literarios narrativos «narrador» y en poemas «yo lírico» o «hablante lírico», creo que no hay problema si me refiero en adelante con los términos «yo lírico narrativo», «hablante» o simplemente «narrador» a las instancias enunciativas en los poemas gauchescos.

Presento a continuación un modelo de los niveles narrativos de la poesía y prosa gauchescas[2] que fue elaborado sobre la base de varias obras gauchescas en verso y en prosa.

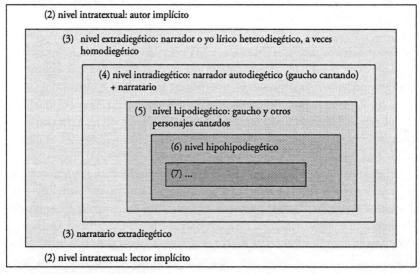

(1) nivel extratextual: autor real

(2) nivel intratextual: autor implícito

(3) nivel extradiegético: narrador o yo lírico heterodiegético, a veces homodiegético

(4) nivel intradiegético: narrador autodiegético (gaucho cantando) + narratario

(5) nivel hipodiegético: gaucho y otros personajes cantados

(6) nivel hipohipodiegético

(7) ...

(3) narratario extradiegético

(2) nivel intratextual: lector implícito

(1) nivel extratextual: lector real

---

[2] Puesto que el teatro gauchesco —que constituye un caso excepcional (ver 4.1)— carece de la instancia narrativa, se descarta de esta modelización.

3.1 RASGOS GENÉRICOS A NIVEL DEL DISCURSO

En el primer nivel de este modelo narrativo de la literatura gauchesca se sitúan las instancias reales, el autor y el lector. Mientras que el autor real suele ser
un ciudadano letrado[3], el lector real de la gauchesca puede ser igualmente letrado o, todo lo contrario, ser un oyente iletrado, otro gaucho, por ejemplo. Mi hipótesis es que en las primeras dos fases «combativas» de la poesía gauchesca, muchas veces transmitida oralmente (*vide infra*), predomina este tipo de lector,
mientras que el lector real de la narrativa gauchesca suele ser un hombre no sólo
alfabetizado, sino también letrado, sensible para apreciar la literariedad de lo
que va leyendo.

La primera instancia intratextual es el autor implícito, una instancia ficticia,
histórica, en la que se ubica la intención de sentido. El autor implícito dispone
de todas las voces narrativas, pero carece de una voz propia. Por eso recurre a un
narrador extradiegético (nivel 3), que suele ser heterodiegético, como en el *Martín Fierro*, o a un yo lírico extra-heterodiegético, como en *Santos Vega* de Rafael
Obligado. Esta voz transcribe el canto del narrador autodiegético, el protagonista gaucho, quien se encuentra en el nivel 4, el intradiegético. El habla del (narrador) gaucho imita la oralidad[4], puesto que recurre al «lenguaje gauchesco»,
un artificio literario que trata de (re)construir el habla oral y coloquial de los
paisanos (sorprendentemente versátiles y, en el caso de Argentina, invariablemente porteños). La oralidad fingida se construye por ejemplo por las termina-
ciones en «ao» (por el final «ado», igual que posteriormente el habla arrabalera)[5],

---

[3] Rama (1976: 123) critica indirectamente el uso letrado: «[...] desde un nivel culto elevado
proyectándose hacia abajo, hacia un nivel educativo inferior, tal como lo prueba la elección de la
lengua campesina de las obras que contrasta violentamente con la escritura de los prólogos o artículos».

[4] De ahí que Josefina Ludmer mencione en su conocido estudio *El género gauchesco. Un tratado sobre la patria* —que carece de una bibliografía, de un índice y de un modelo genérico— dos reglas: «La primera regla del género es la ficción de reproducción escrita de la palabra oral del otro
como palabra de otro y no como la del que escribe. [...] La segunda regla es la construcción del espacio oral, el marco de la 'voz oída'» (Ludmer 1988: 72 s.). La segunda regla parece referirse a la situación ficticia de la narración (*vide infra*).

[5] Para otras características lingüísticas del lenguaje gauchesco, por ejemplo cambios vocálicos,
consonantismo, yeísmo, etc. véase Sáinz de Medrano (1997: 94-96). Núñez (2004: 191) introduce el término «dialecto gaucho», que, sin embargo, sólo sería adecuado si la mayor parte de la población hablara así, lo que —salvo las características fonéticas— no es el caso. Más correcto sería

por nombres elocuentes como Laucha, Vizcacha o Juan Acero (rival de Martín Fierro), el uso de muchas denominaciones propias[6] y por la inclusión de muchos refranes, lo que es una característica que la gauchesca comparte con la novela picaresca. Pero a diferencia de muchos textos de la picaresca («Vuestra Merced escribe que le escriba», *Lazarillo de Tormes*; Guzmán de Alfarache escribe su vida desde la galera), la situación narrativa de la gauchesca es la mayor de las veces igualmente oral, ya que el gaucho se dirige cantando a su público intradiegético, como en la epopeya.

Para los lectores algo familiarizados con la literatura gauchesca, el uso de este lenguaje coloquial, con sus particularidades fonéticas transcritas, forma parte integral del género. Pero hay que advertir que, en sus principios, los críticos despreciaron e ignoraron el género gauchesco debido a esta inserción «vulgar»:

> El ensayista Julio Mafud ha sostenido que la literatura argentina «nació acomplejada desde su origen respecto de la expresión popular», y tras advertir que ni Sarmiento, ni Alberdi, ni JuanMaría Gutiérrez dieron opinión sobre el *Martín Fierro*, libro que tuvo clamoroso éxito en vida de los tres autores mencionados, Mafud expresa «Cabe una única explicación: que el Poema no se haya considerado obra literaria, como tampoco se consideró literaria la poesía y la literatura gauchesca, en su origen»[7].

Rama (1983/2001: 1064) señala que la oralidad fingida perseguía un fin político: «Es en la gauchesca donde encontramos un esfuerzo coherente, por humilde que se defina, para acompañar la independencia política con una paralela independencia lingüística, que es bastante anterior a los intentos sólo reformistas de Sarmiento o de Bello». Los escritores urbanos se apropiaron literariamente del lenguaje de su público enfocado no letrado para hacerse entender. El ya citado sargento Miranda lo escribe explícitamente en su carta al gaucho gacetero Jacinto Cielo:

---

hablar de «jerga» gauchesca o pampera (agradezco a mi colega lingüista Klaus Zimmermann haberme aclarado esta duda).

[6] Lugones (1916: 126) cita los siguientes ejemplos: pampa blanca (papel), semillas negras (letras), cinco vacas (dedos), una ternera (pluma); existen incluso diccionarios especiales de giros gauchescos, por ejemplo de Muñiz (1845) y de Inchauspe (1955).

[7] Prólogo de los editores de *Hormiga Negra* de Eduardo Gutiérrez (1977: 5).

si viera con qué gusto/ lo lemos en el cuartel!/ Basta que platique en él/ de nuestra guerra presente/ y en nuestra lengua [...].// De esos otros gacetones/ que salen tuitos los días,/ hablando de extranjerías,/ no entendemos dos renglones[8].

Todo lo que el gaucho canta, cuenta o escribe de su vida y de la vida de los otros se encuentra en el nivel hipodiégetico, de ahí que pusiera allí al «gaucho cantado». Resulta que tenemos que ver con un doble rasgo genérico de la oralidad fingida, puesto que se refiere tanto a la imitación del habla del narrador y/o de sus personajes como a la creación de una situación narrativa oral.

Refiriéndose a esta típica situación narrativa oral e intercalada, Jesús Peris Llorca (1997: 48) habla de un doble sistema de marcos que existe desde el «Diálogo patriótico» de Hidalgo (1821, *cfr.* 4.1.2): «tenemos un primer narrador, letrado [nivel 3], que se limita a presentarnos un diálogo que presenció o que alguien le contó, y una segunda instancia, gaucha [nivel 4], que nos narra en su lenguaje lo que los paisanos hablaron en torno al fogón»[9]. En el «Nuevo diálogo patriótico» de Hidalgo se encuentra una variante, puesto que allí el narrador aparece sin transición al final de la transcripción del diálogo (83-91), en el que cuenta lo que los dos gauchos hicieron después de la siesta, para terminar con una promesa de continuación: «lo que entre ellos pasó/ Lo diremos más despacio/ En otra ocasión, que en ésta/ Ya la pluma se ha cansao» (91).

Desde un punto de vista actual, nutrido de las teorías culturales y poscoloniales, se podría preguntar en la línea de Ángel Rama cómo un ciudadano letrado puede pretender adoptar la perspectiva de un marginado analfabeto y representar sus experiencias y modos de pensar. Pero como estas preguntas, felizmente, no jugaron ningún papel en el siglo XIX, los autores no se preocuparon por la alteridad de los subalternos —al contrario de sus colegas escritores del siglo XX, que van a continuar, reescribiendo o parodiando la gauchesca que

---

[8] «Carta del sargento Miranda...», vv. 13-25, en: Ascasubi: *Paulino Lucero.*

[9] La monografía de Peris Llorca es el único trabajo que encontré que adopta una perspectiva narratológica y genérica. No obstante, el uso del instrumentario narratológico de Peris Llorca no es muy concienzudo: no distingue claramente entre los distintos niveles de la comunicación literaria y tampoco recurre sistemáticamente al constructo del autor implícito, lo que trae a veces confusiones: «Este título-subtítulo [del *Diálogo patriótico...* de Hidalgo] es el primer marco, y es la única inscripción textual del autor letrado» (48). El autor real, letrado o no, no puede inscribirse textualmente; poco más adelante, en cambio, Peris se refiere correctamente al «autor implícito letrado [que] se limita a etiquetar un relato de un gaucho que aparece como real» (49).

les ofrece sobre todo con respecto a este vacío semántico un gran campo de trabajo[10]—.

El doble marco narrativo podría extenderse a las instancias de la producción y de la recepción: extratextualmente, tenemos a un autor urbano culto y un público urbano[11] heterogéneo (culto o analfabeto), situación reflejada a medias a nivel extradiegético por un narrador y un narratario cultos; mientras que a nivel intra e hipodiegético, el narrador/cantor gaucho suele dirigirse a un narratario que pertenece a su mundo rural. Los narratarios pueden permanecer en el anonimato, y hay narradores que se olvidan simplemente de su público. Pero se da también el caso contrario, en el que los narradores se dirigen continuamente a sus narratarios. Laucha, el paisano pícaro de Payró, es un ejemplo de ello, puesto que Laucha, ambicioso de aplausos, exhorta y hasta agrede a su público con fórmulas como «No. No se rían»; «si yo les contara»; «pero esperen un poco», etc. (ver cap. 4.2.6 *El casamiento de Laucha*).

El doble marco puede ser más o menos visible. En *Los tres gauchos orientales* y la primera parte del *Martín Fierro*, el narrador jerárquicamente superior aparece sólo al final:

> En este punto *el cantor/ buscó* un porrón pa consuelo,/ echó un trago como un cielo,/ dando fin a su argumento,/ y de un golpe al istrumento/ lo hizo astillas contra el suelo.// —«Ruempo —*dijo*— la guitarra/ pa no volverme a tentar./ Ninguna la ha de tocar,/ por siguro tengaló;/ pues naides ha de cantar/ cuanto este gaucho cantó» (*Martín Fierro* I, XIII, vv. 2269-2280, mis cursivas).

Sutilmente, esta voz se hace responsable del relato entero: «Y ya con estas noticias/ *mi relación acabé./* Por ser ciertas las conté/ *todas las desgracias dichas*» (vv. 2305 ss., mis cursivas). Martínez Estrada (1948/1958/2001: 924) pasa por alto esta intervención del narrador y reduce la situación narrativa a la autobiografía de Martín Fierro. Borges, Lozada Guido (1967: 54) y Cortazar (1969: 79) iden-

---

[10] Agradezco esta observación crítica a mi alumna Katharina Kracht, quien analizó la continuación e hibridización de la literatura gauchesca en la (nueva) novela histórica *La Tierra del Fuego* (1998) de Silvia Iparraguirre.

[11] Deduzco que la recepción de la poesía gauchesca escrita por autores cultos fue urbana y no campestre de la advertencia de Coni (1945: 318), según la cual los cancioneros populares de la campaña no recogieron a los autores famosos de la poesía gauchesca porque «no han sido aceptados por la tradición oral popular [puesto que] el campesino se ha percatado inmediatamente de lo artificioso de su factura».

tifican esta voz con el autor real: «Hernández habla personalmente con su lector» (Borges 1953/2002: 86), pero este juicio es erróneo ya que el autor real no tiene voz dentro del texto literario. En la segunda parte del *Martín Fierro* la voz de este narrador extradiegético aparece con más frecuencia (ver cantos XVI, XX, XXIX, XXXI), hasta hacer alarde en el canto XXXIII de una conciencia metatextual: «Estos son treinta y tres cantos» (v. 4863).

Analizando el *Martín Fierro* según el modelo de la comunicación literaria trazado arriba, podemos constatar lo siguiente: el narrador extra-heterodiegético le cede en gran parte la voz al protagonista Martín Fierro, quien se sitúa en el nivel intradiegético. Martín Fierro, por su parte, cede su voz a otras instancias diegéticas que se encuentran como narradores en el mismo nivel: en la primera parte, se trata de Cruz; en la segunda parte aparecen los narradores intradiegéticos Picardía y los hijos de Martín Fierro. Todo lo que cuentan estos narradores se sitúa en el nivel 5 de la comunicación. Borges simplifica esta situación narrativa en su famosa «Biografía de Teodoro Cruz» (ver 4.2.8), en la que un narrador extra-heterodiegético cuenta simplemente la biografía de Cruz. Este cambio lleva a cabo una transfocalización que puede considerarse como elemento evolutivo del género.

En *Los tres gauchos orientales* de Lussich, el doble marco narrativo se revela sólo al final de la obra, de una manera drástica: allí aparece a modo de un *deus-ex-machina* el personaje Luciano Santos, quien, escondido en un matorral, pretende haber oído toda la conversación de los tres gauchos y declara querer transcribirla —lo que implica una inversión paradójica del orden narrativo, puesto que el narratario ya ha leído dicha transcripción—. Debido a la intervención final de este portavoz del autor implícito, la situación narrativa se complica: Luciano Santos es un narrador intra-homodiegético y el diálogo de los tres gauchos debe situarse por consiguiente en un nivel inferior, el hipodiegético, por lo que los contenidos se sitúan en un nivel más bajo todavía, el hipodiegético (nivel 6).

En la novela *Don Segundo Sombra* (1926) de Ricardo Güiraldes (ver 4.2.7), el narrador auto-extradiegético, quien relata nostálgicamente su aprendizaje y trayectoria gauchesca al lado de Don Segundo, *ya no es ningún gaucho*, sino, todo lo contrario, un estanciero acomodado. Peris Llorca (1997: 135) acierta al observar que Güiraldes logró la «cuadratura del círculo» al inventar un personaje externo al mundo gaucho, pero legitimado para hablar desde su interior. Güiraldes, hijo de un rico estanciero, dedica el libro patéticamente «[...] Al gaucho que llevo en mí, sacramente [...]». Este cambio de la perspectiva —desde el punto de vista del gaucho como carne de cañón o como víctima del progreso en la literatura anterior, hacia la perspectiva y el lenguaje culto del estanciero en esta novela lírica— cierra en cierto modo el género de la literatura gauchesca[12]. Pero abre un nuevo (sub-)género —la vertiente regionalista-criollista— que carece casi por completo del doble marco, al igual que la novela gauchesca de folletín (ver *Hormiga Negra* de Eduardo Gutiérrez), que había otorgado la voz a un narrador hetero-extradiegético de tipo tradicional. Con ello se simplificó la situación narrativa y se facilitó la lectura por entregas a un gran público poco letrado. El doble marco narrativo se revela, por tanto, como variable del género gauchesco en su totalidad, y como constante de la poesía gauchesca.

Para esquematizar las relaciones entre autor implícito (ai), narrador (n) y personaje (p), me adhiero a la modelización triangular de las instancias textuales propuesta por Genette en «Récit fictionnel, récit factuel» (2004: 158). Debido al doble marco y el consiguiente desdoblamiento de las instancias narrativas en la poesía gauchesca, tenemos que añadir una instancia más al complejo triángulo que se transforma por consiguiente en un cuadrado[13] todavía más complicado:

1°) Relaciones ontológicas

Ya que se trata de textos literarios de ficción en prosa o verso, hay que distinguir entre las instancias del autor implícito (ai), del narrador extradiegético (ne)[14], del narrador auto-intradiegético (nai) y del personaje gaucho hipodiegé-

---

[12] Rafael Obligado puede considerarse como precursor de esta tendencia, puesto que recurrió ya en *Santos Vega* a un lenguaje poético muy elaborado y renunció a la oralidad fingida que se encuentra, sin embargo, en los diálogos y cuentos intercalados de *Don Segundo Sombra*.

[13] Además de la transformación del «autor» en el «autor implícito», lo que tiene que ver con el hecho de que Genette descarta esta categoría.

[14] El narrador extradiegético es muchas veces heterodiegético, pero a veces también homodiegético, como por ejemplo en *Don Segundo Sombra*.

tico (pgh). Las tres primeras instancias no son idénticas, pero las dos últimas sí lo son. Así llegamos a la siguiente modelización:

ai # ne # nai = pgh[15]

Adoptando el cuadrado arriba trazado, podemos representar estas relaciones de la siguiente manera:

nivel 2: ai   #   nivel 5: pgh
     #   =
nivel 3: ne   #   nivel 4: nai

La única relación de identidad es la relación entre el personaje gaucho hipodiegético y el narrador auto-intradiegético (pgh = nai). En esta relación se efectúa un desdoblamiento entre el yo narrando (nivel 4) y el yo narrado (nivel 5), representando, pues, la típica situación narrativa de la novela picaresca. La comparación con esta vertiente, que presenta invariablemente la autobiografía fingida de un pícaro, aclara del mismo modo por qué existe una relación de no-identidad entre el autor implícito (nivel 2) y el narrador extradiegético (nivel 3): en el caso de una relación de identidad tendríamos que ver con una autobiografía gauchesca o picaresca real.

2o) Relaciones de concordancia

A nivel del contenido, predomina en la poesía y prosa gauchesca una relación de concordancia (→) entre autor implícito (ai), narrador extradiegético (ne), narrador auto-intradiegético (nai) y personaje gaucho hipodiegético (pgh):

(dominante): ai → ne → nai→ pgh

Esta relación se encuentra, por ejemplo, en el *Fausto* y en *Don Segundo Sombra*. Digo que la relación de concordancia *predomina*, como lo confirma además la crítica social o de intención social reivindicativa de este género, pero no con respecto a actos criminales como asesinatos (#→). Tal vez tampoco con respec-

---

[15] El hecho de que el narrador extradiegético de *Don Segundo Sombra* sea idéntico al narrador auto-intradiégetico forma la famosa excepción de esta regla —eso espero, por lo menos—.

to a la actitud machista, porque en estos casos los autores implícitos y sus portavoces, los narradores extradiegéticos, no concuerdan con sus personajes:

(variante a): ai → ne #→ nai → pgh

En el caso del *Martín Fierro* podríamos preguntarnos si el personaje reformado de la «Vuelta» se distancia ideológicamente de sus pecados cometidos en la «Ida»; en este caso tendríamos la siguiente modelización:

(variante b): ai → ne → nai #→ pgh

El análisis revelará, no obstante, que no es así, sino que tenemos en ambas partes del poema la relación de concordancia y con ello el esquema dominante ai → ne → nai → pgh.

En la posterior novela criollista, que carece del doble marco, predomina una relación de concordancia entre el autor implícito y el narrador extradiegético (que puede ser igualmente hetero u homodiegético), y una relación de no-concordancia entre este narrador y el personaje gaucho:

(variante c): ai → ne #→ pg

3.2 Rasgos genéricos a nivel del contenido

> *Los gauchos son una diversión que*
> *tienen las estancias para los caballos.*
>
> (Macedonio Fernández)[16]

Ojalá pudiéramos simplificar los rasgos constitutivos de la literatura gauchesca a nivel del contenido como sólo un escritor como Roberto Bolaño logra hacerlo. Refiriéndose a un autor ficticio, escribe:

---

[16] Citado por Jorge Luis Borges en «Entrevista con Reina Roffé», 1982, en: <http://www.literaturas.com/entrevistaBorges.htm>. Agradezco a mi querido colega Rafael Sevilla esta referencia de la que se acordaba en un coloquio de la ADLAF (Arbeitsgemeinschaft Deutsche Lateinamerikaforschung) en 2005; la encontré posteriormente algo cambiada en *La reina del Plata*, novela típicamente intertextual de Abel Posse, donde el narrador habla sobre los neogauchos: «Lo cierto es que

3. Modelo genérico de la gauchesca

sus cuentos [...] generalmente se desarrollaban en el campo, en la pampa, y eran lo que al menos antiguamente se llamaban historias de hombres a caballo. Es decir historias de gente armada, desafortunada, solitaria o con un peculiar sentido de la sociabilidad (Roberto Bolaño: «Sensini»).

Por lo menos, nos indica algunas pistas que merecen ser perseguidas. Los «hombres a caballo» aluden al hecho de que el protagonista gaucho no aparezca casi nunca a pie, y si lo hace, es signo irrevocable de su decadencia[17], porque, como cantó el payador Barrientos en el poema *El Paso de los Libres* (1934, *cfr.* 4.2.7): «no se cruza el mar sin bote/ ni sin caballo la pampa». De ahí que las novelas de Cyro Martins, que presentan a gauchos venidos a menos, se conozcan por «trilogia do gaúcho à pé» (ver 4.2.4 el análisis de *Sem rumo*). El caballo es imprescindible para la lucha y para las faenas del trabajo rural, «ya sea juntar, marcar, arrear o domar ganado, [todo] debe hacerse a caballo» (MacCann en Slatta 1985: 51), lo que se traduce en la siguiente copla anónima con una dosis de machismo muy típico al que me referiré más adelante: «Mi mujer y mi caballo/se han ido a Salta./ Mi mujer puede quedarse,/ ¡mi caballo me hace falta!» (citado en *Ibíd.*). Similarmente, lo expresa el yo lírico de Juan María Gutiérrez en la estrofa final de la «Endecha del gaucho» (1838, en: *Poesías*):

> Mi caballo era mi vida,
> mi bien, mi único tesoro:
> ¡Indio, vuélveme mi Moro,
> yo te daré mi querida
> que es luciente como el oro!

El narrador de Simões Lopes, en cambio, es implacable: «Mulher, arma e cavalo de andar, nada de emprestar». El gaucho tiene, pues, una relación pragmática y afectiva con el caballo, por lo cual debía ser espantoso para él comer carne de potro, como Cruz lamenta en su canto (*Martín Fierro* I, XII, vv. 2025 s.).

Las «historias de gente armada, desafortunada» nos llevan al siglo XIX y a la participación de los gauchos en las luchas de independencia y en las guerras ci-

---

la ciudad los sigue rechazando. Hay algo en ellos que no convence. (Es un 'invento de los estancieros para divertir a los caballos')» (50).

[17] Antes del gaucho, el indio a pie simbolizaba ya el declive, como Andermann (2003: 366 ss.) lo demuestra a base de relatos de viajeros.

viles. Por lo general, su participación no fue voluntaria, sino que fueron forzados al servicio militar y fronterizo[18]. Jurídicamente, esto fue posible gracias a la «ley de levas», que, como advierte Josefina Ludmer (1988: 231), «se aplicaba en el campo, a los no propietarios, y no en la ciudad: la ley que desmentía la igualdad ante la ley y que también quitaba mano de obra a los hacendados». El gaucho Martín Fierro es la víctima más conocida de esta ley[19] que parece haber existido también en Brasil. No así su corolario, la «ley de vagancia» (ver *Martín Fierro* II: 315), que se promulgó en Argentina ya en 1815[20]. Pero existía un modo de escape: «Si los vagos son útiles van al servicio de las armas por tres años; si no lo son, van a la policía y se emplean tres años en los trabajos públi-

---

[18] El servicio forzado se basaba en la falta de brazos, por ejemplo durante la guerra de la Triple Alianza (1865-1869). Rodríguez Molas (1968: 422) observa que «en 1874 [había comenzado] el enganche de voluntarios reclutados en el interior del país para ser destinados a los numerosos fuertes y fortines de la frontera; desde la presidencia de Mitre (1862-68), varias comisiones militares recorrían Europa con el fin de contratar aventureros de toda índole para el ejército argentino. En 1862 uno de los enviados era el popular poeta gauchesco Hilario Ascasubi [...]. Viaja por distintos países y realiza tratos con compañías especializadas en reunir mercenarios, por lo general criminales, la peor hez del Viejo Mundo».

[19] Hubo, no obstante, voces contrarias a este sistema que abogaron en favor de los derechos cívicos para peones, gauchos y vagos. Entre ellas destaca la de Juan Manuel Estrada, para quien «los gauchos representan los defensores involuntarios de la riqueza ganadera de Buenos Aires» (Rodríguez Molas 1968: 402, y ver *Ibíd.*, cap. IX: «Las voces que acompañan a Hernández»).

[20] Jauretche (1957/1960: 78 s.) cita el decreto del 30 de agosto de 1815: «Todo hombre de campo que no acreditara ante el Juez de Paz local tener propiedades, sería reputado sirviente y quedaba obligado a llevar papeleta de su patrón, visada cada tres meses, so pena de conceptuárselo vago. Importaba también vagancia para el sirviente transitar el territorio sin permiso del Juez; los así declarados vagos cumplirían cinco años de servicio militar o dos años de conchavo obligatorio la primera vez, y diez la segunda, en caso de no resultar aptos para las fatigas del ejército». Según Rodríguez Molas (1968: 101), en cambio, la ley se promulgó en 1865. Advierte, no obstante, que el peón de campo y el nómada de la llanura rioplatense fueron perseguidos ya desde comienzos del siglo XVII. Dellepiane (1981: 11) supone que la ley de vagancia se implantó porque a «la vaquería sucedía una incipiente industria saladeril que volvía singularmente valiosa la carne», acorralando al gaucho y lanzándolo a la guerra, la carne fue protegida.

Hay que añadir que los «vagos» fueron perseguidos también en los siglos XV-XVI en España, como lo demuestra la acepción de «vagar» en el *Tesoro* de Covarrubias (1611): [los vagamundos] son muy perjudiciales, y si no tienen de qué comer lo han de hurtar o robar [...]», por lo cual "[n]uestras leyes los compelen a trabajar o los destierran y a veces hallando en ellos culpas, o los açotan o los echan a galeras». Este "[a]ndar ocioso de un lugar a otro [es] una plaga que cunde mucho en las cortes de los reyes y en los lugares grandes y populosos; y a esta causa los jueces criminales hazen gran diligencia en limpiar la república desta mala gente» (*Ibíd.*).

cos» (Tiscornia citado en Sáinz de Medrano 1997: 315). El caso del sargento Cruz (*Martín Fierro* I, XII) demuestra que el trabajo en la policía servía de hecho como posibilidad de ascenso social, aunque poco honroso. Lugones (1916/1979: 146) menciona otra razón de «aquellas levas temidas como un azote, [que] eran una especie de conscripción ilegal, que servía ante todo para ejercer venganzas políticas contra los renitentes de las elecciones», asunto tratado en *El matrero Luciano Santos* (1873, 4.2.6) de Lussich y en el cuento «Por la causa» (1896) de Javier de Viana (ver 4.2.4).

Puesto que los cargos de alcalde o de juez de paz eran honorarios, hacían práctica común con los pulperos para esquilmar a los soldados (Rodríguez Molas 1968: 450 y 236). Así, Martín Fierro no gana casi nada en el servicio fronterizo y contrae deudas en un boliche, de las que un comisario se aprovecha (I, IV). Los gauchos, impulsados por su espíritu de rebeldía y de independencia —«Mi gloria es vivir tan libre/ como el pájaro del cielo» (*Martín Fierro* I, 114)—, trataron al poco tiempo de desertar del servicio forzado que se caracterizaba, además, por castigos extremadamente crueles, aplicados por lo general por «oficiales ineptos e ignorantes» (Rodríguez Molas 1968: 235). En estos casos, huían al «desierto», una extensa zona marginal donde reinaban las tribus indígenas. Después de la «conquista del desierto» en 1880 dejó de existir esta zona de huida para los gauchos alzados, puesto que se instalaron allí nuevos terratenientes (los antiguos poseedores, extranjeros y militares que obtuvieron títulos de propiedad como recompensa por sus servicios «patrióticos»).

La literatura gauchesca era una literatura popular que criticaba severamente este injusto sistema judicial y ponía «en ridículo las figuras del juez de paz, comandante militar y alcaldes» (*Ibíd.*: 433). De ahí que Ludmer defina el género como «uso letrado de la cultura popular» (11) —efectivamente, Martín Fierro dice: «Yo no soy cantor letrao» (*Martín Fierro* I, 113)—, concibiendo lo popular como algo positivo, contrapuesto a la «cultura de masas». Según Ludmer (193), «a todo lo largo de la historia del género se plantea la *incompatibilidad entre guerra y actividad productiva*». Comparto esta conclusión, pero hay que precisar que sólo es válida para la historia de la poesía gauchesca.

El protagonista, que suele ser un «gaucho malo»[21], no es entonces malo de por sí, sino malo debido al influjo del medio ambiente, del sistema de injusti-

---

[21] En el cómic «Las tolderías de Traful» de Fontanarrosa (*vide infra*), se parodia la figura del gaucho malo: cautivado por los indios mapuches, el cacique le ofrece al gaucho protagonista Inodoro su

cias en el que le ha tocado nacer. Este determinismo social lo relaciona con el pícaro; en cierto sentido, podríamos decir incluso que la narrativa gauchesca empieza con la picaresca (*El casamiento de Laucha* de Roberto Payró) y termina, de la misma manera, con ella (*Los Ochoa* de Juan Filloy, ver 4.2.8). Pero el sustrato picaresco puede reconstruirse ya mucho antes, en los preludios de la literatura gauchesca, por ejemplo en los episodios grotesco-carnavalescos del primitivo teatro gauchesco (ver 4.1.1 *El amor de la estanciera*). Y en ciertas alusiones a la novela picaresca, como en *Los tres gauchos orientales*, donde se encuentra una referencia que alude posiblemente al *Lazarillo de Tormes* cuando Laguna le reclama al Pollo que no se desvíe del relato: «¡Ah, Pollo! Ya comenzó a meniar taba; ¿y *el caso*?» (mi cursiva).

Podemos resumir que suelen aparecer dos elementos, a veces juntos: 1) La delincuencia campesina reside en el hecho de que el gaucho no tenga ni trabajo ni tierra y robe reses para sobrevivir. 2) Las revoluciones y las guerras de independencia necesitaban hombres valientes como los gauchos, que fueron forzados a luchar. Muchos de ellos trataron de huir y vivir escondidos o se incorporaron a partidas de matreros[22] y gauchos alzados[23]. La intención de reforma social se articula explícitamente en los finales del *Martín Fierro*, de *Los tres gauchos orientales* de Lussich y de *El matrero Luciano Santos* del mismo autor.

Ludmer (1988: 229) advierte además que hay que tener en mente que los códigos de los gauchos no correspondían a los códigos de los ciudadanos que hacen las leyes: la propiedad privada, por ejemplo, no existía en el código con-

---

propia hija Manduca, pero ella le dice que su corazón pertenece a Pataquén, a lo que Inodoro reacciona como se espera de un gaucho valiente: «¡No! no ha nacido quien quita una prienda a Inodoro Pereyra. Que opine mi daga aura. Tengo sangre mocaví— pero cuando aparece el otro, un gigante, se asusta tanto que huye a caballo, pensando «bah... pa lo que me gustaba la Manduca».

[22] En *Los tres gauchos orientales*, Julián Giménez explica que después de la revolución de 1872 y la victoria de los colorados, los blancos tenían dos posibilidades: o irse o andar de matrero (65). En la continuación, *El matrero Luciano Santos* (1873), el narrador autodiegético se presenta como personaje honorable: «mi crédito de matrero/ siempre bien puesto ha quedao;/ y si del hambre acosao/ le he caído al ganado ajeno,/ pa los dueños del terreno/ sebo y cuero le he dejao» (vv. 2105 ss.). En su largo canto autobiográfico, Luciano Santos aclara que nunca mató a nadie; pero que lo prendieron un día y que lo echaron a la infantería desde donde huyó después de un acto deshonroso de su superior al que perdió el respeto. La otra acepción del lexema «matrero» reza «astuto, suspicaz».

[23] Juan Filloy reescribe esta temática en el cuento «El Juido» de su saga gauchesca *Los Ochoa* (ver 4.2.8).

suetudinario del gaucho; tampoco estaba prohibido «matar en duelo si se es ofendido». El caso de Martín Fierro es, no obstante, distinto en cuanto que el agresor Martín no había sido ofendido por el negro, a quien asesinó por pura maldad y racismo. Otros gauchos son pacíficos: el *gaúcho* Manuel de Alencar no es ningún delincuente y tampoco es perseguido; *Los tres gauchos orientales* participan en la revolución, pero no cometen ningún acto criminal; en *Fausto* no se trata en absoluto de ello y en *Don Segundo Sombra* no se aclara el supuesto pasado oscuro del protagonista del título.

Podemos concluir que la presunta delincuencia como rasgo característico del protagonista es tan cuestionable como en el caso de la novela picaresca (ver Parker 1967), es decir, que es un rasgo facultativo pero no constitutivo del género. De ahí que demos de manera igual con protagonistas matreros y huraños, inocentes, fieles, honestos y corajudos. Ya el general argentino Lucio Victorio Mansilla distinguió en su reportaje *Una excursión a los indios ranqueles* (1870) entre dos tipos de gauchos, el civilizado y el bárbaro: «Paisano gaucho es el que tiene hogar, paradero fijo, hábitos de trabajo, respeto por la autoridad; [por el otro lado, tenemos], el gaucho neto, es el criollo errante, [...] jugador, pendenciero, enemigo de toda disciplina»[24], un desertor y un vago, pues. Algunas obras, como el *Martín Fierro*, presentan gauchos que encarnan ambos tipos a la vez (ver Ludmer 1988).

El racismo y la xenofobia parecen ser aspectos frecuentes en la gauchesca argentina y brasileña, mientras que *Los tres gauchos orientales* de Lussich carece absolutamente de ellos. En el *Martín Fierro* abundan invectivas contra los indígenas, los negros y los gringos que «ni siquiera sabe[n] atracar a un pingo», «No hacen más que dar trabajo,/ pues no saben ni ensillar,/ no sirven ni pa carniar», delicados, charlan, no aguantan ni frío ni calor, son tacaños[25] y «sólo son güe-

---

[24] El reportaje de Mansilla destaca la ambivalencia de la política argentina de tratar de integrar a los indígenas en la sociedad nacional a costa de la destrucción de su cultura vernácula, y es importante ver que Mansilla respete una cultura menospreciada por la sociedad oligárquica de la que él mismo formaba parte (*cfr. HGL II*, 427 s. e *infra*).

[25] En *Barranca abajo* (1905), un drama gauchesco de Florencio Sánchez (ver 4.2.5), persiste la actitud recelosa con respecto a los extranjeros: en el tercer acto, escena IV, la comadre Martiniana dice: «Güeno. Pitaremos, como dijo un gringo...», frase que Villordo explica en la nota al pie de la página como alusión «al supuesto *gringo* (extranjero) que empleaba el plural, *pitaremos*, pero *pitaba* él sólo» (96), o sea: se refiere a la tacañería de los inmigrantes mencionada ya por Martín Fierro: «si usté no les da, no pitan/ por no gastar en tabaco,/ y cuando pescan un naco/ unos a otros se lo

nos/ pa vivir entre maricas,/ y nunca se andan con chicas» (142 s.)[26]. Los indígenas son presentados como seres brutales, asesinos, ladrones, haraganes, inmundos y explotadores de sus mujeres (ver II, cantos II, III, IV, V), cuyo único rasgo positivo es el no ser codiciosos (canto V).

Podría pensarse que los indígenas no aparecen en *Los tres gauchos orientales* porque los indios charrúas habían sido exterminados poco después de la fundación del Uruguay en 1828, bajo el mando del colorado Fructífero Rivera. Éstos adoptan, a pesar de ello, el típico papel de malvados y crueles en la novela criollista *Entre los pastos* (1920) de Víctor Pérez Petit, cuyo mundo narrado se sitúa a finales del siglo XIX (ver 4.2.7).

En cuanto a la obra de Lussich, es raro que tampoco aparezcan los negros, a no ser porque éstos se encontraban en la ciudad, mientras que la diégesis está ubicada en el campo. De todos modos, no hay conflicto étnico ni violencia entre los personajes de Lussich, que reflexionan sobre la situación de la paz y su condición. De ahí que sorprenda la diatriba que Julián lanza en la continuación *El matrero Luciano Santos* contra los inmigrantes:

> Julián: Los largan de las Uropas/ sin con qué alegar siquiera,/ y aquí cáin en montonera/ como la hacienda, por tropas,/ en la vida tráin más ropas/ que las que cargan encima,/ y su lao, ¡quién se le arrima!/ si jieden a perro muerto,/ los conozco tan de cierto/ que uno vive con mi prima.
> Centurión: ¿Cómo vive, aquerenciao?
> Julián: De juro, pa qué casarse,/ si lo mesmo es enredarse/ y vivir emparentao (vv. 771 ss.).

Según Julián, los inmigrantes europeos vienen en masas, son pobres, apestan y viven luego en concubinato con las nativas. Pero aquí se nota una discrepancia con respecto a la opinión del autor implícito, puesto que el propio Julián no se casa tampoco, sino que flirtea con cualquier muchacha, mientras que Centurión lamenta el destino de las mujeres seducidas y abandonadas acto seguido (*El matrero Luciano Santos*, 470), actuando de portavoz del autor implícito.

---

quitan» (I, V, vv. 909-912). En el drama de Sánchez, el racismo destaca también en otras escenas, por ejemplo cuando Rudecinda insulta a Aniceto por el apóstrofe «mulato guacho» (acto III, escena VIII), lo que debe entenderse como «mestizo criado sin padres» («que alude a su condición de desheredado y lo emparienta con los animales», Villordo 1974: 100).

[26] La presentación negativa de los inmigrantes europeos no puede fundarse biográficamente, ya que el mismo Hernández tenía sangre española, irlandesa y francesa (Borges 1953/2002: 32).

La aceptación general de responder a una ofensa con un homicidio[27] apunta al honor gauchesco, código que determina muchas trayectorias gauchescas. Las peculiaridades de la noción gauchesca del honor resaltan si comparamos ésta con la noción del honor y de la honra en la comedia del Siglo de Oro: en los dramas de honor, las mujeres, «en sus juegos galantes, representan metafóricamente los graves asuntos del honor [...]. Sin embargo, una vez casadas, estas mujeres de ficción deben sacrificar su libertad en aras de la reputación de sus maridos» (Wardropper 1978: 224): «Tuve amor, y tengo honor», dice la recién casada doña Mencía en *El médico de su honra*. Alfonso de Toro (1998) demuestra que los dramas de honor critican el código del honor caballeresco, que es una ideología de las ciencias jurídicas, de la ética, de la filosofía y de la teología moral. Los dramas de honor reproducen a través de una transformación mimética la obsesión psicológica de la *limpieza de sangre* por el código de honor que se basa en el recato de la mujer, que adquiere entonces el papel de garante de una procreación sin mancha. Los gauchos mestizos son obviamente libres de estas preocupaciones fetichistas de la limpieza de sangre, pero no así de la infidelidad de la mujer, que significa ante todo una traición y violación de su honor. Hay dos posibilidades de reaccionar: señalar el engaño, cortándole la trenza a la «china»[28] y sujetarla a la cola del caballo para humillarla y exponerla a la vergüenza pública (ver 4.2.7: *El gaucho Florido*), o matarla. Slatta (1985: 107) advierte esta costumbre incluso para casos de violación. El cuento «El ceibal» de Javier de Viana (en: *Campo*, 1896, *cfr*. 4.2.4) demuestra la segunda reacción de un modo llamativamente violento, revelando por esta representación, que termina con un final muy machista, la actitud contraria del autor implícito: el tímido gauchito Patricio se enamora de Clota, hija de un puestero con «gotas de sangre negra» («El ceibal», 18) —léase: una mujer llena de pasión y de temperamento—. Ella tiene instintos de macho, es cruel con los animales, desprecia a sus pretendientes, pero es también coqueta. Aunque Patricio no logra hacer vibrar las cuerdas de su

---

[27] Valga acentuar: aceptación dentro de la comunidad masculina de los paisanos, puesto que los narradores no les otorgan casi nunca la voz a las mujeres, por lo que no se llega a saber nada sobre su opinión al respeto.

[28] Nombre genérico para las nativas rurales, unas mujeres mestizas descritas por los primeros viajeros en el s. XVIII como «mal vestidas. Se ocupaban de limpiar, cocinar carne y cebar mate, y no cosían ni tejían como las mujeres del interior» (Félix de Azara citado en Slatta 1985: 104). Unos criticaron su indolencia e inactividad y cierta «moral laxa», otros, en cambio, criticaron a los gauchos flojos y atribuyeron el prematuro envejecimiento de las chinas a sus duras condiciones de la vida de frontera (Slatta 1985: 105).

pasión, ella lo acepta como novio. Esperando el gran día de la boda, Patricio construye pacientemente un rancho para ellos, cuando de repente vuelve un compañero de infancia de Clota, que está hecho de la misma madera que ella. Patricio sorprende a los dos *in flagranti* en el bosquecillo donde crece el ceibal que le da el título a este cuento, el mismo sitio donde Patricio le había declarado su amor. Tiene la daga en la mano, pero duda y finalmente quiere retirarse sin hacer nada, cuando cruje una rama y la pareja se da cuenta de su presencia. Se le estalla el «instinto gauchesco» a Patricio, quien apuñala brutalmente a Clota, pero deja en paz a su amante quien le pregunta asombrado: «—¿Por qué á ella y no á mí? [...] —¿A vos, por qué? [...] Después, [...] agregó con el inmenso desdén del varón fuerte que puede herir y no quiere, que puede matar y perdona: —¡Desgraciao el cojudo que ve yeguas y no relincha!».

Otro aspecto del código gauchesco del honor reside en el acuerdo de que hay que «matar en buena ley», y nunca a traición. De ahí que los paisanos, que temían a Hormiga Negra que se había transformado en un bandido vil, se ponen de su lado cuando la justicia le pone una trampa y lo captura finalmente a borde de un navío al que llega sin armas:

> Las acciones cobardes sublevan el espíritu del gaucho, y todo hecho donde haya figurado la traición es para ellos cosa vituperada y ruin. Por eso se alejaban del Juzgado tristemente, deseando desde el fondo de su corazón que Hormiga Negra pudiera escapar a las garras de la justicia (*Hormiga Negra*, 235).

El segundo aspecto mencionado por Bolaño, el de la gente «solitaria o con un peculiar sentido de la sociabilidad», se verifica fácilmente en muchos textos del género: el gaucho es un solitario centauro de la pampa que se encuentra sólo esporádicamente con otra gente de su calaña[29]. En este caso desensillan, encienden el fogón, preparan un asado, toman mate, lían un cigarrillo y se cuentan sus vidas y aventuras. Casi ninguno de los gauchos de la literatura está casado o vive con su familia, lo que corresponde a los datos de la historia social:

> Dados los obstáculos demográficos, socioeconómicos, legales y religiosos para el matrimonio, no es asombroso que la mayoría de los hombres de campo

---

[29] *La guerra gaucha* (1905) de Leopoldo Lugones es el único texto del corpus en el que los gauchos aparecen como colectivo, luchando bajo las órdenes de Güemes.

permanecieron solteros [...]. Enfrentados con empleos marginales y migratorios y con la amenaza constante de la conscripción, los gauchos tenían pocas oportunidades para algo más que relaciones intermitentes o precarias uniones consensuales con las mujeres (Slatta 1985: 108 y 115).

En el imaginario colectivo quedó la idea de la mujer gaucha como presa fácil de cualquier hombre, como lo demuestran unos ejemplos sacados de la literatura de los siglos XIX y XX. Ya Sarmiento describió la costumbre del gaucho malo de robarse una muchacha en un baile campestre y presentarse «otro día [...] en la casa de la familia ofendida, hace[r] descender de la grupa a la niña que ha seducido, y, desdeñando las maldiciones de los padres que le siguen, se encamina tranquilo a su morada sin límites» (*Facundo*, 55). No obstante de vivir en la capital argentina, Genaro, hijo de inmigrantes italianos, hace sus primeras experiencias con «chinas descuajadas»[30]; un siglo después, el «casanova oriental» Rolando exclama para sus adentros: «Afortunadamente [...], siempre había encontrado mujeres gauchas y bien dispuestas, que admitían desde el pique las reglas del juego y que después, cuando éste concluía, se esfumaban con un chau cordial y santas pascuas» (*Primavera con una esquina rota*, 1982, de Mario Benedetti, 147).

Otro rasgo característico de los gauchos es cierta melancolía que se traduce en tristeza, nostalgia, solitud, anhelo, deseo insatisfecho. El ejemplo del *gaúcho* Manuel de José de Alencar es fácilmente explicable por la ubicación de la novela dentro de la poética del romanticismo, pero el caso de Juan de Dios de la novela *Entre los pastos* (1920) de Pérez Petit demuestra que esta concepción se enlaza a veces también con una poética naturalista-criollista.

El aspecto físico y la actitud hacia la mujer varían de manera considerable: tenemos gauchos esbeltos, finos, apuestos, buenos mozos como Manuel de Alencar, pero también casos como *El gaucho Florido* (1932). En esta novela, que lleva el elocuente subtítulo *novela* [...] *del gaucho crudo*, Reyles presenta «estampas de gauchos recios, viriles» (Caillava 1945: 204). El rubio Florido es un gaucho modelo, un sentimental que canta y al que le encantan las flores, de ahí su nombre de pila. Pero se siente dividido entre dos mujeres. La morocha Mangacha, que se comporta sólo al principio inteligentemente de un modo huraño que le encanta, es una mujer educada, ordenada y apuesta que sería una esposa

---

[30] *En la sangre* (1887) de Cambaceres, p. 217; ver también el análisis de la novela *Sin rumbo* en el cap. 4.2.4.

ideal. No obstante, Florido cae en los brazos de otra china porque teme por su libertad. Ramón, por el contrario, es el Don Juan machista del pago que suele pegar su rebenque a la puerta de aquella mujer que iba a visitar clandestinamente durante la noche.

Podemos concluir que la literatura gauchesca ofrece dos actitudes distintas con respecto a las mujeres y al amor: la mayoría son gauchos machistas y misóginos, y unos pocos son gauchos enamorados o no, que respetan a las mujeres y lamentan su triste destino.

Valga abrir un paréntesis y presentar una parodia de la primera variante, la que domina. La historieta «Eulogia» del volumen *Las aventuras de Inodoro Pereyra. ¡El renegau!* de Fontanarrosa[31] parodia el machismo y la vanidad del gaucho. Llegando muy paquete al jolgorio —entre otros atuendos, lleva «botas de potro de charol»— el gaucho Inodoro causa gran impresión: «se alborotó el chinerío», dos chicas tipo moscas muertas lo adoran, pero Indorodo, impasible, no se incomoda. De pronto se estremece, porque «algo han visto sus ojos de benteveo silvestre: Desde el fondo del galpón unos ojos lo apuñalan». Pertenecen a Eulogia. Después de un «¡abran cancha!»[32] y un piropo ininteligible, que parodia el afán de los gauchos de comparar siempre todo con las cosas de la naturaleza —«Prienda, sus ojos son dos tucu-tucus desbocaos, hortigas que irritan mi corazón potro»[33]— se la quiere llevar a su rancho[34]. Pero como el «tata» de ella está presente, Inodoro debe inventar algo para llevársela: bailando como «una garrapata enar-

---

[31] Este cómic graciosísimo se publicó primero en la revista de humor *Hortensia* en Rosario. Después de haber aparecido en la última página de *Clarín,* las ediciones porteñas De la Flor publicaron estos dibujos en 1974, año de la muerte de Perón (y casi en vísperas del golpe militar). En los años setenta, las historietas argentinas adaptaron libremente textos literarios. Fontanarrosa se dedicó a la poesía gauchesca, Breccia, en *Perramus,* al género de la novela urbana de detectives y ambos introdujeron a Borges como personaje (Schäffauer 2005). Al contrario de *Mafalda, Inodoro Pereyra* no tuvo un éxito internacional, pero sí bonaerense.

[32] Posiblemente una referencia intertextual a *Cantalicio Quirós* (*cfr. infra*: «me eché pa atrás la melena,/ y con mirada serena/ le tendí al campo un vistazo,/ por si caía en algún lazo/ abrirme cancha sin pena»).

[33] Comparando esta declaración de amor con una original, dudo si se trata de veras de una parodia: «por verte se me enfría/ la carne, por mirar la de tu cara,/ quedando yerto con tu vista rara,/ helándose conmigo la comida» (Juancho en: *El amor de la estanciera,* 41, ver 4.1.1).

[34] En la realidad pampeana, la falta de sacerdotes y las largas distancias pusieron obstáculos a la boda religiosa, por lo que el concubinato y el matrimonio consensual (ver el final de *El amor de la estanciera*) eran cosas normales. No obstante, hubo todo un ritual sistematizado de cortejo, secuestro y matrimonio consensual (ver Slatta 1985: 107).

decida, un malón ebrio de argentinidad», produce una nube de polvo tan grande
que nadie ve cómo se roba a la Eulogia y se la lleva en la grupa de su caballo. El
siguiente cuadro, titulado «De los deberes», presenta las tareas que le esperan a la
china después de esta conquista. Cuando le muestra su rancho, Inodoro dice:
«No haberá lujo pero tampoco es limpio»; después enumera una retahíla de deberes, hasta que a ella le basta y le lanza el mate a la cabeza, a lo que reacciona desde el suelo: «eso... eso... y que sea un poco retobada también».

Además de estos trabajos domésticos en el rancho —lavar, planchar, cebar
mate, cocinar, cuidar a los niños, coser—, las mujeres participaban en la esquila
anual. Basándose en los «Balances de las Estancias de Rosas», Slatta (1985: 113)
descubrió que «la escasez de mujeres en la pampa imponía salarios más elevados
para ellas», aspecto interesante, poco conocido, que era seguramente pan duro
para los gauchitos machistas[35] y del que la literatura gauchesca hace caso omiso[36].

Las novelas gauchescas tardías de Carlos Reyles, Larreta y otros ofrecen cuadros psicológicos más refinados que estos comportamientos maniqueístas[37]. De
ahí que el propio Florido se convierta en un paria, porque sufre de celos malignamente inculcados por un indio viejo que insinúa que Mangacha tiene un

---

[35] Para evitar malentendidos, no trato en absoluto de (re)construir una sociedad pampeana
emancipada, sino de añadir aspectos de los que la literatura gauchesca no se apropió. Hubo, naturalmente, actos de discriminación laboral que vedaban a las mujeres la entrada a varios oficios, por
ejemplo el de empleada de tienda, de médico, etc.

[36] Asimismo, del hecho de que las mujeres participaran en los conflictos militares, donde aparte de las típicas tareas de cocinar, atender heridos, lavar, etc., tomaron parte activa en las peleas,
como lo describe Sarmiento en *Conflictos y armonías de las razas en América* (1883, en: *OC*, Vol. 3
[7], p. 168, citado en Slatta 1985: 116). Rosas había reconocido que la compañía de una mujer reduce el número de deserciones y aumenta el contento del soldado, por lo que hubo la posibilidad
de dejarse acompañar por una mujer, situación descrita por César Aira en su novela *Ema la cautiva*. Al contrario de la idealización soñadora, poligámica-romántica llevada a cabo por Aira, el censo de 1869 hace pensar en una realidad atroz de estas «gauchos con faldas»: el censo «registró sólo
55 mujeres y casi 700 hombres en la frontera sur de Olavarría, y 32 mujeres y más de 400 hombres
hacia el Norte, en Junín» (Slatta 1985: 116). Slatta (117) menciona además los prostíbulos legales
e ilícitos, situados normalmente cerca de una pulpería, de los que la literatura hace asimismo caso
omiso —con excepción de Amorim, en cuya novela *El paisano Aguilar* (*cfr.* el análisis respectivo)
aparece una «pensión» que resulta ser un lupanar de cierta categoría.

[37] Ver también los análisis de *Beba* (1894) y de *La raza de Caín* (1900) de Carlos Reyles en
Schlickers (2003: 293-300 y 334-351).

amante. Acto seguido y sin preguntar más, Florido le corta la trenza (igual que
en el cuento «Mansilla» del mismo Reyles), pero luego se entera del engaño y
lleva a cabo una cruel venganza: mata al indio y saca los ojos a los dos cómplices de éste, unos comisarios. Para concluir pone una lengua cortada delante de
la puerta de Mangacha. La crueldad impide leer esta secuencia como parodia,
pero puede entenderse como una invectiva contra el honor gauchesco que se revela como trágico código machista. Por otro lado, es interesante destacar que
esta novela carece —como todas las novelas criollistas— de comicidad, que es
otro rasgo característico del género gauchesco y que lo vincula a la novela picaresca.

Pero la comicidad verbal o actorial ya no obedece a los postulados neo-aris-
totélicos según los cuales la imitación verosímil de lo cotidiano sólo podía efec-
tuarse *more comico*, normas poéticas a las que la novela picaresca estaba todavía
sujeta y que Cedomil Goic (1991: 207 s.) reconstruye también en la gauchesca:
«Por su origen paródico el género tiende desde el principio a lo cómico, al tratamiento festivo de una figura de origen bajo y de su mundo. Es el resorte distintivo del *Fausto* [...]» y podríamos añadir que aparece asimismo en el muy cómico hipertexto *Cantalicio Quirós* de Lussich (ver 4.1.3). No obstante, hay que
distinguir entre comicidad y parodia: el ejemplo de *Cantalicio Quirós* demuestra
que la parodia produce frecuentemente un nuevo hipertexto literario que imita
la forma y el estilo del hipotexto, pero que cambia su contenido (al contrario de
la travestía, que imita el contenido, pero se burla de la forma y del estilo del hipotexto). En este sentido, la parodia constituye un contrapunto, término muy
adecuado en el contexto de la gauchesca con sus payadas, y además etimológica-
mente reconstruible como tal: «parodia» se compone del prefijo griego *pará*
(contra) y de *ode* (canto)[38]. No obstante, la parodia no debe ser burlesca, sino
que es una práctica discursiva ambigua, paradójica: se inscribe en la tradición y
exagera las convenciones literarias —lo que requiere un muy profundo conocimiento del hipotexto y del género— para destruirlas, pero revela al fin y al cabo
que son indestructibles. De ahí que la elaboración paródica o irreverente del hipotexto constituya un *hommage* —como ya lo destacaron los teóricos del Rena-
cimiento, refiriéndose a la «parodia in honore»—. Los análisis del *Fausto* (4.1.3)
y de parodias y reescrituras narrativas (4.2.8) demostrarán que la parodia es un

---

[38] Ver *Metzler Lexikon Literatur- und Kulturtheorie* (en adelante: *METZLER*), s.v. «Parodie».

paso característico en la evolución literaria del género gauchesco. A pesar del humorismo de la gauchesca, que incita muchas veces a la risa, tenemos que recordar que otro rasgo constitutivo del género es el de presentar siempre una ficción mimética que es incluso muchas veces trágica.

Puede concluirse que la gran variabilidad de las características del gaucho —y del género gauchesco— obedece a cierto orden histórico e ideológico, como ya lo intuyó Goloboff (1996: 60). De ahí que tengamos al gaucho como víctima, carne de cañón, como ente idealizado y nostálgicamente recordado, como encarnación del espíritu de la tierra, pero también como agresor y homicida, que constituye un peligro y una amenaza del orden en la estancia, la pulpería (según Sarmiento el «club de la pampa»), la comarca pampeana y, posteriormente, en la ciudad —siempre según la perspectiva ideológica y la intención de sentido del autor implícito y del contexto histórico-social en el que el texto fue concebido, escrito y recibido—[39].

En cuanto a la ubicación contextual, hay que mencionar otra vez la actitud negativa con respecto a la inmigración extranjera que destaca desde el *Martín Fierro*. Según Borges (1953/2002: 38), «Hernández pensó que destruiría en estas provincias el ejercicio de la ganadería, tal como la practicaban los criollos». Este temor fue concretizado posteriormente en *Zogoibi* (1926, ver 4.2.7). En esta novela de Larreta, el protagonista inglés compra solamente un campo para explotarlo como mina de sílice. Pero en el *Martín Fierro*, la crítica está más escondida: todos los malvados —los jueces, oficiales, patrones etc.— cooperan con el Estado oligárquico que había fomentado la inmigración masiva. La identidad nacional se construye, pues, por el rechazo de «gringos», indígenas, negros...[40]. Vamos a ver más adelante cómo la literatura gauchesca refuerza en el siglo XIX el nacionalismo que se interrelaciona con el criollismo.

El potencial semántico de los textos gauchescos depende de muchos factores y no puede sistematizarse. Sólo los análisis profundizados de textos literarios

---

[39] La recepción abarca la ideología de los críticos: para Ángel Rama, por ejemplo, la gauchesca es una literatura reivindicativa que persigue un determinado propósito social. Cualquier excepción a esta regla constituye un desafío deshonesto para él. Ver su crítica del *Fausto* (Rama 1976: 106 s. e *infra*).

[40] Ver 4.1.5 la representación racista de inmigrantes e indígenas en el *Martín Fierro* y la actitud xenófoba de Lugones. La xenofobia juega asimismo un papel importante en el teatro, compárense por ejemplo los prejuicios respectivos del viejo criollo en *La Gringa* (1904) de Florencio Sánchez (ver 4.2.5).

singulares revelan las intenciones de sentido particulares de los autores implícitos. No obstante, estoy convencida de que los rasgos genéricos reconstruidos en este capítulo a nivel del discurso y del contenido constituyen un instrumento muy útil para definir la literatura gauchesca y ubicar la gran variedad de textos literarios particulares dentro de la evolución del género. El próximo capítulo se dedica a la presentación de estos textos literarios.

4. La pampa invade la ciudad: formación y desarrollo de la literatura gauchesca

> *La literatura gauchesca —ese curioso don de*
> *generaciones y escritores urbanos— ha exagera-*
> *do, me parece, la importancia del gaucho.*
>
> (Jorge Luis Borges 1975/2002: 208)

La gran mayoría de los críticos argentinos y uruguayos limita el género a la poesía gauchesca rioplatense del siglo XIX, que empezaría con Bartolomé Hidalgo y terminaría con el *Martín Fierro*. Pero el gaucho entregado, simbólica y físicamente muerto, experimenta en el siglo XX muchas resurrecciones, sobre todo en la narrativa. Y antes de la poesía gauchesca destacan ya desde finales del siglo XVIII y principios del XIX algunos precursores en el sainete, que sobreviven a principios del siglo XX en el drama rural de Florencio Sánchez y el drama militar de Alberto Ghiraldo. A continuación presento primero un antecedente del teatro gauchesco primitivo para dedicarme después a los fundadores de la poesía gauchesca.

4.1 DE LOS FUNDADORES A LAS OBRAS CUMBRE

4.1.1 Un antecedente olvidado: el teatro gauchesco primitivo

El primer representante del teatro gauchesco primitivo se publicó ya en 1787: *El amor de la estanciera* es un sainete criollo caricaturesco que presenta «un tema largamente repetido por los sainetistas peninsulares: el extranjero que galantea a una muchacha de la tierra, tratando de impresionarla con las modalidades ostentosas de su nación y de su rango, frente a los justos méritos con que el muchacho de la comarca termina ganando a la moza y las voluntades de todos» (Ghiano 1957: 8)[1]. Valga destacar que el extranjero es un portugués ma-

---

[1] Valga mencionar de paso que la posterior variante criolla de este género chico tiene su origen en el sainete español de la segunda mitad del siglo XIX, muy popular en los teatros madrileños, pero

chista, fanfarrón, testarudo y violento, que se retira al final cobardemente. Cancho, el padre, es un criollo realista y pragmático, mientras que la madre, Pancha, se deja engañar por las apariencias. Chepa, la hija, no sabe a quién preferir y provoca cruelmente al criollo que engulle mansamente sus ataques verbales. El ambiente de violencia doméstica, donde reina un fuerte materialismo, se entremezcla no obstante con un temprano nacionalismo que la historiografía suele situar cien años después:

> Mujer, aquestos de España
> son todos medio bellacos;
> más vale un paisano nuestro
> aunque tenga cuatro trapos
> (*El amor de la estanciera*, 24).

Le decisión final en favor del mozo criollo no reside en ningún romanticismo, sino en el reconocimiento de que el chico del pago ayudará a Chepa en las duras tareas diarias, como el ordeño de las vacas. Además, se impone cierta actitud xenófoba con respecto al portugués. El sustrato gauchesco se revela en el tono americano del sainete, en los elogios de las costumbres de la patria chica, la cariñosa enumeración de los pelajes equinos y los detalles sutiles de un hierro perdido en la pampa que Juancho sabe recordar perfectamente. La representación del gaucho queda, no obstante, muy vaga: no está representado «como hombre al margen de la sociedad ciudadana; ni siquiera lo afincan [los autores del teatro primitivo gauchesco] en un territorio concreto ni lo sitúan cronológicamente» (Ghiano 1957: 10). Tampoco «se trata de un teatro gubernamental —como ocurrió con la deleznable dramática mazorquera de los decenios rosistas» (*Ibíd.*, 11). Este teatro es primitivo en cuanto que se nota la falta de experiencia dramática y de los recursos teatrales. De ahí que destaque cierta «indecisión de límites entre la escena y el público» que «se identificaba con lo representado» (*Ibíd.*). Los choques cómicos de acción y de palabras encubren, no obstante, lo endeble de la trama.

Después de este temprano sainete gauchesco parece o bien que no haya sido publicado nada más o bien que los textos se perdieran o bien que no hubo inte-

---

que tiene poco que ver con el sainete del XVIII de Ramón de la Cruz, en el que se basaba todavía *El amor de la estanciera*.

rés en su investigación[2]. En 1818 salió *El detalle de la Acción de Maipú*, sainete provincial sobre la independencia y los triunfos ganados en Chile. Hacia 1823 se escribieron otras tres piezas teatrales: dos tragedias alegóricas —*Dido* de Juan Cruz Varela y *Molina* de Manuel Belgrano— y el sainete gauchesco *Las bodas de Chivico y Pancha* de Collao (*Ibíd.*: 12), que trata simplemente de la celebración de la boda de la hija de una familia campesina. Durante la época de Rosas, se incluyeron cambios en esta pieza, por ejemplo insultos a los unitarios, franceses e ingleses, que demuestran la alta instrumentalización política del teatro, medio instructivo y propagandístico para el pueblo, analfabeto en su gran mayoría.

Faltan por completo análisis detenidos de la producción del teatro gauchesco en los tres países fronterizos. Chiappini (2005a: n. 2) advierte con respecto al teatro gauchesco brasileño que «entrou em cena pela mão de um escritor português, César de Lacerda, que escreveu o drama *O monarca das coxilhas* (1867). Depois tornou a ficar de fora, mesmo daqueles teatro produzido por contistas gauchescos como Simões Lopes Neto, que escreveu peças mais urbanas». La investigación del teatro y del sainete gauchescos, del grotesco, del canto (tango y milonga), etc. de éste y del período posterior constituye una gran laguna. Aunque el teatro gauchesco primitivo y el drama rural o pampero (ver 4.2.5) ofrecen sólo algunos aspectos característicos de la literatura gauchesca, voy a estudiar más adelante algunas de estas obras dramáticas para complementar el cuadro. Valdría mucho la pena investigar el teatro (sobre todo argentino) entre 1900 y 1930 más detenidamente[3]. Antes de volver a los dramas rurales que aparecieron en la primera década del siglo XX (ver 4.2.5), el orden cronológico pide dedicar el próximo capítulo a la fundación y el desarrollo de la poesía gauchesca.

4.1.2 Los inicios políticos en la poesía gauchesca

La poesía gauchesca se desarrolla entre las guerras de independencia y la constitución definitiva del Estado argentino en 1880. Desde el trabajo pionero *Los gauchescos* de Ricardo Rojas (1917-1922), los críticos distinguen tres fases sin que haya acuerdo ni sobre los períodos ni sobre los representantes de cada fase; en adelante presento primero la división hecha por Ángel Rama (1976:

---

[2] En su estudio *La primitiva literatura gauchesca* (1968), Rivera no menciona ni siquiera el primitivo teatro gauchesco.

[3] Romano (1983/2001: 1093) vincula por ejemplo el tango con raíces dramáticas y líricas de la gauchesca: «Mi hipótesis principal es que la poética del tango heredó los presupuestos básicos de la

106) por ser una de las más conocidas: Bartolomé Hidalgo (1788, Montevideo-1822, Morón, Argentina) inició con su primer cielito en 1812 la primera fase de carácter revolucionario. En el segundo período, durante la era rosista (1835-1852), predominaba la «fase partidista», representada por Hilario Ascasubi (1807, Córdoba/Argentina-1875, Buenos Aires), quien destacaba sobre innumerables versificadores de las gacetas gauchi-políticas editadas por los bandos en pugna para difundir entre el proletariado rural sus consignas de lucha[4]. Habría que añadir para esta fase al poeta rosista Luis Pérez, enemigo político de Ascasubi, quien redactó muchos periódicos en la década de los años treinta. La tercera fase es la «de agotamiento», representada por el *Fausto* (1866) de Estanislao del Campo; políticamente, esta fase corresponde al triunfo económico del liberalismo, que comienza con la presidencia de Mitre en 1862. No obstante, antes del (discutible) agotamiento debe haber habido un florecimiento. De hecho, Rama mismo advierte que el máximo representante del género pertenece a la tercera fase, que se caracterizaría entonces tanto por el florecimiento como por el agotamiento. Refiriéndose a la *Ida*, la primera parte del *Martín Fierro* publicada en 1872, Rama (1976: 74) explica con respecto a esta fecha que

> se instituye como género la poesía gauchesca y a partir de [ella]comienza a perder su calidad de verbo conjugado en presente para dar paso al cada vez más dominante régimen de la endecha, la lamentación y por último la convencional evocación patriótica.

En otros lugares, Rama (1977: xx y 1983/2001: 1060) opina, con Lussich y Hernández, «la poesía gauchesca deja de ser política para empezar a ser social,

poética gauchesca, que su articulación estética de lo narrativo con rasgos líricos y dramáticos, así como el compromiso decisivo con la lengua oral, se cumplieron en una clave sociocultural». Horacio Ferrer comparte este punto de vista: «Es que el arte musical del Tango resulta tan distinto y tan del Río de la Plata como lo es la poesía gauchesca con la que guarda entrañables y evidentes analogías por su origen, por su temperamento, refinamiento y carácter» (citado en Jubany 2003: 126). Jubany vincula además el sainete y el grotesco con el tango (184-191) y reconstruye una conversión del payador en milonguero y del milonguero en cantor de tangos (64), sin ahondar en la diferencia esencial de que los cantores de tango no habían tenido nunca la costumbre de improvisar las letras.

[4] Aparte de las gacetas, hubo asimismo periódicos gauchescos, que presentaban en lenguaje gauchesco un contenido de la misma índole. Ver *El Liceo digital* para los títulos que existían en el Uruguay desde 1830; la famosa *Revista Nacional* publicaba asimismo obras literarias de carácter gauchesco.

manejando una ideología reivindicativa primero, en su viril momento realista, y luego elegíaca y nostálgica cuando va imponiéndose la derrota y los vencidos elevan su lamento». Ernesto Quesada había destacado ya la intención político-social de la poesía gauchesca, lo que, según su punto de vista, se produjo a costas de la literariedad[5]. No obstante, hay que notar que no todas las obras gauchescas de esta fase demuestran una reivindicación social o rebeldía política, como lo demuestra el *Santos Vega* de Rafael Obligado. Y Ricardo Rojas observa (con respecto a la segunda fase) que la producción «unitaria» y «federal» son iguales con respecto a «su léxico, su habla, su pasión, su metro y hasta las tintas salvajes que colorean su fantasía» (citado por Rama 1977: xvi).

Aunque la crítica literaria sigue más o menos la distinción de tres fases de la poesía gauchesca, una mirada más detenida revela que cada uno de los críticos establece otros límites temporales e integra a otros autores. Para Ricardo Rojas (1948, Vol. 1: 55), el género abarca los tres siguientes períodos: «el primero, anónimo, de germinación oral (*folklore*); el segundo, con Hernández, de culminación (*Martín Fierro*); y el tercero de transmigración a otros géneros escritos (*teatro, novela y lírica nacionales*)». Esta primera sistematización de la historia literaria es interesante porque incluye a los epígonos y porque ensancha el género, abriendo espacio para textos dramáticos —aunque sin mencionar los precursores del teatro primitivo gauchesco— y narrativos. No carece de comicidad que Rojas advierta en el epílogo que Paul Groussac lo «fulminó» por haber incluido la poesía popular en el primer tomo de su *Historia de la literatura argentina* (que, también según Groussac, es más voluminosa que la literatura argentina misma): Groussac se mofó de que Rojas «[confundió] el rancho con la arquitectura».

Como su compatriota Rama, el crítico uruguayo Walter Rela (1967: 15) sitúa la primera fase en la época de la independencia, donde el género gauchesco «se desarrolla independiente de la literatura culta rioplatense», produciendo «composiciones poético-políticas» dirigidas «primero contra los godos y lusitanos, luego anti o pro-rosistas» (Rela 1967: 10). La segunda es la fase festiva, a la que pertenece Hidalgo y que culmina con el *Fausto*. La tercera fase no obedece más al criterio cronológico sino que resulta ser más bien transversal:

---

[5] «Ninguno de esos poetas gauchescos pensó en producir obra artística por excelencia: la propaganda fue su propósito y, en el ardor de su proselitismo, relegaron a lugar secundario la belleza intrínseca literaria» (Quesada 1902/2001: 861). Rama (1977: xlvi) arguye en términos parecidos, subrayando más el fuerte carácter genérico de la gauchesca: «dentro de la poesía gauchesca privó muchas veces la 'escuela' sobre el 'individuo', el estilo sobre la obra».

la del «cantar opinando», que amanece con los mejores «Diálogos patrióticos» de Hidalgo, se continúa en la época de Rosas con las composiciones de Ascasubi y las del cancionero federal, hasta definirse en la década del 70-80, con la protesta social franca y definida de Lussich (*Los tres gauchos orientales*) y de Hernández (*El gaucho Martín Fierro*) (Rela 1967: 15).

Peris Llorca (1997: 187 s.) empieza también con la época de la independencia en la que «se construyó entonces la ficción del gaucho patriota», a saber: se imaginaron «gauchos que tenían la palabra 'patria' en la boca y salían a luchar por ella»[6]. La segunda fase sería la del «proceso de construcción de un país independiente, y el letrado utilizó entonces sus ficciones para mostrar su desacuerdo con la política que se estaba siguiendo». En la tercera fase, bajo el «gobierno de Avellaneda, se buscó la integración de las diferentes fuerzas. Unitarios y federales ocuparon sus asientos en el senado, y Martín Fierro regresó en la segunda parte de las tolderías para demostrar que ya no era pendenciero».

Mi alumna Katharina Neidhard caracterizó la segunda fase, a la que pertenecería el *Fausto*, acertadamente como

> menos política que la primera y todavía no tan explícitamente social como la tercera, pero no carece de preocupación y conciencia sobre la situación del hombre de campo; da un paso importante hacia la concepción del género como uno de importancia nacional, pues la inclusión de un público más culto hace visible la situación a éste y lleva al «pacto magno» entre la clase superior y la inferior; característico para la segunda fase es además el enfoque humorístico y pintoresco[7].

Los estudiosos del folklore, en cambio, distinguen entre poesía gauchesca, dialectal, nativista y payadoresca. Ángel Núñez (2004: 47-54) adopta esta clasificación en la antología de la poesía gauchesca de Fermín Chávez, un riguroso e incansable investigador de la gauchesca que murió en 2006. A grandes rasgos, la poesía gauchesca es poesía de pelea propia del siglo XIX, con un autor concreto, que recurre a la jerga rural y una métrica inventada sobre la base del octosílabo,

---

[6] En el poema «Los gauchos» de Borges se confirma: «No murieron por esa cosa abstracta, la patria, sino por un patrón casual, una ira o por la invitación de un peligro».

[7] En su excelente trabajo (inédito) sobre *Fausto* en mi seminario «La literatura gauchesca I», en el semestre de invierno 2004-2005 en la Universidad de Bremen. Quisiera agradecer asimismo a Gerhard Burghold, Katharina Kracht, Gloria del Mazo, Heydy Oliva y Christina Zintl sus muchas intervenciones estimulantes.

mientras que la poesía folklórica (que abarca la poesía dialectal, nativista y paya-doresca) evoca la vida rural en cualquier tiempo. La poesía dialectal recurre del mismo modo a la jerga rural, mientras que la poesía nativista utiliza el lenguaje común, estéticamente trabajado (*Santos Vega* de Rafael Obligado) o no. Aunque valga elogiar el intento, la clasificación no me parece muy convincente: a nivel del contenido, el prototipo de la poesía nativista, el payador *Santos Vega*, ofrece asimismo una pelea, aunque no de cuchillo sino de palabras e ideas (ver 4.1.4 el análisis correspondiente), y a nivel del discurso, recurre también a expresiones gauchescas, aunque marcadas por cursivas.

En vez de continuar la confusión con respecto a las fases, presento en lo que sigue a los representantes más destacados de la poesía gauchesca, siguiendo crite-rios cronológicos, temáticos, estructurales y poetológicos. No obstante, hay que adelantar que hay que seguir estudiando, porque carecemos sobre todo de edi-ciones cuidadas y críticas tanto de los poemas como de la narrativa gauchesca.

* * *

> *Cielo, los Reyes de España*
> *¡La p... que eran traviesos!*
> *Nos cristianaban al grito*
> *Y nos robaban los pesos*
>
> (Bartolomé Hidalgo)

Bartolomé Hidalgo, nacido en 1788 en Montevideo y fallecido en 1822 en Argentina en la mayor pobreza, es considerado unánimemente como el inicia-dor de la poesía gauchesca rioplatense. Sus cielitos y diálogos fueron distribui-dos en volantes. Hidalgo creó con ellos los esquemas formales y lingüísticos para los poemas de Ascasubi, Hernández, Lussich y otros (*ALL*, s.v. «Uruguay: Hi-dalgo»). Los cielitos son

> coplas ciudadanas en cuartetas octosílabas que resuenan temas y expresiones del de-cir gaucho. Esos breves textos condensan en su expresiva gracia [...] opiniones políti-cas y morales, burlas, recomendaciones al gobierno en pro de una justicia social de la que se empieza a tener pública conciencia o baladronadas para exaltar a los compa-triotas o para inquietar a los enemigos (*DLEH*).

El tono burlón de los cielitos, que no obstante tratan también temas serios, destaca por ejemplo en el siguiente en el que «Un gaucho de la guardia del monte contesta al manifiesto de Fernando VII[8], y saluda al conde de Casa-Flores con el siguiente cielito en su idioma» (1820):

> Cielito, cielo que sí,/ Guardensé su chocolate,/ Aquí somos puros Yndios/ Y sólo tomamos *mate.*// [...] Cielito, los Españoles/ Son de laya tan fatal,/ Que si ganan, es milagro,/ Y traición, si salen mal.// [...] (Hidalgo, 61 s.).

Becco (1963: 17) señala la particularidad estructural de los cielitos:

> los cielitos no deben confundirse con poesía gauchesca: son una serie de cuartetas[9] abcb dispuestos de a pares; la primera cuarteta del par no se atiene a patrón alguno especial, pero la segunda empieza siempre con el estribillo «Cielito, cielo que sí/cielito de» o algún otro similar.

Coni (1945: 321 s.) opina de modo parecido que los cielitos no forman parte de la poesía gauchesca, porque «están escritos en corriente castellano-americano, por más que traten temas nativos», y porque contienen «consideraciones impropias de un gaucho analfabeto». Arguyendo siempre en la línea de la artificiosidad de los poetas gauchescos de origen urbano, señala maliciosamente errores como por ejemplo que Hidalgo y Ascasubi relatan que los gauchos se ponen a payar «después de *encerrar la tropilla.* Hasta el más gringo sabe que la tropilla [...] no se deja encerrada sin motivo, pues los caballos, a diferencia del vacuno, comen de noche y no se justificaría dejarlos en ayunas todas las noches» —lo que, hay que admitirlo, es verdad, a no ser que los pingos sean muy regordetes y tengan que ser puestos a dieta—.

Los cielitos, romances y décimas, de cuyas estructuras métricas se formó la poesía gauchesca, tenían un origen oral, colectivo y popular: las canciones, marchas y bailes estaban ampliamente difundidas y ejercitadas por muchos participantes (Rama 1983/2001: 1075). Pero Rama advierte a la vez que la presentación oral no estaba reducida a estas formas populares, sino que la poesía neoclásica y romántica fue transmitida del mismo modo en recitados o cantos públicos.

---

[8] El *Manifiesto de Fernando VII* fue difundido en 1820 en Buenos Aires, «instándolos [a los habitantes del Río de la Plata] a volver al redil de su monarquía absoluta» (Núñez 2004: 175).

[9] En la poesía oral riograndense, la cuarteta fue asimismo la estrofa más utilizada (ver Chiappini 2001: 696).

Hidalgo, que provenía de una familia pobre,

fue oficial de peluquería —rapista dice Ricardo Rojas, o barbero, como lo censura Lugones; participó en 1807 en la refriega del Cardal, pues sentó plaza en el batallón de milicianos y civiles, partidarios de Montevideo, contra los ingleses; acompañó a los jóvenes levantados [...] bajo las órdenes de José Artigas (Becco 1963: 10 s.).

Es decir, que Hidalgo no tematizó solamente las luchas de la independencia, sino que participó también activamente en ellas. «Creador del género *gauchipolítico*», como dice Sarmiento en *Viajes* (Chávez 2004: 17), Hidalgo «infunde en el corazón de los gauchos su amor a la patria y su odio a los tiranos: 'Cielito, cielo que sí,/ no se necesitan Reyes/ para gobernar los hombres,/ sino benéficas leyes'» (Becco 1963: 19 s.).

El mismo objetivo político es rastreable casi un siglo después[10] en el poema popular riograndense *Antônio Chimango* de Juvenal (pseudónimo de Ramiro de Barcelos), una sátira política contra el presidente del Estado, Borges de Medeiros (ver 4.2.6). Pero hay que añadir que el odio contra los tiranos —Rosas, Oribe, Borges, etc.— puede provenir también de la otra trinchera, por parte de los que apoyaron por ejemplo la confederación de Rosas y Oribe sin intención satírica[11]. Otra vertiente se encuentra en textos de autores hastiados, cansados, resignados, que ya no quieren saber más nada de la revolución, por ejemplo en el «Cielito del blandengue retirado» (anónimo, 1821-1823, reproducido en Rivera 1968: 92 ss.):

No me vengan con embrollos/ de Patria ni montonera,/ que para matarse al ñudo/ le sobra tiempo a cualquiera.// [...] Sarratea me hizo cabo,/ con Artigas jui sargento,/ el uno me dio cien palos,/ y el otro me arrimó ciento.// Cielito, cielo que sí,/ cielito del corazón/ para no pagarme sueldo/ era güena la ración.// [...].

El «amor a la patria» lleva no sólo a la lucha contra españoles y lusitanos, sino a un rechazo general hacia el extranjero, «más propiamente el gallego, [que] se encuentra en la prehistoria misma de la poesía rioplatense» (Rocca 2003: 113). La xenofobia contra españoles e italianos caracteriza la poesía gauchesca de los tres países, con la peculiaridad riograndense de que el gran «otro» no es

---

[10] Supongo que la falta de poesía gauchesca combativa o partidista en el Brasil tiene que ver con el hecho de que se independizara tardíamente, conservando la organización monárquica.

[11] Ver el ejemplo de los años cuarenta en Rocca (2003: 118).

siempre el extranjero, sino muchas veces «la política centralista que desconoce o cuestiona las particularidades locales» (*Ibíd.*: 122).

En cuanto a la actitud con respecto al indígena, Becco ha destacado que «Hidalgo habló del indio sin identificarlo con la barbarie» (citado en Núñez 2004: 184). Al contrario, para él, los indígenas son patriotas. En la literatura gauchesca argentina posterior predomina, en cambio, una actitud que considera al indígena como cruel y maligno. En el caso del poeta uruguayo, tal vez esto tenga que ver no sólo con el tiempo, sino, además, con la historia particular de los charrúas exterminados poco después de la fundación del Uruguay en 1828.

En 1818, Hidalgo se radicó en Buenos Aires, donde «vivió de su trabajo y de su pluma, [y] escribió Cielitos que él mismo vendía en las calles de la ciudad» (Becco 1963: 13)[12]. Becco sitúa «su mejor producción entre 1821 y 1822», cuando aparecieron sus tres *Diálogos patrióticos* que son, según Reichardt, más originales que los cielitos (*ALL*, s.v. «Hidalgo»). En el primer diálogo, el gaucho Ramón Contreras y el capataz Chano comentan desencantados el acontecer político en jerga gauchesca, traspuesta en el verso tradicional del romance:

En diez años que llevamos/ de nuestra revulución (*sic*)/ por sacudir las cenas/ de Fernando el balandrón/¿qué ventaja hemos sacado?/ Las diré con su perdón./ Robarnos unos a otros,/ aumentar la desunión,/ querer todos gobernar («Diálogo patriótico interesante» de Hidalgo, 73).

El *Nuevo Diálogo* continúa la charla anterior. Los dos gauchos comentan sucesos actuales como que el «rey Fernando,/ [...] solicita con ansia/ Por medio de diputaos/ Ser aquí reconocido» (86). Pero aunque los gauchos le mandaron «una respuesta / Más linda que San Bernardo», Chano reconoce que «de balde dimos la baja/ A todos sus mandatarios» (87) y que los desacuerdos internos los «tienen medio atrasaos» (89). Lamenta la eternidad de la guerra, pero termina con la esperanza «Que ya San Martín el bravo/ Está en las puertas de Lima» (89).

El tercer diálogo consta de una *Relación* del gaucho Contreras, quien cuenta a Chano lo que había visto en las fiestas mayas de Buenos Aires en 1822. Contreras describe las lindas fiestas que duraron tres días con mucho entusiasmo y verosimilitud, empezando con las luces puestas a medianoche «y luego la versería. ¡Ah cosa linda! un paisano/ Me los estuvo leyendo» (104) hasta acabar con un juego de naipes en el que lo perdió todo.

---

[12] De ahí que los uruguayos lo reivindiquen «como fundador de su literatura. Y los argentinos lo consideramos como uno de los pilares de la nuestra» (Núñez 2004: 189).

Aparte de los textos de Hidalgo, hubo al parecer muy poco: Rela (1967: 14) menciona una décima patriótica de Eusebio Valdenegro (1786-1818), dos composiciones del mismo género escritas por Manuel de Araucho, más cielitos, cartas en verso y diálogos de autores desconocidos[13]. Manuel de Araucho, un poeta nacido en 1803 en Montevideo y muerto en 1842 en Buenos Aires, inventó el género de las cartas (Núñez 2004: 195) que empezó a publicar en 1828, cuando salió su «Carta de un gaucho a un proyectista del banco de Buenos Aires» en la que «aportaría la letra de contrapunto, proveniente del campo federal, oribista, en este caso» (Chávez 2004: 21). En el fragmento de su «Diálogo de dos gauchos: Trejo y Lucero» (reproducido en Chávez 2004: 85-89), el gaucho Lucero le cuenta a su amigo cómo sólo amenazándole al patrón con matarlo, éste le pagó lo que le debía.

Rocca (2003: 109) se refiere a algunos de los cielitos de autores anónimos, entre los que destaca el mencionado «Cielito del blandengue retirado» por la «voz anarquizante, por la que se recusa cualquier tipo de poder y, en especial, se ataca con fiereza a los caudillos rurales». Además, los dos gauchos Chano y Contreras de Hidalgo experimentaron una resurrección en otros diálogos de autores anónimos (*Ibíd.*: 110). Rama (1983/2001: 1051, n. 7) hace también referencia a «las décimas de los sitiadores de Montevideo que Francisco Acuña de Figueroa registró en su *Diario histórico*» y la recopilación de canciones espontáneas por parte de Abdón Arózteguy en su libro *La revolución oriental de 1870* (Buenos Aires: Lajouane, 2 tomos), que descalifica por su «persistente torpeza expresiva». Esto no quiere decir que la temática de la lucha de independencia se agotara con el final de esta primera fase, como lo demuestra cantidad de textos literarios gauchescos, de los que voy a presentar más abajo uno en verso (ver *El último gaucho*) y otro en prosa (*El gaucho de la frontera*).

* * *

---

[13] Véase la antología anotada en Rivera (1968: 61-196), que contiene poemas gauchescos de los siglos XVIII y XIX; la más reciente antología de Fermín Chávez incluye voces desconocidas del siglo XIX (ver el apartado «La gauchesca cotidiana»), y bajo la rúbrica «Poesía dialectal y nativista» contribuciones criollas de poetas nacidos en los siglos XIX y XX, además de una sección especial dedicada a «poesía payadoresca». El «Índice cronológico histórico de la poesía en estilo gaucho» (Chávez 2004: 39-44) confirma la escasez de textos gauchescos en este tiempo. Núñez (2004: 198 ss.) llama la atención a la literatura antiurquicista que salió con el pronunciamiento de Urquiza contra Rosas en 1851.

Gaucho montonero,
Gaucho fanfarrón,
Con gallinas gallo,
Con gallos capón.

(Luis Pérez)

El ya mencionado Luis Pérez luchó en la banda de los federales, pero eso fue antes de la presidencia de Juan Manuel de Rosas y antes del período del terror (1837-1838): entre 1830 y 1834 publicó las gacetas *El Gaucho, El Torito de los Muchachos, El Toro de Once, La Gaucha* y *De cada cosa un poquito.* En *El Gaucho* apareció la «Poesía biográfica de Rosas titulada *El Gaucho*» (1830) —según Cortazar (1969: 35) «la más notable de sus piezas»—: un peón-soldado de Rosas, Pancho Lugares, se dirige a un narratario de rango superior que no se identifica, apelándolo con «Vueselencia» (114), pero que bien podría ser el mismo Rosas u otro general, puesto que Lugares le aconseja mover su división en retirada. En cuartetas octasilábicas con rima variable, Lugares le cuenta primero a un amigo no identificado cómo lo trajeron en una leva a la ciudad, sistema que no le gusta pero que tampoco critica mucho, preguntándose, simplemente: «¿No era mejor, nos decíamos,/ Que para hacernos soldados/ Nos hubieran á las güenas/ Convidado en nuestros pagos?» (112). En la sexta estrofa habla otro narrador, situado en el nivel 3: «Aquí comienza lo güeno/ De la vida de LUGARES;/ Más bien no hubiese nacido/ Para ver rigores tales». En la siguiente estrofa, Lugares toma nuevamente la palabra (nivel 4) y refiere que le «tocó por suerte/ ser soldado de á caballo», pero que pensó muchas veces «en Resertar». Pero no lo hizo. Después de la paz los soldados volvieron a Buenos Aires donde se los recibió triunfalmente, y Lugares trabajó otra vez para su patrón, quien le advierte pronto que la revolución estalló nuevamente. Los gauchos se unen a Rosas, quien lucha contra Lavalle y trata de saber si Dorrego ya se movió —así que el tiempo narrado debe ubicarse más o menos en 1827-1828—. De hecho, el ejército débil de Dorrego —«Estaban tan mal armados,/ Que las armas que tenían/ Eran palos de duraznos»— apunta a la derrota de Dorrego que Lugares promete contar más tarde. Después de esta larga introducción (111-116) presenta finalmente la adulatoria biografía de Rosas (117-132), en la que destaca primero sus rasgos personales: las habilidades del gaucho («Sobre el caballo era diablo») que gobernó ya a la edad de catorce años las estancias de su padres «porque capaz lo encontraron». Que se distinguía de los demás por ser «el ilustrao del pago», consultado por todos, pero despreciando a los «sabios de la Tierra [...]»

con sus malditas teorías». Después del elogio de la nobleza, generosidad y honradez de Rosas, el biógrafo presenta largamente su carrera militar y sus sacrificios por la patria y termina abruptamente con la invasión de Lavalle, el enemigo tenaz de Rosas, en Santa Fe.

Nicolás Lucero (2003: 18) señala en su informativo estudio la siguiente innovación de Pérez en el género: «Mientras que en los cielitos y diálogos de Hidalgo los gauchos templaban sus guitarras y conversaban, los de Pérez escriben cartas y ganan rápidamente la imprenta». Schvartzman observó el mismo fenómeno en los gauchos de Ascasubi (ver introducción). Puesto que la mayoría de la población rioplatense de aquella época era analfabeta, las gacetas gauchescas, hojas sueltas y canciones de la época servían como instrumento de información y de educación. Según Rama (1976: 97), el poeta era un asalariado que ponía su talento al servicio de un gobierno. En el caso de Pérez, no hubo sólo acuerdo absoluto con la política de Rosas, sino que hay varios momentos luminosos y memorables en sus poemas en los que el personaje del gaucho y Rosas como ente ficcionalizado se encuentran: «¿Cómo está usté, su Eselencia?/ Le grité: lo que me vió,/ Pa servirle, ño Lugares" (ver Lucero 2003: 33). Además, Lucero apunta que Pérez «hace hablar a negros y negras, pero no a los indios. Una de las consignas más persistentes de la oposición contra Rosas fue acusarlo de conspicuas alianzas con los pampas. Pérez presenta indios labradores y conchabados, integrados a 'la gran familia' rosista» (*Ibíd.*: 19). No obstante, el humor negro que Pérez carga sobre los negros —por ejemplo en el testamento satírico de Bernardino Rivadavia: «Mando que se enluten/ Una docena de negros,/ Que basta que estén desnudos/ Para que me hagan el duelo» (citado en *Ibíd.*: 21)— no coincide con la colaboración servil y fiel de los negros con el gobierno que Sarmiento refiere en *Facundo*: «Los negros [...] ponían en manos de Rosas, un celoso espionaje en el seno de cada familia, [...] proporcionándole, además, excelentes e incorruptibles soldados [...]. La adhesión de los negros dio al poder de Rosas, una base indestructible» (Sarmiento 1845/1997: 230 s.). Estas y otras incongruencias pueden explicarse tal vez con el problema de Pérez de cumplir dos propósitos que se excluyen mutuamente: identificarse con el gaucho y criticar su situación injusta, como el sistema de la leva, y animarlo a alistarse voluntariamente en las tropas de Rosas (ver Lucero 2003: 33).

* * *

Fortuna a que soy letor
de lo lindo lo mejor.

(Hilario Ascasubi)

Hilario Ascasubi (1807, Córdoba, Argentina-1875, Buenos Aires), «el mulato Ascasubi», según el pueblo (Cortazar 1969: 44), es el representante máximo de la segunda fase de la poesía gauchesca. Según Rama (1977: xvii), «fue el prototipo del poeta gauchesco al servicio de un sector ilustrado superior». Cortazar (1969: 45) resalta acertadamente su «actitud burlona», con la que trató incluso temas sombríos como degüellos y fusilamientos. Aparte de poeta que publicaba bajo los pseudónimos «Aniceto el Gallo», «Paulino Lucero» (asimismo títulos de periódicos suyos) y «Jacinto Chano» (personaje gaucho de Hidalgo), Ascasubi fue periodista y político. «Luchó en las guerras civiles y en la de Brasil, y colaboró con Lavalle contra el régimen rosista» (*DLEH*, s.v. Ascasubi). El tirano no le perdonó sus ataques en los diarios y lo metió en la cárcel, condenándolo a muerte. «Durante dos años languideció en su celda, pero al oír que su ejecución era inminente, logró escapar saltando por la ventana a una fosa de diez metros» (Larocque Tinker 1952: 39 s.). Entre 1832 y 1851 vivía en Montevideo, desde donde continuaba polemizando contra Rosas y donde ayudaba a los refugiados políticos de la Argentina, ofreciéndoles pan y alojamiento (*Ibíd.*: 40). El conocido cuento «El matadero» de Echeverría ilustra la situación de represión bárbara bajo Rosas, quien quería destruir el liberalismo, unitarismo según él, y comandaba la Mazorca, una suerte de escuadra de la muerte, que perseguía a los unitarios. Ascasubi retoma este tema en su famoso poema «La Refalosa» (1853)[14]. El subtítulo reza: *Amenaza de un mazorquero y degollador de los sitiadores de Montevideo dirigida al gaucho Jacinto Cielo, gacetero y soldao de la Legión Argentina, defensora de aquella plaza,* y luego sigue un largo apóstrofe del mazorquero:

> Mirá, gaucho salvajón [...] Unitario que agarramos/ lo estiramos [sigue una larga descripción de los distintos métodos de tortura que termina con la muerte] y entonces lo desatamos/ y soltamos; y lo sabemos parar/ para verlo *refelar*/ ¡en la sangre! [...]

---

[14] La popularidad de «La Refalosa» y el vínculo con la temática de «El matadero» destaca por ejemplo en las siguientes líneas de la novela *El arpa y la sombra*: «Demasiado olía a talabartería, a curtido de pieles, a pellejo de res, a ganado, a saladura de tasajo, de cecina, a sudor de ijares y sudor de jinetes, a boñiga y estiércol, en aquella urbe ultramarina donde, en conventillos, pulperías y quilombos, se bailaba *La Refalosa* [...]» (Carpentier 1979/1998: 30).

De ahí se le cortan orejas,/ barba, patilla y cejas;/ y pelao/ lo dejamos arrumbao,/ para que engorde algún chancho,/ o carancho.// Con que ya ves, Salvajón;/ nadita te ha de pasar/ después de hacerte gritar:/ ¡Viva la Federación!

Schvartzmann (1996: 86) advierte que «a diferencia de 'El matadero' de Echeverría, 'La Refalosa' no narra, como suceso, la ceremonia de la tortura, [...] sino que la pospone, la coloca en el futuro, la circunscribe como acto de habla». La notoriedad de este poema parece haber llegado al Brasil, como lo demuestra un poema anónimo citado por Weinberg (1974: 122 s.), que reza:

> Rosas, com sua quadrilha
> De *blancos* em Buenos Aires,
> Dizem que ja armou os *frailes*
> Contra nós.
> Há de, êsse monstro feroz,
> Exp'rimentar desta feita,
> Aquilo que o diabo enjeita
> No inferno.
> E depois, mandará as tropas
> A *generala Manoelita.*
> Essa guapa *señorita.*
> Muy afamada.
> Carga sêca e denoda,
> Por Deus! que lhe hei de fazer!
> E se o pai aparecer...
> Passo de largo!
> O seu trato é bem amargo;
> E somente p'ra brincar,
> Gosta de fazer tocar
> A *resvalosa.*

A primera vista, el poema narrativo «Isidora la federala y mazorquera» (1843, en: *Paulino Lucero*) forma la contraparte de «La Refalosa», presentando a una mujer que pertenece al bando de los federales, pero la lectura revela que presenta tan sólo otra variante de una víctima. Isidora es amiga de Manuelita —la *generala Manoelita* del poema brasileño—, o sea, la hija de Rosas, que viene a visitar Buenos Aires. La historia está referida en forma de una relación dirigida al gacetero Jacinto Cielo, hecha por su amigo Anastasio el Chileno, quien firma la carta al final. Anastasio relata primero el embarque de Isidora, quien pierde un

cuchillo que le había regalado Oribe y con el que quiere «componer» a las unitarias (vv. 89 ss.) afrancesadas, cortándoles la trenza, como refiere en discurso
directo dirigido a un «dotor» (vv. 86-132). Anastasio retoma luego la palabra y
describe en una escena cómica cómo uno de los acompañantes tiene que llevar a
la regordeta Isidora al barco, en donde la deja suspirando.

En las primeras dos estrofas de la segunda parte aparece otra voz que señala
la falta de información de lo que sigue del narrador básico Anastasio: «Por un
duende que ha venido/ y que estuvo en lo de Rosas,/ esta y otras muchas cosas/
diz que Anastasio ha sabido» (vv. 153 ss.). De hecho, Anastasio fue sólo testigo
del embarque, lo que le salva la vida, puesto que Isidora muere por presenciar un
momento de flaqueza de Rosas: llega a la casa de Manuelita, donde visitan una
suerte de museo de reliquias humanas que Rosas colecciona. De repente entra el
dictador con «cara endemoniada», brama, tiembla y echa espuma. Al ver a Isidora, ordena a sus soldados indios que la degüellen para que no pregone su miedo. Se calma bebiendo una botella y se sienta luego sobre el cadáver frío y desangrado de la chica, y «con todo eso,/ se agachó, le pegó un beso,/ y largó una
carcajada» (vv. 415 ss.), después manda que se la lleven en un carro de basura.
Anastasio termina su relato con una moraleja que resume la arbitrariedad del
comportamiento del dictador del que nadie puede sentirse seguro: «Ansí la trista Arroyera/ un fin funesto ha tenido,/ sin valerle el haber sido/ FEDERALA Y
MASHORQUERA» (vv. 428 ss.).

En otros poemas de Ascasubi destaca la idea de igualdad, por ejemplo en «Jacinto Amores, gaucho oriental...» (en: *Paulino Lucero*), donde Jacinto dice: «Yo,
aunque soy un pobre gaucho,/ me creo igual al mejor,/ porque la ley de la Patria,
como las leyes de Dios,/ no establece distinciones/ de ninguna condición/ entre el
que usa chiripá/ o el que gasta casacón» (vv. 351-358). Retoma este pensamiento
más adelante, cuando refiere su entrada a un teatro. Puesto que no quieren dejarlo entrar —«Ahora no se entra de poncho»—, Jacinto se enfada: «siendo yo mozo
pobre/ no me puedo presentar/ de casaca como usté,/ que algún platudo será/ por
lo guapo y vanidoso;/ [...] entre un gaucho y un pueblero/ no encuentro disigualdá,/ cuando el primero es honrao/ y se sabe comportar» (vv. 801-818).

Vamos a ver más adelante (ver 4.1.4) que Ascasubi adoptó con el tiempo una
visión burguesa y que su más importante obra, *Santos Vega o Los mellizos de «La
Flor»*, carece de la ironía que caracteriza sus poemas analizados en este capítulo.
Afortunadamente, salieron antes unos poemas gauchescos jocosos y muy graciosos que se presentan primero.

4.1.3 La poesía gauchesca humorística

Atrás de aquel cortinao,
un Dotor apareció,
que asigún oi decir yo,
era un tal Fausto *mentado.*

(Estanislao del Campo)

Estanislao del Campo (1834-1880, Buenos Aires) ejerció varios oficios, entre los que es importante señalar que fue periodista y que luchó en las Guardias Nacionales[15]. A pesar de sus orígenes patricios, Estanislao del Campo conocía, pues, la lucha por experiencia propia: participó en las guerras de Mitre contra Alsina, defendiendo el partido de este último, que representaba la burguesía latifundista. Bajo las presidencias de Sarmiento y Avellaneda, fue secretario de Estado. En 1866 apareció su famoso *Fausto*, que lleva el subtítulo *Impresiones del gaucho Anastasio el Pollo en la representación de esta ópera.* Pero antes de publicar este poema narrativo, salió en 1857 la *Carta de Anastasio el Pollo sobre el Beneficio de la Sra. La Grúa.* Esta carta breve, muy graciosa, escrita en décimas y octosílabos con rima abrazada, contiene en germen el argumento del *Fausto* y constituye entonces su hipotexto. Pero es mucho más exagerada en cuanto al lenguaje gauchesco torcido («Treato de Carlón») y también en cuanto al contenido: el narrador autodiegético Anastasio el Pollo —extratextualmente seudónimo de Estanislao del Campo, mediante el que se emparenta con «Aniceto el Gallo», alias Hilario Ascasubi— cuenta primero cómo se dirigió a la «Polecía/ ande me jui a presentar/ por si me querían dar,/ como otras veces me han dao,/ un como certificao/ de marcación o boleto», con lo que se refiere posiblemente a un documento que descarta la leva o la vagancia. Se compra después en «una pulpería/ que llaman Buletería» una entrada, porque le dicen que habrá una «junción,/ Bineficio estraordinario/ de una Gruya que a un canario/ le gana a hacer golgoritos». Aguarda horas, pacientemente «pitando», hasta el comienzo de la ópera. Todo es nuevo para él, por ejemplo subir una escalera. Transmite todas estas impresiones en focalización, auricularización y ocularización interna, es decir, todo lo que se ve y escucha está filtrado por la percepción e (in)experien-

---

[15] Sigo la información biblio-biográfica de Reichardt (*ALL*, s.v. «Campo»). Borges (1926/2000: 24) se dirige en un apóstrofe tierno al autor muerto: «Estanislao del Campo, alsinista, amigo que eras de mis mayores».

cia del hombre de campo: de ahí que salude a todo el público, cuando «de golpe y sumbido/ una música sonó,/ y ya también se corrió/ una gerga o una manta,/ que de estar allí me espanta/ el bayo creamenló». Poco después empieza la función, y «vainte fantasmas se vieron,/ que ensabanadas salieron/ trayendo alfalfa en la frente,/ y dentraron redepente/ a payar como pudieron». Observa la ópera sin percatarse de que se trata de una, hasta que ve cómo una moza trepa a una loma o peña para alzarse al mar. Como don Quijote en el retablo de maese Pedro, Anastasio está a punto de intervenir —«Yo ya me iba desnudando,/ porque soy güen nadador»— cuando el telón cae de nuevo y «los de mi lao/ se dentraron a raliar», por lo que se mandó mudar.

Con este fin abrupto termina el relato del gaucho confrontado por vez primera con el mundo urbano, civilizado. La comicidad reside en la apropiación perceptiva y verbal de este «otro mundo» por parte del gaucho, quien adapta todo a su limitado campo de saber y de expresión. Parece obvio que del Campo retoma aquí la (falsa) oposición civilización-barbarie, pero es importante señalar que lo hace de una manera muy graciosa y simpática sin denigrar en absoluto al gaucho al que el autor se dirige tanto como al lector urbano culto.

* * *

> *El* Fausto *de Estanislao del Campo es,*
> *a mi entender, la mejor [poesía] que ha*
> *dicho nuestra América.*
>
> (Borges: El *Fausto* criollo,1926)

Ocho años después, en 1866, salió el *Fausto*, que es una versión elaborada y alargada de la *Carta de Anastasio el Pollo sobre el Beneficio de la Sra. La Grúa*. El subtítulo es una pequeña sinopsis de la obra: «Impresiones del gaucho Anastasio el Pollo en la representación de esta ópera». El adjetivo demostrativo establece de antemano una complicidad entre autor y lector letrado, porque implica el conocimiento de que *Fausto* es una ópera de Gounod (1859)[16], cuyo libreto se basa en la primera parte del drama de Goethe[17]. Un narrador extra-heterodiegé-

---

[16] Ver Borello (2000: 117 s.) para la enorme popularidad coetánea de la ópera que se estrenaba en Buenos Aires en 1866.

[17] Ver Chiappini (2000: 52 s.) para las diferencias entre libreto y poema original; Chiappini cita la opinión de Meyerbeer de que «todo o significado místico e filosófico do poema ter-se-ia, assim,

tico presenta primero en décimas con rima abrazada el encuentro casual de los dos amigos Laguna y Anastasio el Pollo. Después cede la palabra a estos gauchos y transcribe fielmente su intercambio dialógico en jerga gauchesca, en el que Pollo cuenta primero que había ido a la ciudad para cobrar «una lana», pero que había sido en vano porque debido a la guerra la «plata» escaseaba. Peris Llorca (1997: 51) advierte que la interrupción del narrador, quien cuenta cómo Laguna da un baño a su caballo (61), distingue este texto de la estructura dramática de los diálogos gauchescos. Habría que matizar que no sólo la interrupción de esta instancia narrativa, que reaparece al final, constituye una diferencia con respecto a los diálogos gauchescos, sino que la mera existencia del narrador introduce el típico marco doble narrativo de la poesía gauchesca que el propio Peris Llorca ha modelado (ver 3.1). Pero la situación narrativa del *Fausto* es más compleja porque tenemos un doble relato de encuadre: primero el relato del narrador, segundo el diálogo de los dos gauchos. Y tenemos no sólo un doble, sino un triple marco: el narrador (nivel 3) introduce la situación narrativa del encuentro de los dos gauchos y transcribe su diálogo (nivel 4), dentro del cual uno relata que había ido al teatro y lo que sucedió allí (nivel 5). El núcleo de la narración se encuentra, pues, a nivel hipodiegético, y cuando el gaucho-narrador cita discursos de los actores, éstos se sitúan en el nivel 6. Consecuentemente, «se trata [...] de uma literatura de caráter híbrido, intencionalmente situada entre o culto e o popular» (Chiappini 2000: 49), por lo que la suposición de Peris Llorca (1997: 87) de que «en el *Fausto* ya no vamos a encontrar receptor doble, sino únicamente letrado y urbano» es insostenible (*vide infra*).

A partir de la segunda parte, las décimas del relato de encuadre se transforman en redondillas[18] y Pollo refiere lo que había visto y escuchado en el «tiatro de Colón», pero sin darse cuenta ni de la ficcionalidad de la historia, ni del hecho de que ésta fuera representada en forma de una ópera. Esta narración intercalada, en la que cuenta lo que había entendido de la ópera, adoptando los personajes y escenarios a su mundo rural[19], forma el meollo del texto y constituye la

---

perdido na ópera», pero añade que la música recompensa mucho. Para evitar malentendidos, hay que adelantar que del Campo no se burla de la ópera, sino del personaje de Fausto y que juega con la ignorancia del espectador gaucho.

[18] Al final reaparece el narrador extradiegético en una «redondilla completada con una estrofa de 6 versos, o sea el resultado final vuelve a ser una décima» (Peris Llorca 1997: 51).

[19] «Assim é que Margarita vira a rancheirinha ruiva e Valentim, soldado da Guerra do Paraguai; entre outras adaptações que aproximam o drama fáustico da realidade do gaúcho, de modo semelhante

diégesis principal. De vez en cuando esta narración es interrumpida por las preguntas y comentarios del narratario intradiegético Laguna o por breves intercambios de los dos gauchos hablando de sus pingos o la naturaleza que los rodea. Peris Llorca (1997: 77) reconoce en algunas de estas consideraciones de Laguna sobre la fortuna y sobre el destino de la mujer (vv. 1125-1180) «irrupciones del autor culto tan fustigadas por la crítica», lectura ideológica contestada acertadamente por Anderson Imbert (1991: 234), quien razona, basándose en la estructura formal del texto y en los personajes:

> ¿Y si el Pollo y Laguna también estuvieran comunicándose en un sutil juego de irónica complicidad? No sería nada raro, pues todo el *Fausto* criollo es una galería de espejos deformantes: hay desdoblamientos y duplicaciones, simetrías y contrastes, entrecruzamientos y paralelos. Es evidente que la conciencia de Del Campo reflexionó sobre sí misma[20].

Lamentablemente, esta lectura de Anderson Imbert constituye una gran excepción dentro del panorama crítico, porque desde su publicación, el *Fausto* hizo surgir gran cantidad de críticas doctas denigrantes, arbitrarias e injustas[21] por no reconocer el potencial creativo y estético del *Fausto*, ni la ironía y comicidad del autor implícito[22]. Sólo deben exceptuarse Ricardo Gutiérrez (1866)[23],

---

ao que Gounod havia feito em relação ao mundo da burguesia parisiense da época romântica» (Chiappini 2000: 60).

[20] Y un poco más adelante: «Si el Pollo no es un papanatas de grandes tragaderas ¿cómo se tragó eso de que la ópera italiana ocurría de verdad? Quizá no se lo tragó, y de ahí viene el tono de socarronería con que narra. Cuando Laguna lo incita con un '¡Canejo! ¿Será verdad? ¿Sabe que se me hace cuento?', el Pollo recurre a la coartada típica de todo mentiroso: 'No crea que yo le miento: lo ha visto media ciudá' [...]. Tampoco Laguna es tan crédulo como parece. Cuando oye que el diablo engatusó a Fausto, inmediatamente se le ocurre: '¿No era un dotor muy projundo? ¿Cómo se dejó engañar?'» (*Ibíd.*: 236).

[21] Ver Furt (1929: 185). Esto corresponde también con mis investigaciones. Chiappini (2000: 48), en cambio, opina que «não parece ter sido objeto de estudos mais aprofundados, porque geralmente é considerado como uma espécie de brincadeira inconseqüente». Los juicios altamente indignados hablan en contra de esta recepción.

[22] Juan Carlos Gómez (1866) tachó a Del Campo de «pobreza de poeta», a lo que contestó Del Campo irónicamente: «Gracias mil por su bonita, indulgente y animadora carta» (Del Campo 1866), contándole acto seguido un chiste que aclara soberanamente la lectura y actitud de Gómez como erróneas.

[23] «Cierto es que era esta una empresa difícil. Fuera de Hidalgo, no tenemos en esta rama de nuestra literatura, sino manifestaciones más o menos felices de los giros de lenguaje y comparaciones del gaucho —accesorios que nunca reflejan la índole de las razas» (Gutiérrez 1866).

Calixto Oyuela (Borges 1950/1974: 186) y Carlos Guido y Spano (1866). El último alaba el «sabroso diálogo» y la parodia: «Ha profanado Ud. el santuario del sublime poema, del cual nadie puede hablar con propiedad sino en tudesco [...]. Su parodia está llena de gracia, de novedad y de frescura». Pero mientras que este lector coetáneo concretiza el *Fausto* como parodia del drama de Goethe, la crítica del siglo xx entiende la obra de Estanislao del Campo como parodia de la literatura gauchesca:

> by parodying the gauche genre, by reading it from within «civilized» poetry and with its laws, *Fausto* effectively grants it status as a literary genre. The genre becomes literaturized or aestheticized, but also fictionalized by means of the parodic inversion of some of its topoi and the parodic exaggeration of others (Ludmer 1996: 623).

Varias razones hablan en contra de esta interpretación: primero, el género de la gauchesca no estaba todavía bien arraigado en 1866; aparte de los *cielitos* y *diálogos patrióticos* de Hidalgo y de los poemas de Ascasubi y de Pérez no se conservó prácticamente nada, lo cual demuestra que una tan temprana parodia es poco factible. Segundo, el formalista ruso Jurij Tinianov ha observado en *La evolución literaria* (1927) que la parodia funciona como motor para el cambio literario: un género es parodiado cuando se ha automatizado, después surge una nueva forma hasta que ésta se automatice de nuevo. En cuanto al *Fausto*, que apareció seis años antes del máximo representante del género, el *Martín Fierro*, esta evolución literaria sería entonces invertida, lo que es absurdo. Hay que concluir entonces, muy por el contrario, que el *Fausto* sanciona el género de la literatura gauchesca.

Aunque Lugones concibe el *Fausto* en *El Payador* también como parodia —pero sin aclarar precisamente de qué, si del gaucho o del hipotexto musical o dramático— subraya ante todo la falta de verosimilitud, crítica ya antes formulada por Leguizamón (1908: 24) y que iba a convertirse en un tópico de la recepción del *Fausto*:

> [*Fausto*] es una parodia, género de suyo pasajero y vil. Lo que se propuso, fue reírse y hacer reír a costa de cierto gaucho imposible, que comenta una ópera trascendental cuyo argumento es un poema filosófico. Nada más disparatado, efectivamente, como invención. Ni el gaucho habría entendido una palabra, ni habría aguantado sin dormirse o sin salir, aquella música para él atroz; ni siquiera es concebible que se le antojara a un gaucho meterse por su cuenta a un teatro lírico [...]. Ningún criollo jinete y rumboso como el protagonista, monta en caballo overo rosado [...]; ni menos lo

hará en bestia destinada a silla de mujer, como está dicho en la segunda décima, por alabanza absurda (Lugones 1916/1979: 127 s.).

Como el *Fausto* es una obra de arte que ha llegado a ser un clásico argentino y ningún documento de la época, este razonamiento de Lugones carece de por sí de fundamento, aparte de que las obvias exageraciones del texto impiden cualquier lectura mimética (piénsese sólo en el hecho de que el gaucho escuche una ópera en italiano sin tener dificultad en comprenderla[24]). Borges (1950/1974: 187) se opone asimismo a la crítica de inverosimilitud de Lugones: «Yo me declaro indigno de terciar en esas controversias rurales; soy más ignorante que el reprobado Estanislao del Campo»[25]. Después de haber alabado el verso, Borges no ubica el *Fausto* en «la realidad argentina», sino que escribe que «pertenece —como el tango, como el truco, como Irigoyen— a la mitología argentina»[26]. Aunque podría objetarse que esta mitología forma parte de la realidad argentina, Borges apunta hacia un hecho muy importante: el *Fausto* es una de las primeras obras artísticas que revela la autonomía de la literatura, estatus que estaba adquiriéndose en la América de habla española de esta época muy lentamente[27], por lo que es muy original. Josefina Ludmer (1988: 242) destacó de manera parecida que lo nuevo del *Fausto* era «la despolitización, la autonomización de lo literario» —aunque diría que la autonomización de lo literario no descarta cierto mensaje político—, mientras que Rama (1976: 106 s.) lamenta justamente este aspecto:

adecuado a un nuevo público (los salones mundanos de Buenos Aires a los que pertenecía del Campo), de ahí una construcción más compleja, enfrentamiento de di-

---

[24] El texto original de Jules Barbier y Michel Carré es francés, pero a partir de 1862, esta *opéra-comique* —es decir ópera con diálogos hablados— se representaba en italiano, versión en la que alcanzó un éxito mundial (ver Fath, Rolf: *Reclams Opernführer*. Stuttgart: Reclam, 2002[37]).

[25] De ahí que el retrato de Estanislao del Campo como gaucho a la izquierda del cuadro de León Palliere que figura en la tapa de este libro sea un dato curioso, puesto que Del Campo ni era gaucho ni tenía experiencia de la vida rural, como me lo advirtió Ángel Núñez en una carta.

[26] Este juicio es perfectamente adaptable a su propia reescritura de la gauchesca que se analiza en este volumen (4.2.8).

[27] «Meyer-Minnemann (1994: 126-137) demuestra que Isaacs introdujo con *María* (1867) la autonomía del discurso literario en Latinoamérica, pero su institucionalización tardó todavía mucho: los modernistas proclamaron a partir de mediados de los años noventa la autonomía del discurso literario» (Schlickers 2003: 87, n. 100).

versos planos [...]. Este sector, en cambio, debe apropiarse de los gauchos dentro de una concepción de tipo nacional, dado que se considera el intérprete de la totalidad nacional, y lo hará mediante una imagen jocosa y esmaltada que los edulcora, disminuye a nivel de juguete y les arranca todo empuje rebelde[28].

Estudiando más detenidamente el *Fausto* de Del Campo, se reconoce, no obstante, una fuerte crítica social. Así, se alude a la ya mencionada escasez que existe debido a la guerra: «—Hace como una semana/ que he bajao a la ciudá,/ pues tengo necesidá/ de ver si cobro una lana;/ pero me andan con *mañana,/ y no hay plata, y venga luego*. [...] —Vamos a morir de pobres/ los paisanos de esta tierra» (*Fausto*, 60). Luego, el machismo que le impide al oyente (Laguna) entender el conflicto de Fausto, y que recurre al lema del *Don Juan Tenorio* de Zorrilla (1844): «Por hembras yo no me pierdo:/ la que me empaca su amor,/ pasa por el cernidor/ Y... *si te vi, no me acuerdo*» (75), mientras que Anastasio el Pollo, el espectador de la ópera de Gounod, concibe el amor como romántico y se identifica a tal punto con la heroína, que sintió «dos lágrimas asomarse» (82), lo que Laguna comenta con un «—¡Qué vergüenza!». Pero Anastasio lo corrige, describiéndole todas las libertades gauchescas: la defensa en casos de honor, la fuga delante de la autoridad, la posibilidad de hospedarse en cualquier rancho, de ganarse la vida trabajando con bolas, lazo y maniador y de volver siempre a su pago. Y, «Engaña usté a una infeliz,/ y, para mayor vergüenza,/ va y le cerdea la trenza/ antes de hacerse perdiz.// La ata, si le da la gana, en la cola de su overo,/ y le amuestra (*sic*) al mundo entero/la trenza de ña Julana» (*Ibíd.*: 83, *cfr.* 3.2). Las mujeres o chinas, en cambio, solas y despreciadas, no pueden sino «soltar al aire su queja» y «empapar con llanto el pelo/ del hijo que usté le deja»[29].

Ligia Chiappini (2000: 71) hace resaltar la evolución del género de la gauchesca llevada a cabo por el *Fausto* que

reafirma e ao mesmo tempo contraria o modelo, ou melhor, as normas do gênero, introduzindo aí um tema atípico, fazendo um gaúcho defender as mulheres e o amor, e chegando a confesar que macho também por elas pode chorar.

---

[28] Paul Verdevoye (1955, citado en Borello 2000: 137) y Borello (2000: 137) interpretan el *Fausto* en la misma línea.

[29] El mismo motivo aparece posteriormente en *Santos Vega* de Ascasubi (*vide infra*).

Situando la obra de Del Campo en el contexto histórico de la guerra de la Triple Alianza —Del Campo hizo la primera edición en favor de los hospitales militares, que estaban llenos de heridos de esta guerra—, Chiappini llega a un juicio diametralmente opuesto al de Rama, y mucho más convincente:

> O poema é escrito em plena Guerra do Paraguay, à cual, aliás, alude duas vezes. Essa guerra exprime bem o momento em que, na chamada luta das duas Argentinas (a das províncias e a de Buenos Aires), a segunda se impôs [...]. [Del Campo] relativiza a importância do refinamento citadino de uma Buenos Aires que se quer mais francesa e inglesa que americana e que volta as costas ao pampa, sem perceber quão perto dele está. [...] De todo o modo, toma-se distância, pelo riso, e pelo tratamento simpático e sensível dado ao gaúcho do modelo civilizatório, aceito um tanto ingenuamente por Sarmiento, que parece ignorar a barbárie da civilização [...]. Estanislao del Campo parece divertir-se com as pretensões de ambos os lados (Chiappini 2000: 72 ss.).

La verdadera actitud ideológica del autor de origen aristocrático puede reconstruirse en su poema satírico «Gobierno gaucho» (1870), en el que Del Campo denuncia «la situación de la campaña y los excesos cometidos por los estancieros y las autoridades locales [...]; critica al latifundismo, al contingente, a la insolente riqueza de los señores feudales, a los prepotentes alcaldes, a los pulperos sin escrúpulos» (Rodríguez Molas 1968: 377 y 380). De hecho, el todavía «mamao» gaucho Anastasio el Pollo toma también en este poema la palabra, y dice:

> Que el que quiera ser qulpero [sic],/ Se ha de confesar primero/ Para que tenga conciencia./ Porque es cierto, a la evidencia/ Que ho [sic] naides tiene confianza/ Ni en medida ni en balanza,/ Pues todo venden mermao,/ Y cuando no es vino aguao/ Es yerba con mescolanza[30].

Pollo, refiriéndose al gobernador, concluye la sátira con los versos «A ver si con mi aguardiente/ Nos gobernaba mejor». Rodríguez Molas (1968: 380) explica que «Del Campo imagina que sólo con el alcohol podría un gaucho quejarse de lo que le ocurre. El alcohol liberaría del temor del cepo o de la frontera

---

[30] Payró adoptará esta idea en su novela gauchi-picaresca *El casamiento de Laucha*, en la que el protagonista gana mucha plata vendiendo en la pulpería de una viuda italiana licores falsificados (ver 4.2.6).

a una clase desposeída. Y solamente con alcohol, ebrios, en una palabra, los gobernantes serían capaces de solucionar todos los problemas». Con ello, Del Campo se pone en las antípodas de la política rosista que evitaba sobriamente cualquier desborde.

Finalmente, hay que presentar un gracioso hipertexto de la *Carta de Anastasio el Pollo sobre el Beneficio de la Sra. La Grúa* y el *Fausto*: Se trata del poema gauchesco *Cantalicio Quirós y Miterio Castro en el Club Uruguay* (1883) de Antonio Dionisio Lussich, el autor de *Los tres gauchos orientales* (ver 4.1.5). En perfecta rima consonante, el gaucho Castro le cuenta a su amigo paisano Quirós cómo un «letrao» le había sacado toda la plata —«entre esa gente escrebida,/ que en cuanto usté se descuida/ lo dejan sin un cuartillo» (vv. 176 ss.)— para asistir a un baile en «la gran Montevideo». Ve allí por primera vez lujosos vestidos de hombres y mujeres, y pronto destaca la envidia social que acaba en la consabida letanía del gaucho que lamenta:

> Por más que el hombre bien obre/ no teniendo unto de cobre/ vive en el mundo maldito,/ porque no hay mayor delito/ que el andar jediendo a pobre (vv. 274 ss.).

> No tiene suerte ninguna/ el gaucho de nuestra tierra:/ por demás su suerte es perra,/ como perra es su fortuna;/ es mártir dende la cuna/ hasta que el hoyo lo encierra (vv. 319 ss.).

Su narratario Quirós es consciente de esta digresión: «Pero sería muy durable/ la relación de ese cuento,/ y prefiero que usté hable,/ pa que no se corte el tiento/ de tan machazo bailable/ que ha olvidao hace un momento» (vv. 337 ss.), y, felizmente, Castro se concentra en adelante en las impresiones que tuvo en el baile. Empieza con la entrada desafiante del macho que es: «Volví a acomodar la barba,/ me eché pa atrás la melena,/ y con mirada serena/ le tendí al campo un vistazo,/ por si caía en algún lazo/ abrirme cancha sin pena» (vv. 373 ss.). El ambiente está a tope, no cabe ni una mosca más; viéndose en aquel lujo, Castro queda «medio abombao». Como le aprietan las botas, se las quita tranquilamente, y un mozo lo desafía: «Ya que escalzo quedó/, a ver, pues, si se desnuda» (vv. 461 s.)[31]. Avergonzado, se las pone de nuevo, evitando una disputa.

---

[31] El supuesto afán de los gauchos de desnudarse/descalzarse en público (ver también *supra*: *Fausto*) destaca de manera cómica su barbaridad, pero remonta tal vez al hecho histórico de que se quitaron la ropa antes de entrar en una batalla para proteger su única vestimenta.

Luego contempla maravillado las luces, flores, cuadros, «sufás», vestidos de mujeres y fraques que le parecen ridículos. Escucha por primera vez en su vida un aplauso («Cuando acabó de tocar/ hubo de manos tal ruido/ que yo me quedé aturdido», 721 ss.) y goza enormemente con el concierto («por no perder ni un sonido, y aunque tocasen degüello/ allí me habría sostenido», 766). Pero no entiende las letras, posiblemente una alusión al *Fausto*, donde el gaucho Anastasio escucha la ópera de Gounod sin referirse a este problema (*vide supra*): «¿Serían esas canciones en criollo verdadero? [pregunta Quirós]: ¡Se equivoca, compañero!... Tuito lo que allí han cantao/ jué en un aidomia [*sic*] estranjero/ de lo más arrevesao» (823 ss.). Cuando empieza el baile, las mozas no se dignan a bailar con él; además, Castro observa bastante decepcionado: «sólo dan conversación/ y es lo que más les encanta...» (1155 s.), pero Quirós añade otra razón: «Siguro que las puebleras/ le sacaron por la falla/ que usté no era de su laya;/ y al verlo medio despiao/ habrán dicho 'este ladiao/ no pasa de una gran morralla'» (1183 ss.). Finalmente, Castro tiene la suerte de encontrar una moza solita sentada en un sofá. Se sienta a su lado, «pero al dirme a acomodar/ largó tal jedor su aliento/ que tuve que disparar» (1210 ss.). En ese momento termina el baile y la gente elegante se sienta en unas mesas rápidamente ocupadas. Castro los observa con ojos hambrientos, viendo cómo tragan poco elegantemente la comida. Cuando logra finalmente apoderarse de un asiento y sobre todo de los restos de la comida, «Estando ya medio en chiche/ y cuasi del todo hartao,/ ricién vide a mi costao/ que algunos me señalaban,/ se reian y me miraban/ como a macaco enjaulao» (1405 ss.). Trata de salir de esta situación vergonzosa, cantando a las criollas que le «guiñaban de soslayo». Pero todo es en vano, porque lo echan poco después: «¡Que salga el de los erutos!.../ ¡Vayasé [sic], gaucho animal!» (1433 s.), lo que hace en seguida, cobardemente y en oposición a su entrada de macho seguro: «Tomé como güen partido/ salir de allí... aunque corrido,/ por salvar mi pobre lomo» (1444 ss.), pero a pesar de todo está feliz de haber asistido a este «gran festival pueblero».

El resumen revela claramente los paralelos de contenido y de la narración que existen entre este poema gauchesco de Lussich y los dos poemas analizados de Estanislao del Campo. La gran diferencia que existe entre ellos no es geográfica: que sea Buenos Aires o Montevideo no importa nada: para los gauchos argentinos y orientales de la pampa, ambas ciudades son la encarnación de la civilización y con ello algo completamente ajeno a su modo de vida. Lo que los separa es el hecho de que Lussich renuncie en este poema jocoso a cualquier reivindicación política, algo totalmente opuesto a sus poemas gauchescos *Los tres gauchos orientales* y a su continuación *El matrero Luciano Santos,* ambos publicados anteriormente y analizados a continuación. Pero si tomamos en cuenta que existe una distancia temporal de casi veinte años entre el hipotexto *Fausto* y el poema de Lussich y, suponiendo que este último se sitúa del mismo modo en el contexto histórico-social contemporáneo, los tempranos años ochenta, podemos suponer una intención de sentido crítica escondida debajo de la comicidad: recurriendo a la misma temática que Del Campo, el autor implícito Lussich señala la inadaptación del gaucho pobre en el ambiente urbano, el desprecio con el que se le trata y se deja tratar, en suma: su castración simbólica.

Posteriormente, la novela gauchesca naturalista y regionalista-criollista tratará de gauchos venidos a menos y degenerados, pero sin recurrir a la comicidad de los poemas gauchescos analizados en este capítulo. No obstante, los siguientes poemas demuestran que el género lírico puede prescindir asimismo del humor, razón —aparte de la gravedad a nivel de la intención de sentido— por la que llamo a esta vertiente «poesía gauchesca seria».

4.1.4 La poesía gauchesca seria

En 1872 aparecieron en París las *Obras completas* de Ascasubi, quien, enviado por Mitre para cumplir determinadas misiones políticas, vivió muchos años en Europa. Su más importante obra es el monumental *Santos Vega o Los mellizos de «La Flor». Rasgos dramáticos de la vida del gaucho en las campañas y praderas de la República Argentina (1778-1808),* que se publicó en el mismo año de 1872. Al principio de los años cincuenta ya habían aparecido dos entregas de una versión primitiva, pero sólo veinte años más tarde apareció —simultáneamente con la primera parte del *Martín Fierro*— el poema completo, que consta de unos 13.000 versos. Borello (2000: 62) inscribe la obra en la tradición de la narrativa en verso y traza un paralelo con *La Araucana.* En el relato de encuadre, el viejo payador Santos Vega le cuenta a su huésped la historia de la estancia «La Flor», ubicada en la época colonial del virreinato[32]: Luis, un «malevo», o sea ladrón, asesino y cuatrero, tiene un accidente en el momento de llevar a su hermano mellizo al cementerio, y confiesa en el lecho de muerte todos sus pecados. Según Larocque Tinker (1952: 41), Ascasubi «perdió una gran oportunidad al hacer de Santos Vega simple narrador pasivo del relato, en vez de utilizarle, con su pintoresca vida y aventuras, como héroe».

---

[32] Época, por cierto, en la que no se pensaba todavía en una república, como reza el subtítulo.

Puesto que Santos Vega es «la imagen prototípica del payador» (Rama 1976: 122), pero de los «cantares y 'payadas' se ha conservado muy poco, seguramente menos que el mito que los ampara» (Rama 1977: ix), valga abrir un paréntesis y presentar una controversia rioplatense sobre payadores y cantores. Según Rela (1967: 14, n. 2), el lexema payador tiene varias acepciones. Cita del segundo tomo del *Vocabulario Rioplatense* de Daniel Granada:

> Trovador popular y errante, que canta, echando versos improvisados, por lo regular, a competencia con otro que le sigue o a quien busca al intento y acompañándose con la guitarra. Los payadores solían improvisar sobre dos tipos de temas: «a lo humano», y «a lo divino». El primero se refiere a cosas de la tierra, de los hombres, de las costumbres, etc.; el segundo al cielo, al misterio, a la metafísica.

El cantor «tiene buena voz, una técnica adecuada y sentimiento», y

> cantaba versos suyos o de terceros, pero sus condiciones más estimables estaban en una especie de crónica histórica, política, hazañas, acontecimientos familiares, relación de viajes, etc. de la que él era intérprete y difusor.
> El payador fue otra cosa, tuvo la facultad de la improvisación, que le dio superior categoría sobre su compañero el cantor. El payador disputó —generalmente— en contrapunto, su prestigio, lo que le dio interés dentro de la vida social del campo, de la que fue seguro integrante, en fiestas, bailes, trillas, yerras y velorios de angelitos (Rela 1967: 15).

Guarnieri (1967: 72 ss.) arguye en la misma línea, subrayando «la maravillosa facultad [del payador] de versificar espontáneamente, en metros diferentes, aunque casi siempre prefiere los versos octosílabos». Pero le atribuye un papel propagandístico en «las guerras de la independencia y luego en las revoluciones», donde sus «palabras aladas incendiadas de patriotismo, describían el valor y la grandeza de sus caudillos predilectos o les exponían la justicia de la causa que defendían».

Para entender el origen de esta distinción controvertida, hay que recordar que Ricardo Rojas hace derivar en su *Historia de la literatura argentina* «la poesía de los gauchescos [...] de la poesía de los payadores, de la espontánea poesía de los gauchos» (Borges 1951/1974: 267)[33]. Borges destaca el «hábil error» de Ro-

---

[33] Marechal se mofa en *Adán Buenosayres* (libro IV, pp. 480 s.) de la no autenticidad de los payadores, presentando al payador Tissone, quien «no sabe jinetear un caballo, ni hacer un nudo potreado,

jas quien, «para dar raíz popular a la poesía de los gauchescos, que empieza en Hidalgo y culmina en Hernández, la presenta como una continuación o derivación de la de los gauchos, y así Bartolomé Hidalgo es, no el Homero de esta poesía, como dijo Mitre, sino un eslabón». Borges, en cambio, distingue entre poesía de gauchos/payadores y poesía gauchesca:

> Mientras los payadores tratan de emplear una lengua culta y rehuyen lo popular, los cultos de la gauchesca tratan de emplear localismos de tal modo que deben incluir un glosario en sus libros para poder ser comprendidos. Mientras los payadores se ocupan de temas generales, los cultos se ocupan de temas populares y locales.

En el caso de *Santos Vega* nos encontramos con un payador ficticio, y la obra forma parte de la poesía gauchesca. Está escrita en quintillas y décimas con octosílabos de rima variada y ocupa varios niveles narrativos: un yo lírico extra-heterodiegético (nivel 3) presenta primero el encuentro casual del curandero Rufo Tolosa con el viejo payador Santos Vega (I). Todas las expresiones gauchescas están marcadas por cursivas. Los dos empiezan a hablar (nivel 4) y, posteriormente, Santos Vega toma el papel del narrador, así que todo lo que cuenta se ubica en el nivel 5. En una poética descripción de la madrugada en el campo (X), evoca una suerte de *Beatus Ille* pampeano en el virreinato («llegaba/ de Buenos Aires, la corte»). De acuerdo con ello, Ascasubi hace alarde en el prólogo de cierta nostalgia del terruño: «París no es para todos los hombres el paraíso de la tierra [...]; el paraíso de cada hombre está en la tierra natal». Alude, además, a la orientación idealizadora hacia el pasado que caracteriza la obra: «Mi ideal y mi tipo favorito es el *gaucho*, más o menos como fue antes de perder mucho de su faz primitiva por el contacto con las ciudades y tal cual hoy se encuentra». Si Ascasubi tenía antaño una intención pragmática, predomina en la presente obra, todo lo contrario, una intención personal, estética: «de joven, cuando los publiqué [mis versos] como arma de guerra contra los opresores de la patria, pude tener la vanidad de creer que fueron de alguna utilidad a ese objeto, hoy que marcho al ocaso de mis días, los miro sólo como el conjunto de mis recuerdos».

Pero el texto no es tan inofensivo como podría pensarse leyendo estas palabras, puesto que en el prólogo demuestra ya un profundo odio hacia los indíge-

---

ni echar un pial de sobre lomo, ni mancornar un novillo», «italiano de sangre y aborigen de La Paternal, sin haber salido nunca de su barrio, sin conocer la pampa ni sus leyes, ¡toma un buen día la guitarra y se hace payador!».

nas —«los indios tienen más de una vez una parte prominente, porque [son] el primer enemigo y constante zozobra del gaucho»— que vuelve a aparecer dentro de la historia. Así, los indígenas son representados como crueles e impávidos, igual que en el *Martín Fierro*: en los malones «ciegos atropellan,/ y así forzan y degüellan/ niños, ancianos y mozos», toman cautivas y las casan con caciques:

> Y ¡desdichada mujer/ la que después de casada/ cometa alguna *falsida/* que el indio llegue a saber!,/ porque con ella ha de hacer/ herejías, de manera/ que a la hembra mejor le fuera/ caer en las garras de un moro/ o entre las *aspas* de un toro/ que con un indio cualquiera (*Santos Vega o Los mellizos de «La Flor»*, 16).

Santos Vega menciona también el problema de los hijos mestizos, frutos de esos casamientos: «Y hay cautiva que ha vivido/ quince años entre la indiada,/ de donde al fin escapada/ con un hijo se ha venido,/ el cual, después de crecido,/ de que era indio se acordó/ y a los suyos se *largó*;/ y vino otra vez con ellos,/ y en uno de esos degüellos/ a su madre libertó»[34] (17). A Ricardo Rojas (citado en Furt 1929: 176), esta imagen de los indígenas le recuerda a *La Cautiva* (1837) de Echeverría, vínculo intertextual que veo asimismo, pero que Furt descarta —lo que tiene que ver posiblemente con el hecho de que su estudio sobre la historia de literatura de Rojas es denigrante—.

Esto nos lleva a la acogida negativa del *Santos Vega o Los mellizos de «La Flor»*. Aparte de ciertas debilidades dramáticas —«falta de misterio, de profundidad, de fervor»— Borello (1971: 110) indica otro motivo:

> En el siglo de la narrativa [...], la obra de Ascasubi estaba condenada a ser un intento sin continuadores, sin éxito [...]. Inicia una forma de narrativa que permitía a Gutiérrez los primeros éxitos de una novelística folletinesca.

Aunque esta reconstrucción del desenvolvimiento de la literatura gauchesca —desde el teatro primitivo a la poesía y a la novela de folletín— corresponde *grosso modo* al desarrollo genérico que se plantea también en este trabajo, es incapaz de explicar la mala recepción del poema de Ascasubi: casi simultáneamente se publicó con gran éxito el poema *Martín Fierro* de José Hernández en Argentina. Treinta años más tarde, Borello (2000: 63) menciona otra razón más contundente para explicar el «fracaso estético del libro» de Ascasubi:

---

[34] Los dos últimos versos citados son algo ambiguos; yo entiendo que el hijo que recuperó su identidad indígena mató a su madre blanca.

El autor no logró contemplar desde arriba el mundo y los seres que lo pueblan. [...] Esta coincidencia entre mundo puesto en obra y autor, entre valores de sus personajes y escritor, muestra de modo clarísimo la ausencia de ironía, de distancia, de perspectiva, que coloca todas las estrofas en un plano idéntico de horizontalidad, sin matices y sin acentos peculiares.

Borello (2000: 59-101) hace destacar en su estudio la visión burguesa en la obra, cuyo mundo narrado se presenta «desde el otro lado de la cerca» (*Ibíd.*: 100), al contrario de la perspectiva interna del gaucho que domina en la poesía gauchesca. De ahí que el texto de Ascasubi pueda considerarse como precursor de la narrativa regionalista-criollista que adopta invariablemente el punto de vista de una instancia narrativa culta, superior a los personajes, y que carece también de la ironía y del humor tan peculiar de la poesía gauchesca.

El breve juicio sobre el *Santos Vega o Los mellizos de «La Flor»* de Borges (1950/1974: 181) es también negativo —no obstante, en la cita que sigue, Borges se mofa sobre todo de los críticos coetáneos—:

[...] impenetrable sucesión de trece mil versos, de siempre acometida y siempre postergada lectura. La gente, fastidiada, ahuyentada, tuvo que recurrir a ese respetuoso sinónimo de la incapacidad meritoria: el concepto de precursor. Pensarlo precursor de su declarado discípulo, Estanislao del Campo, era demasiado evidente; resolvieron emparentarlo con José Hernández. El proyecto adolecía de esta molestia [...]: la superioridad del precursor, en esas pocas páginas ocasionales —las descripciones del amanecer, el malón— cuyo tema es igual. Nadie se demoró en esa paradoja, nadie pasó de esta comprobación evidente: la general inferioridad de Ascasubi.

¿Influyó Ascasubi en la obra de Hernández? La opinión de la crítica es unánime; aparte de Borges, Borello (1991: 222) menciona a Lugones, Rojas y Martínez Estrada que niegan una influencia del mayor en el más joven Hernández. Borello mismo trata de demostrar, a través de una minuciosa reconstrucción de las fechas, que Hernández no tuvo ni siquiera tiempo de leer la edición parisina del *Santos Vega o Los mellizos de «La Flor»*. Por otro lado reconoce que Ascasubi había trabajado ya desde los años cincuenta en su redacción y que habían salido dos entregas de la versión primitiva que Hernández conocía con toda seguridad.

Borello (1991: 227) hace hincapié en las diferencias ideológicas de los dos autores, que no fueron sólo enemigos literarios, sino también políticos: mientras que «Hernández intenta defender la existencia de una sabiduría experiencial en el hombre de campo [...]: 'Aquí no valen dotores'», Ascasubi se enuncia a favor de la ciencia: «¡Que vengan facultativos/ en cencias, de todas clases [...] de Uropa» (*Santos Vega o Los mellizos de «La Flor»*, vv. 4724 ss.). No obstante, Borello (1991: 228) alude también al hecho de que «ambos [tocasen] un tema semejante: el de la oposición entre el campo y la ciudad».

Rama ve el *Santos Vega o Los mellizos de «La Flor»* bajo la misma óptica renegadora que el *Fausto*, sólo debido al hecho de que Ascasubi haya publicado esta obra en París, lo que basta para que Rama le adjudique cierta alienación, a saber, una «falsa reinterpretación de los orígenes de la cual se apoderaron e hicieron suya los poetas gauchescos de la segunda mitad del siglo XIX» (1976: 122). Pero no lo comprueba por el texto y, como hemos visto, tendría también dificultades para corroborar esta lectura que contradice a la vez su propia y correcta afirmación de que casi no existen textos auténticos de los poetas gauchos (*vide supra*). Creo que Rama tuvo más bien cierta dificultad con la ubicación idílica de *Santos Vega o Los mellizos de «La Flor»* en el virreinato del Río de la Plata y con el consiguiente hecho de que el enemigo de clase ceda lugar a un malevo individual.

Ya que Santos Vega, junto con Juan Moreira, Pastor Luna, Hormiga Negra, Juan Cuello y otros personajes legendarios, formaba parte de los «humillados e indefensos ante la autoridad arbitraria» (Williams Alzaga 1955: 144), fue objeto de otros poemas y de una novela folletinesca de Eduardo Gutiérrez (*Santos Vega*, 1880). Borges (1926/2000: 16) resume esta trayectoria literaria con desdén:

> Sobre el lejanísimo *Santos Vega* se ha escrito mucho, pero es un vano nombre que va paseándose de pluma en pluma sin contenido sustancial, y así para Ascasubi fue un viejito dicharachero y para Rafael Obligado un paisano hecho de nobleza y para Eduardo Gutiérrez un malevo romanticón, un precursor idílico de Moreira.

Quisiera dedicarme en adelante a este poema de Rafael Obligado (1851, Buenos Aires-1920, Mendoza), porque es un representante de la mencionada «poesía gauchesca 'culta' [o nativista] que prescindió del lenguaje popular del gaucho, pero conservó el ambiente de la pampa y los argumentos tradicionales» (*DLEH*, s.v. «Obligado»). Dieter Reichardt menciona el hecho curioso de que el tradicionalista y nacionalista Obligado, proveniente de una familia renombrada, fuese tal vez el único intelectual argentino que jamás hizo un viaje al extranjero (*ALL*, s.v. «Obligado»). Este miembro de la llamada Generación del 80 (los *gentlemen-escritores*, según David Viñas) publicó en vida un solo tomo de *Poesías* (1885) en una edición de lujo con 500 ejemplares —mientras que su *Santo Vega* alcanzó simultáneamente una tirada de 10.000 ejemplares—. Peris Llorca (1997: 99 s.) menciona cuatro ediciones distintas de las cuatro partes del poema que Obligado publicó entre 1877 y 1887 sobre el legendario payador. Destaca sobre todo el paralelismo entre la publicación de la exitosa novela de Gutiérrez y la tercera parte del poema, titulada *La muerte del payador* (1885), para demostrar que los intelectuales argentinos estaban construyendo en la década de los ochenta una «versión propia del imaginario gauchesco», oponiendo su «literatura de prestigio» a la «literatura de masas». El texto que se maneja a continuación es el que salió con el subtítulo *Tradiciones argentinas* en 1885 en Buenos Aires[35].

El asunto de *Santos Vega* era muy conocido. Garganigo (1967: 292) cita a Ricardo Rojas, a quien Obligado refirió personalmente «cómo los viejos gauchos de la estancia paterna le contaban, siendo niño, la leyenda del payador que murió vencido por el diablo»[36]. Obligado mismo presenta su visión del mito en un poema de 180 versos (partes I-III) con perfectas rimas consonantes, divididos en décimas. Introducido por el canto popular «Santos Vega el payador/ aquél de la larga fama,/ murió cantando su amor/ como el pájaro en la rama», toma primero la palabra —al igual que en el poema de Ascasubi— un yo lírico extra-heterodiegético. Esta voz evoca la pampa durante la noche, en la que aparece de vez en cuando una sombra que se apodera de una guitarra, haciendo vibrar las cuerdas «como por gotas de llanto». Luego, «en las siestas de estío» suele aparecer «el alma del viejo Santos» en las márgenes de un «fantástico río». Esta primera parte concluye con una exclamación del yo lírico que inscribe el poema en la tradición del romanticismo: «Yo, que en la tierra he nacido/ donde ese genio ha cantado/ [...] mientras de orgullo me anega/ la convicción de que es mía/ la patria de Echeverría,/ ¡la tierra de Santos Vega!» (vv. 71-80). El paradigma romántico se revela en la identificación entre poeta y yo lírico. La referencia a

---

[35] Reproducido en la Biblioteca Virtual Miguel de Cervantes; en el prólogo, el editor le agradece a Obligado el haber «permitido hacer esta edición parcial de versos suyos» y «que ha renunciado a todos sus derechos de autor». Falta, obviamente, la cuarta parte, titulada «El himno del payador» (1887), que «presenta al payador arengando a los gauchos a la guerra contra España, poco después de la Revolución de Mayo» (Peris Llorca 1997: 99).

[36] Existe una versión venezolana de esta leyenda, en la que el payador sale victorioso: «Florentino el araucano, el gran cantador llanero que todo lo dijo en coplas, y a quien ni el mismo Diablo pudo ganarle la apuesta de a cuál improvisara más porque [...] le nombró en una copla las Tres Divinas Personas y lo hizo volverse a sus infiernos, de cabeza con maracas y todo» (Rómulo Gallegos: *Doña Bárbara*, p. 273). Chávez (2004: 35) menciona al payador paraguayo Policarpo Almada quien vence «en solitaria contienda al jinete del caballo blanco, surgido en un bello atardecer».

Echeverría resalta el modo romántico del tema y de su presentación y establece un vínculo intertextual con el poema *La Cautiva* (1837). Esta referencia intertextual se refuerza por el uso común del lenguaje culto que carece de los giros idiosincrásicos de la jerga gauchesca.

En la segunda parte, «La prenda del payador» (1881), la misma voz culta y poética describe la llegada de Santos Vega en pos de dirigirse al «rancho donde mora/ la prenda del payador» (vv. 29 s.). Allí empieza a cantar, lo que el yo lírico cita en discurso directo regido (vv. 61 y 63-80), para tomar después de nuevo la palabra (vv. 81-100) y referir «cómo todo en silencio quedó» después y que cuando «se levantó la alborada», la «sombra ligera» del payador se marchó, «y [se vio] el alto ombú balancearse/ sobre una antigua tapera». Peris Llorca (99) advierte en esta imagen «otro espejismo en aquella pampa que deja leer su historia y sus tradiciones», espejismo que repercute retrospectivamente en toda la escena, tiñéndola de irreal.

En la tercera parte, «La muerte del payador» (1885), continúa la voz del yo lírico heterodiegético describiendo a Santos Vega que duerme «bajo el ombú corpulento», admirado por unos paisanos que guardan un silencio sagrado para no molestarlo. En eso llega a la carrera un jinete de rostro sombrío «y sacude al payador». Los paisanos tiemblan «horrorizados», sólo Vega conserva «en el semblante/ cierto hastío indiferente» y se deja enfrentar por el otro en contrapunto. Este otro, quien se llama Juan Sin Ropa, canta primero cielos y tristes, embriagando a sus oyentes, incluso a Santos Vega, quien «sintió su alma de poeta/ como un aleteo inmenso». Después Vega hace vibrar las cuerdas y canta sobre las auroras y tardes pampeanas. Mientras tanto ha anochecido, y Juan Sin Ropa, que es —según la leyenda— el diablo[37], se siente envuelto por rojas llamaradas y levanta de nuevo la voz. El tema cambia entonces por un contenido pragmático que hace recordar la *Geórgica* de Virgilio, que sirvió, a su vez, de modelo para la «La agricultura de la zona tórrida» (1826) de Andrés Bello: Juan alaba la modernización de las estructuras del campo —«Era, en medio del reposo/ de la Pampa ayer dormida,/ la visión ennoblecida/ del trabajo, antes no honrado;/ la promesa del arado/ que abre cauces a la vida» (vv. 125-130). Además, el yo lírico señala el hecho de que el progreso y la ciencia tengan su origen en Europa —«en la ancha zona/ derramábase la Europa» (vv. 138 s.)— lo que puede entenderse a nivel del autor implícito como defensa de la política de modernización e inmigración del

---

[37] «Juan Sin Ropa (el Diablo) era payador y guitarrero y cantor de trovas que se internaba en zonas inaccesibles al entendimiento de los payadores comunes» (Garganigo 1967: 292).

gobierno oligárquico argentino. Lo nuevo es más fuerte y vence a lo viejo y menos apto: Santos Vega se declara vencido (v. 144), siguiendo las pautas del darwinismo social[38]. Entona acto seguido «su postrer canto», en el que se despide de su amada. Juan Sin Ropa arroja una lluvia ardiente de escamas que queman a Santos Vega integralmente, «ni aun cenizas en el suelo/ de Santos Vega quedaron».

Al final del poema cambia de repente la situación de narración (del mismo modo como antes en *Los tres gauchos orientales* de Lussich, ver 4.1.5): el yo lírico cita a un testigo auricular y ocular que resulta ser el narrador, mientras que el yo lírico había transcrito solamente las palabras de este viejo testigo: «los años dispersaron/ los testigos de aquel duelo;/ pero *un viejo y noble abuelo/ así el cuento terminó:/* —'Y si cantando murió/ aquél que vivió cantando,/ fue, decía suspirando,/ ¡porque el diablo lo venció!'» (III, vv. 171-180, mi cursiva). El yo lírico (nivel 3) cita entonces el relato del viejo narrador (nivel 4), en el cual éste intercala discursos y cantos directos regidos de Santos Vega y Juan Sin Ropa (nivel 5). Con ello, tenemos la típica modelización de la comunicación literaria en la poesía gauchesca.

Garganigo (1967: 293) reconoce en su interpretación simbólica que

a Santos Vega lo venció el progreso económico que tomaba formas radicales. Los gauchos —protagonistas del drama que se estaba operando— no comprendieron en profundidad el cambio y dieron una interpretación supersticiosa y fantástica al duelo de los dos payadores.

Peris Llorca (1997: 103) realza que «no hay un narrador gauchesco, ni las palabras de Santos aparecen escritas en el lenguaje propio de los gauchos del género» —pero de hecho, esta falta de oralidad fingida corresponde a la definición del término «payador» dada por Borges (*vide supra*), por lo menos con respecto al uso de la lengua. Pero no así con respecto al tema, puesto que el asunto de *Santos Vega* es a la vez popular y local (la vieja leyenda)[39] y, con ello, típico del

---

[38] El autor implícito Marechal llama explícitamente la atención sobre estos aspectos: «Juan sin Ropa —declaró [Del Solar]— es el *gringo* desnudo que vence a Santos Vega en una clase de lucha que nuestro paisano ignoraba: la lucha por la vida» (*Adán Buenosayres*, libro III, p. 393). Chávez (2004: 35) excluye el poema de su antología por «el sentido pesimista del poema, con su simbolismo claro de frustración criolla».

[39] Carlos Bunge reconoció además la «transformación de la fábula edénica» de la historia, pero recomendaba a los maestros callar a los niños (destinatarios de su *Libro de lectura para la educación nacional* editado en 1910) que «Santos Vega representa a Adán, su morocha a Eva, el ombú al árbol

cantor, como general (la modernización de Argentina), y con ello típico del payador. Más importante que esta confusa distinción es la particular ideología en favor de la inmigración y de la modernización que trasluce a nivel de la intención de sentido, y que no tiene nada que ver con los poemas gauchescos que se analizaron anteriormente.

4.1.5 Las obras cumbre

Antes de dedicarnos a *la* cumbre de la poesía gauchesca, hay que analizar la famosa obra *Los tres gauchos orientales* (1872) que Antonio Lussich publicó unos meses antes que su amigo José Hernández el *Martín Fierro* (*vide infra*). Considerando a los gauchos como modelos de identidad para Argentina, Uruguay[40] y Brasil, analizando su apropiación literaria, pueden destacarse algunas diferencias en las respectivas literaturas nacionales o regionales. Veremos, por ejemplo, que no todos los gauchos son malos, como lo ilustran los casos de Manuel de la novela *O gaúcho* (1870) de José de Alencar y ahora los tres gauchos orientales de Lussich. El poema trata de la famosa Revolución de las Lanzas que fue desencadenada en 1870[41] por el partido de los blancos bajo el mando de Timoteo Aparicio y que duró hasta 1872, terminando con la victoria de los colorados. Lus-

---

del bien y del mal, 'Juan Sin Ropa' a la serpiente, la pampa al paraíso terrestre, la guitarra a la ciencia y las artes de los hombres» para solidificar el sentido patriótico del poema de Obligado (citado en Schäffauer 1998: 139, n. quien lo cita del amplio estudio *Santos Vega* de Lehmann-Nitsche 1962).

[40] Rodó reprochó a Juan Zorrilla de San Martín, autor del poema romántico-exotista *Tabaré* (1888), historia melodramática sobre el hijo de una española y de un cacique charrúa, el haber seguido «una senda extraviada; debía haber hecho la epopeya de los gauchos en vez de la de los indios, que poco han influido en la formación de nuestra nacionalidad» (citado en Rocca 2003: 107).

[41] Antes, el caudillo Flores les había arrebatado el gobierno a los blancos y los había mantenido en un alejamiento ominoso del mismo. Muchos emigraron o fueron tratados como extranjeros en su propia tierra. En 1868 Flores fue asesinado; dos años después se manifestaron los primeros cambios de la modernización en la región del Plata: nuevas técnicas de producción y el cerco masivo de la pampa con el alambrado (que había sido introducido ya en 1844 en Argentina, ver Cymerman 1997: 205, n. 30) llevaron a muchos gauchos al paro. Unos jóvenes intelectuales, los principistas, querían introducir principios liberales y propusieron nuevas leyes que debían garantizar la libertad personal e impedir las leyes de leva y de vagancia. Pero fracasaron y no reconocieron el cambio social que se había efectuado por la inmigración europea y la continua secularización (*cfr.* HGL, Vol. 2, 688 s.).

sich, «joven ciudadano refinado y de buena familia», había abandonado «las comodidades de un hogar de desahogada posición económica» (Sansone de Martínez 1964/2001: 949) para luchar en las filas de los insurrectos blancos. Escribió su obra inmediatamente después y la terminó en dos meses. En ella se transcribe un diálogo entre tres gauchos que están a favor de los blancos y por ello son todos perdedores de la revolución. Pero tienen distintos puntos de vista y toman actitudes variadas con respecto a la situación actual: para Julián Giménez existe sólo la posibilidad de irse de nuevo al exilio o quedarse en el país para incorporarse a las partidas de matreros.

A pesar de haber dejado y perdido todo, el segundo gaucho, Baliente, defiende la revolución y a su líder Aparicio, lamentando que luego haya venido «el dotorerío», "peliando po [sic] el poderío» (202-206). No queda claro si el «dotorerío» se refiere a los principistas, los parlamentarios liberales, o a los viejos eruditos de la oligarquía. De todos modos, Baliente les atribuye la desunión entre los jefes revolucionarios que debilitó el movimiento: «disunieron/ a Muniz con Aparicio». Tampoco queda muy claro a quién se refiere Baliente mencionando el hecho de que «matar[a]n a muchos gringos» (71). Como hubo muchos italianos en el ejército oficial, que pertenecían antiguamente a la Legión Italiana, y porque Baliente menciona a «soldados mercenarios» (74), supongo que se refiere con los «gringos» a los italianos.

El tercer gaucho, José Centurión, quiere colgar las armas y trabajar como peón. José desconfía de la paz y rechaza vivir en una situación de deshonor y de injusticia en la que no puede defenderse debidamente. De hecho, el autor implícito critica en esta obra que «los gauchos no disfrutan de la indemnización pagada al [presidente interino] Gomensoro por gastos de guerra», mientras que «los letrados, en cambio, sí se aprovechan y desprecian incluso a los gauchos cuando la guerra ha terminado» (Rama 1972: 134, n. 8). Baliente muestra una actitud recelosa: hubiera preferido la victoria de los blancos, pero tal como están las cosas, no quiere entregar sus armas sino enterrarlas —y, si es necesario, desenterrarlas nuevamente—. Los tres concuerdan finalmente en alzarse de nuevo si el gobierno falla, y se marchan en direcciones opuestas. Núñez (2004: 206) señala «la gran novedad en esa poesía política: entendida la lucha como una epopeya, se superan las puras bravatas o afirmaciones partidarias y entran en su materia la tristeza, la soledad, el amor, la desolación de los hogares perdidos».

En vez de terminar aquí, el texto prosigue con la aparición, al modo de un *deus-ex-machina*, de otro paisano, Luciano Santos, quien, escondido en un matorral, ha oído toda la conversación y pretende escribirla integralmente[42]. Este narrador homo-intradiegético actúa como portavoz del autor implícito, puesto que ofrece una retahíla de propuestas de reforma, dirigiéndose tanto a los lectores como a «ño Gomensoro», el presidente interino: propone establecer escuelas gratuitas, indemnizar a los guerreros y a las viudas y promover el trabajo honrado de los paisanos. Un año después, Lussich terminó el canto autobiográfico de Luciano en *El matrero Luciano Santos* (1873) con consejos que éste le da al nuevo presidente Ellauri: recomienda sancionar duramente los crímenes, tener cuidado con los jefes policiales, imponer su autoridad, llevarse bien con los pobres, controlar a los pulperos que se aprovechan de los gauchos y repite lo de poner escuelas para los paisanos. Vamos a ver que José Hernández termina la trayectoria de su gaucho rebelde asimismo con unos consejos que Martín Fierro da a sus hijos.

José Hernández: *Martín Fierro* (1872 y 1879)

> *Me siento mula, y retrocedo ante el tema.*
> *No puedo hacerle un homenaje a quien*
> *tanto lo merece, cosiando al mismo tiem-*
> *po. Les dejo Hernández a ustedes.*

(Victoria Ocampo 1972)

Añadiendo otro análisis a los casi 3.000 que ya existen sobre el *Martín Fierro*, me siento también un poco mula y quisiera retroceder ante el tema. Pero es imposible no referirse al *Martín Fierro* en una monografía sobre la literatura gauchesca, por lo que no puedo reaccionar tan lacónicamente como Victoria Ocampo en ocasión de un homenaje a José Hernández[43] y dejarlo simplemente. Tampoco me gustaría caer bajo la rúbrica abierta por Borges (1950/1974: 193): «Sospecho que no hay otro libro argentino que haya sabido provocar de la crítica un dispendio igual de inutilidades». Como el *Martín Fierro* ya se mencionó

---

[42] En vista del hecho de que el relato ya exista en este momento, puesto que el narratario acaba de leerlo, podríamos señalar este pasaje como metalepsis de enunciación vertical (ver los estudios de Meyer-Minnemann y de Schlickers en Pier/Schaeffer 2005). Encontramos una situación narrativa parecida en el *Santos Vega* (1885) de Rafael Obligado (*vide supra*).

[43] Ver su corta colaboración en Lois/Núñez 2001.

varias veces a lo largo de este trabajo, propongo, por consiguiente, hacer un análisis breve que se concentra más en la segunda parte que suele estudiarse menos.

Su autor José Hernández (1834-1886) nació en la provincia de Buenos Aires, vivió nueve años en la campaña y combatió en varias batallas, por lo que tiene, al igual que la mayoría de los autores de la gauchesca, experiencias militares personales. Federalista desde mediados de los años cincuenta, Hernández se enfrentó con el presidente Sarmiento y tuvo que exiliarse en 1871 durante un año en el Brasil. Allí, en Santana do Livramento, pequeña ciudad fronteriza con Rivera (Uruguay), escribió parte de la «Ida» (ver Chiappini 2001). Una vez de regreso en Buenos Aires, publicó en 1872 esta primera parte del *Martín Fierro* que tuvo un éxito clamoroso: la primera edición se agotó a los dos meses, y hasta 1894 salieron 14 ediciones (Cordero 1971: 61 ss. y Sáinz de Medrano 1997: 17). «Ningún libro argentino obtuvo antes ni después un éxito parecido» (Lugones 1916: 170 s.). Pero el *Martín Fierro* no se distribuyó sólo en forma de libro, sino que «para los pobres ha sido publicado en el reverso de calendarios, o en folletos de mal papel, y decorado con crudos grabados en madera, que [...] se encontraba en los mostradores de cada pulpería» (Larocque Tinker 1952: 50). En 1879 apareció la segunda parte, que representa al protagonista gaucho escarmentado dando consejos morales a sus hijos. Curiosamente, no encontré sino un documento sobre la recepción de la «Vuelta» tan largamente esperada[44] que no proviene ni siquiera de la pluma de un crítico argentino, sino que es de Miguel de Unamuno (1894/1986: 50), quien constata algo decepcionado: «Le falta mucho de la briosa frescura, de la ruda espontaneidad, de aliento vivífico de la primera, y denuncia demasiado fines nobilísimos, sí, pero ajenos al puramente estético».

La fama del poema no se debe únicamente a la historia del gaucho Martín Fierro, sino también a su canto autodiegético, o sea, a la jerga gauchesca, que se apropia supuestamente de la lengua de los paisanos. Pero Tiscornia demostró que «se trata básicamente 'de una lengua rústica, mezcla del arcaísmo español y de voces indígenas americanas'» (Tiscornia citado en Sáinz de Medrano 1997: 95) que está lejos de constituir la lengua nacional de Argentina. De hecho, múltiples refranes que salpican el poema pueden encontrarse en el *Vocabulario de re-*

---

[44] Para la recepción académica del poema véanse Gramuglio/Sarlo (1980) e Isaacson (1986). Falta, no obstante, una historia sistemática y profundizada de la recepción del *Martín Fierro* que reconstruya las distintas ediciones (críticas) y tiradas, las críticas coetáneas en los diarios (sobre todo con respecto a la «Vuelta»), la correspondencia entre autores y críticos, la recepción popular, etc.

franes y frases proverbiales de Gonzalo Correas (1627). Raúl Argemi, escritor argentino de novelas negras, invirtió graciosamente el proceso de apropiación lingüística: «Hernández inventó un lenguaje que se popularizó (mediante la oralidad) y repercutió en el lenguaje de los gauchos»[45]. De todos modos, los gauchos no adoptaron las sextillas hernandinas con versos octosílabos que predominan en el poema, al lado de romances y redondillas.

El tiempo narrado es impreciso: la mención de «Don Ganza» (I, v. 954), un ministro del ejército durante la presidencia de Sarmiento, la ubicación de la era de Rosas en el pasado (v. 773) y la doble mención de una guerra (v. 2044 y v. 2955) que alude posiblemente a la guerra de la Triple Alianza (1865-1869), hace posible situar la diégesis en los tardíos años sesenta[46]. Ambas partes abarcan en total diez años de tiempo narrado: «tres años en la frontera,/ dos como gaucho matrero,/ y cinco allá entre los indios» (II, vv. 1589 ss.). Como faltan descripciones del hogar, y sólo esporádicamente se mencionan nombres de ciudades o barrios —Ayacucho, Palermo, Santa Fe—, tampoco es posible localizar exactamente la acción. Y con ello, la pampa argentina, dividida en tierras de cristianos y de indios, pero con una precaria frontera que es transgredida frecuentemente por ambos grupos, adquiere un valor simbólico.

Obligado por la leva a trabajar en la frontera, Martín Fierro se entera de que los indios maltratan a las cautivas: «nos contaban que aveces (*sic*)/ les descarnaban los pieses,/ a las pobrecitas, vivas» (I, vv. 514-516). Fierro no es en este caso testigo ocular, sino que esta versión corresponde a aquella que le refiere la cautiva a la que salva posteriormente, y que le cuenta que había sido torturada por una china celosa (ver II, canto VIII). Y ambas versiones corresponden a lo referido por Mansilla en *Una excursión a los indios ranqueles* (1870, II):

> Las cautivas nuevas, viejas o jóvenes, feas o bonitas tienen que sufrir no sólo las asechanzas de los indios, sino, lo que es peor aún, el odio y las intrigas de las cautivas que les han precedido, el odio y las intrigas de las mujeres del dueño de casa, el odio y las intrigas de las chinas servientes y agregadas.

---

[45] Charla en el simposio «Conflicto y convivencia en Iberoamérica» celebrado en la Universidad de Bremen en noviembre de 2005.

[46] Barcellos Guazzeli (2002: 110), en cambio, pretende sin comprobarlo textualmente: «Fierro, caso existisse, teria vivido nos tempos de Rosas».

Mansilla, sobrino de Rosas y amigo del presidente Sarmiento, trata de representar a los indígenas ranqueles objetivamente, sin callar los lados negativos, pero corrigiendo la imagen negativa y falsa que los ve como «bárbaros». Compara una y otra vez aspectos de su cultura con la occidental: los cristianos, por ejemplo, le clavan a la res «primero el cuchillo repetidas veces en el pecho, y [luego la degüellan] en medio de bramidos desgarradores» (II, 14). Los indios, en cambio, dejan primero a los animales sin sentido para degollarlos después. El rancho del gaucho, en el que todos «duermen revueltos», carece de puerta, sillas, tenedores, platos, etc.[47], mientras que en los toldos del indio «hay divisiones para evitar la promiscuidad de los sexos», además de cubiertos y otros utensilios domésticos (II, 19). Educan a sus caballos de manera brutal pero eficaz para resistir a las más largas privaciones (II, 35). Finalmente, el cacique Mariano Rosas lee *La Tribuna*[48] y recorta artículos sobre planes de modernización que ponen en peligro la cultura de su tribu (II, 51 ss.). Mansilla resume el resultado de estas comparaciones de lo ajeno con lo propio ya al principio de su relación, recurriendo implícitamente al famoso ensayo «Des cannibales» (1580) de Montaigne[49]:

Viviendo entre salvajes he comprendido por qué ha sido siempre más fácil pasar de la civilización a la barbarie que de la barbarie a la civilización (I, 77)
[...]
nuestra pretendida civilización no es muchas veces más que un estado de barbarie refinada (II, 4).

Situando el *Martín Fierro* sobre este hipotexto fáctico de Mansilla, muy conocido ya en su época, se entiende mejor por qué Fierro y Cruz deciden huir a tierra de indios y por qué tienen un imaginario casi paradisíaco de este lugar:

---

[47] Posteriormente, Martiniano Leguizamón contestará indirectamente esta crítica en el prólogo a *De cepa criolla* (1908): «no todo es áspero, instintivo y brutal en las pasiones que agitaron el alma tempestuosa del hombre agreste; ni fue su tosco rancho aduar de barbarie donde vivió la 'edad del cuero crudo' [...]. No lo pensaron así Sarmiento [ni otros]».

[48] El relato de Mansilla se publicó cotidianamente en el mismo órgano de Buenos Aires que se representa también en el cuadro de León Palliere (ver tapa).

[49] Montaigne demuestra allí irónicamente la relatividad de las nociones civilización y barbarie, concluyendo que los civilizados europeos que cometen en nombre de la religión actos atroces de tortura son mucho más bárbaros que los caníbales brasileños que matan y cocinan a sus víctimas.

hasta los indios no alcanza/ la facultá del gobierno.// Yo sé que allá los caciques/ amparan a los cristianos,/ y que los tratan de «hermanos»/ cuando se van por su gusto./ [...]// Fabricaremos un toldo/ [...] ¡Tal vez no falte una china/ que se apiade de nosotros!// Allá no hay que trabajar,/ vive uno como un señor./ De cuando en cuando, un malón,/ y si de él sale con vida,/ lo pasa echao panza arriba/ mirando dar güelta el sol (I, vv. 2189-2250).

Tres sextillas más adelante aparece de repente un narrador extradiegético que refiere cómo Fierro rompe la guitarra y cruza con su amigo el desierto: «por la frontera cruzaron.// Y cuando la habían pasao,/ una madrugada clara, / le dijo Cruz que mirara/ las últimas poblaciones, / y a Fierro dos lagrimones/ le rodaron por la cara». Mientras que Borges (1953/2002: 59) quedó impactado —«estas dos lágrimas silenciosas lloradas en el alba, al emprender la travesía del desierto, impresionaron más que una queja»—, Fontanarrosa (1974) se burló en su historieta «Cuando se dice adiós» de este final de la primera parte: Inodoro Pereyra se defiende en esta versión (que condensa los dos arrestos de Martín Fierro en uno) muy heroicamente cuando la partida quiere arrastrarlo en una leva: «La lucha era inminente. Inodoro era una lanza, un alarido de coraje, un tubérculo ancestral. Mas endiún repente...!» interviene Cruz y le ayuda en esta batalla desigual —«cuatrocientos toros cerriles contra dos gauchos»— de la que salen victoriosos. Pero cuando Cruz propone huir a las tolderías, Inodoro contesta: «¿sabe lo que pasa? Que a esto ya me parece que lo leí en otra parte y yo quiero ser original...», así que los dos se separan, «y a Inodoro dos lágrimas le rodaron por la caripela...».

Antes de analizar la segunda parte quisiera abrir otro paréntesis y comparar brevemente la «Ida» con *Los tres gauchos orientales* y su continuación, puesto que las exhortaciones finales a favor de la educación y la justicia relacionan la obra de Lussich con el *Martín Fierro*, cuya primera parte apareció seis meses después de la publicación de *Los tres gauchos orientales*[50]. Ambas obras tuvieron gran éxito

---

[50] Según Ángel Rama (1976: 134) y Aínsa (1991: 412, n.), la crítica demostró que Borges se equivocó considerando el poema uruguayo como precursor del *Martín Fierro*, porque Borges «había utilizado la segunda edición [...] donde Lussich ya había efectuado correcciones». Lamentablemente, estas correcciones no son visibles porque la edición enmendada de 1877, aumentada en unos 200 versos, que Rama reproduce sin mencionarlo ni siquiera, no indica estas variantes (ver la edición de Marcha, 1972). Si alguien tiene la paciencia y el tiempo, podría cotejar la edición de 1872 que se encuentra en la Biblioteca Virtual del Instituto Cervantes, edición que carece, no obstante, (¿por culpa de la

de venta: *Los tres gauchos orientales* alcanzó «16.000 ejemplares en las cuatro ediciones de su primera década de existencia literaria, cantidad enorme para su
época» (Núñez 2004: 207; para el *Martín Fierro vide supra*). Otro punto en común es que las voces autodiegéticas de los gauchos de Lussich y de Hernández
«abundan en pasajes autobiográficos» y «digresiones de orden personal y estético, ignoradas por Hidalgo o por Ascasubi» (Borges 1950/1974: 188). Ambos
poemas gauchescos demuestran la constante genérica del doble marco narrativo,
es decir, tienen un narrador situado en un nivel superior, y un narrador gaucho
en un nivel inferior, y ambos narradores recurren a los modismos de la jerga
gauchesca. Sansone de Martínez (1964/2001: 950) destaca la intencionada y
muy bien lograda captación del estilo ajeno del gaucho en *Los tres gauchos orientales* que considera fiel «a la voz poética gaucha tradicional que no siempre su-
pieron seguir Hernández, Hidalgo, Ascasubi y Araucho».

Martín Fierro, al contrario de los gauchos orientales, se deja llevar por sus
pasiones y resulta ser, por lo menos al principio de su aprendizaje, muy ingenuo.
Porque Martín Fierro «su ranchito tenía/ y sus hijos y mujer», pero vino el juez
y «[le] dijo que servía/ a los de la esposición [oposición]» y lo reclutó para seis
meses. Sin huir, sin defenderse ni siquiera verbalmente, Martín Fierro cargó
mansamente «sin dar más güeltas/ con las prendas que tenía», lo alzó todo y dejó
a su china «medio desnuda ese día». Cuando vuelve después de tres años a su
pago, no queda nada allí. Su mujer se había ido con otro, pero él le perdona:
«¿Qué má iba a hacer la pobre/ para no morirse de hambre?» (I, vv. 1061 s.). Su
compañero Cruz, por el contrario, le cuenta la historia de su vida que incluye un
episodio de cuernos que le había puesto su mujer, de lo que saca la lección: «Las
mujeres, dende entonces,/ conocí a todas en una; [...] muger y perra parida,/ no
se me acerca ninguna» (II, vv.1879 ss.). El viejo Vizcacha mató incluso a su mujer por haberle servido un mate frío (II, vv. 2287 s.). Al revés, el gaucho Baliente (de Lussich) se lamenta de haber perdido a su «querencia» porque ésta se murió de pena debido a su ira; de modo parecido, Centurión refiere largamente la

---

digitalización?) de las décimas. Creo que podemos prescindir de este trabajo para seguir afirmando
que la primera edición de Lussich apareció antes de la primera parte del *Martín Fierro*, hipótesis que
comparto con Dieter Reichardt (*ALL*, s.v. «Lussich»): «Hernández, der mit Lussich befreundet war,
empfing möglicherweise von dessen Epos Anregungen für die Abfassung seines *Martín Fierro*, die ge-
rade die eklatanten Unterschiede der beiden Werke belegen können». Pero el argumento de peso proviene, como debe ser, del texto mismo: al final de *Los tres gauchos orientales*, Luciano Santos hace propuestas de reforma y da unos consejos que se parecen mucho a los consejos que Martín Fierro da al
final de la segunda parte, que apareció, como sabemos, siete años después, en 1879.

historia de su enamoramiento, pero es continuamente interrumpido por el impaciente y nada romántico Julián, quien prefiere la bebida.

Otra diferencia entre los gauchos argentinos y orientales destaca en el racismo, puesto que —repito— la obra de Lussich carece de ello, mientras que Martín Fierro demuestra una faz agresiva con respecto a la gente de color. Viendo llegar a una «morena» a la pulpería, le dice: «Va...ca...yendo gente al baile», desafía al compañero de la mujer negra y lo mata. «En esto la negra vino,/ con los ojos como agí/ y empesó, la pobre, allí/ a bramar como una loba». La reacción del asesino: «Yo quise darle una soba/ a ver si la hacía callar» (I, vv.1239 ss.).

De ahí que tampoco sorprenda que la imagen paradisíaca de la tierra de indios se derrumba en la segunda parte: Fierro y Cruz fueron secuestrados por los indios en un malón, pero salvados por un cacique que los tomó como potenciales rehenes, separándolos durante dos años. Poco después, Cruz se contagió de una peste y en su agonía le encomendó su hijo a Martín Fierro, del que ignoraba el paradero. Borges (1953/2002: 68) pensaba que era «típico de la rudeza de aquellos hombres [...] el hecho de no haberle hablado nunca del hijo». Podría argüirse también que Cruz tuvo vergüenza de haberlo abandonado antaño y que se sintió culpable, por lo que no le contó nunca nada a su mejor amigo. Sea como sea, estructuralmente, la historia del hijo de Cruz es esencial porque vincula la «Ida» a la «Vuelta», ya que parte del relato de su vida (II, XXVII y XXVIII) constituye una *mise en abyme* horizontal del enunciado[51]: el hijo de Cruz ha experimentado —al igual que los hijos de Martín Fierro— una historia muy parecida a la de Martín Fierro, cuyo destino no es, pues, individual, sino que representa una trayectoria típica de un gaucho, siempre víctima de la autoridad, pero al mismo tiempo siempre rebelde. De ahí que Martín Fierro no sólo se convirtiera en el gaucho por antonomasia, sino también en el símbolo del ser nacional: los editores de la revista *Martín Fierro* explican en el primer número (1924) la elección del nombre con «la tradición de independencia, conforme con su espíritu altivo y franco, y con su esencia nacional: 'De naides sigo el ejemplo,/ Naide a dirigirme viene;/ Yo digo lo que conviene [...]'» y hacen suyo «el antiguo programa de prensa libre»: «yo canto opinando/ que es mi modo de cantar». Y Ángel Núñez confirma:

---

[51] Ver Klaus Meyer-Minnemann y Sabine Schlickers (2004): «La mise en abyme en narratologie», en: <http://www.vox-poetica.org/t/menabyme.html> y actualmente en prensa.

Martín Fierro ha sido tomado como símbolo del hombre de pueblo capaz de resistir, de enfrentarse al poder, de levantar la bandera de la lucha por la justicia social: *Los hijos de Fierro* se llama una película de Solanas de 1975 que así lo interpreta, trayéndolo a nuestros años 60 y 70. Esa lectura es muy fuerte en la cultura argentina (Núñez 2001: 783)[52].

Leopoldo Marechal (citado en Núñez 2001:817) interpreta el personaje de la cautiva asimismo como «símbolo del ser nacional», pero con connotaciones bien distintas: «enajenado y cautivo». Si Marechal pensaba en la reflexión de Lugones, esto le daría un tono todavía más maligno a su interpretación alegórica: «Cualquier romántico vulgar habría aprovechado el percance para una aventura amorosa, después de todo natural en aquel hombre afligido por un celibato de cinco años. Por pasividad gaucha y por gratitud, la mujer tampoco habría resistido» (Lugones 1916/1979: 177).

Al regreso a su pago, Martín Fierro se percata sin extrañamiento de la fama que ha adquirido: «No faltaba, ya se entiende,/ en aquel gauchage inmenso/ muchos que ya conocían/ la historia de Martín Fierro» (II, vv. 1657 ss.). A diferencia de la segunda parte de *Don Quijote,* en la que los personajes han leído la historia de don Quijote y Sancho Panza, aquí no hay referencia a libro alguno, lo que hace suponer que en la diégesis las hazañas de Martín Fierro se transmiten oralmente.

Fierro encuentra a dos hijos suyos —la expresión «he encontrado/ sólo a dos hasta el momento» (II, v. 1643 s.) demuestra que tiene más, sin aclarar cuántos— que cantan acto seguido las historias de su vida. El primer cantor intradiegético es el hijo mayor de Martín Fierro, quien introduce su triste historia de doble huérfano con una *captatio benevolentiae*: «Jamás puede hablar el hijo/ con la autoridá del padre» (II, vv. 1711 s.). Refiere luego cómo encontró trabajo en una estancia, donde lo acusaron falsamente de haber matado la res de un vecino, y que terminó encarcelado en absoluta soledad y silencio, sin mate y sin cigarrillo[53], sufriendo mucho.

---

[52] Ute Hermanns (2005) subraya el simbolismo supranacional del Martín Fierro, personaje paradigmático para una identidad latinoamericana, y su papel como precursor de las luchas por la liberación en su análisis de una escena en *Terra em Transe* de Glauber Rocha y en las adaptaciones cinematográficas de Solanas (1975) y de Torre Nilsson (1968).

[53] Otra *mise en abyme* del destino de su padre: «A mis hijos infelices,/ pensé volverlos a hallar, / y andaba de un lao al otro/ sin tener ni qué pitar» (I, VII, 150).

El segundo hijo (cantos XIII-XX) cayó en las manos de un tutor ladrón, el viejo pícaro gaucho Vizcacha, que le dio consejos. El paralelo con Guzmán de Alfarache es evidente, pero existe la diferencia de que en el caso de la novela de Mateo Alemán, los consejos y las consejas son enunciados desde la perspectiva del pícaro escarmentado, mientras que Vizcacha actúa simplemente de *exemplum ex-contrario*, guiado por una razón pragmática: «Hacéte amigo del juez» (I, v. 2319); «el hombre no debe crer/ en lágrimas de mujer» (vv. 2346 s.); «no dejés que hombre ninguno/ te gane el lao del cuchillo» (vv. 2407 s.). Cuando el viejo cae enfermo, el hijo de Fierro recurre a una «culandera» quien diagnostica impasiblemente: «'Éste no aguanta el sogazo;/ nos va a dar un espetáculo,/ porque debajo del brazo/ le ha salido un tabernáculo'» (vv. 2446 ss.). Después de la muerte de Vizcacha, el alcalde y el juez se disputan la herencia y se olvidan del hijo de Martín Fierro, quien se marcha sin haber enterrado al muerto. Goza de su libertad y se enamora infelizmente de una viuda que no le da bola, por lo que busca la ayuda de un adivino, el cual le convence de haber sido embrujado. Sigue todos los rituales y remedios para desapasionarse, pero es todo en vano: «si a la viuda encontraba/ volvía la pasión a arder» (vv. 2833 s.). Debido a un juicio arbitrario lo echaron luego a la frontera, pero no dice cómo fue allí o cómo y cuándo logró huir. Quiere volver algún día para averiguar qué pasó con su herencia.

En eso aparece un mozo forastero que resulta ser Picardía, el hijo de Cruz. Haciendo honor a su sobrenombre, Picardía canta cómo sirvió a su primer amo que lo trató tan mal que huyó, acabando en casa de unas tías beatas de las que se aburrió pronto, así que se marchó otra vez. Aprendió a ganar dinero en juegos de naipes «con recursos», pero fue detectado por un oficial corrupto con el que debía compartir la ganancia. Luego, el estafador estafado se negó a votar en unas elecciones trucadas por el juez local, por lo que lo encarcelaron, y pocos días después lo mandaron a la frontera. Las razones de arresto de otros hombres, reproducidos en discursos directos regidos (nivel 5), resultan igual de arbitrarias (*cfr*. vv. 3421-3474). A partir de allí, Picardía cuenta sus malas experiencias en la frontera que constituyen otra *mise en abyme* de la historia de Martín Fierro.

Después interviene un negro cantor que desafía a Martín Fierro, quien acepta naturalmente la provocación y empieza la payada a lo largo de la cual se hacen alternativamente preguntas, hasta que Fierro quiere saber «lo que empriende/ el que del tiempo depende/ en los meses que train erre» (vv. 4376 ss.), pero el cantor no puede contestar, lo que le extraña a Sáinz (1997: 337, n. 497): «No deja de resultar sorprendente que un negro 'de estancia' ignore [...] cuáles son las faenas agrícolas y ganaderas que se llevan a cabo en tales meses». Tal vez se debe a que el «moreno» es analfabeto y no sabe cuáles son los meses que traen «r». De todos modos se declara vencido y menciona a su hermano difunto que murió «a manos de un pendenciero» (v. 4438), lo que significa que no sabe a quién desafió, y Martín Fierro tampoco revela su identidad de asesino.

Los hijos y Picardía consiguen separarlos y se dirigen con Martín Fierro a la vera de un arroyo, donde el viejo Fierro transmite los consejos moralistas y éticos que desencantaron a tantos lectores y críticos —aunque eran previsibles desde el prólogo de Hernández a la «Vuelta»: «Un libro destinado a [...] servir de provechoso recreo [...]: Enseñando que el trabajo honrado es la fuente principal de toda mejora y bienestar. [...] Inclinándolos [a los hombres] a obrar bien. [...] Enseñando a los hijos cómo deben respetar y honrar a los autores de sus días [...]» (194 s.)—. No obstante, a fin de cuentas la situación de la comunidad de los gauchos sigue en la «Vuelta» tan desamparada como en la «Ida», no hay esperanza para la vida futura sino miseria y soledad: «No pudiendo vivir juntos/ por su estado de pobreza,/ resolvieron separarse,/ y que cada cual se juera/ a procurarse un refujio/ que aliviara su miseria» (vv. 4583-4588). La supuesta lección de corte conservador se revela, entonces, como proyecto de integración nacional[54], aunque no se vincula fácilmente ni a las experiencias vitales de cada uno de los protagonistas de la segunda parte ni a las expectativas de los lectores. Extratextualmente, la conversión de Martín Fierro se explica por el hecho de que el propio Hernández ya no fuera más hombre de la oposición, sino que el senador Hernández había apoyado «al presidente gobernante desde 1874, Nicolás Avellaneda» (Sáinz de Medrano 1997: 26). De ahí que el desencanto con respecto al final de la «Vuelta» proviniera sobre todo de aquellos críticos de la izquierda «quienes desearían encontrar en Hernández a un perfecto escritor revolucionario [y] sienten que su biografía y su obra no encajen en los moldes míticos en que convendría instalarlo» (*Ibíd.*).

---

[54] Véase Núñez (2006), quien arguye en su análisis de los consejos convincentemente en favor de este proyecto basado en la ética gaucha, demostrando además cómo la mitad de los consejos de los distintos personajes apelan a la prudencia y a la precaución, reglas propias de hombres perseguidos. Por otro lado, Borges había criticado fuertemente este final «sarmientino»: «Hernández [...] no alcanzó a morir en su ley y lo desmintió al mismo Fierro con esa palinodia desdichadísima que hay al final de su obra [...]. Lo cual ya es puro sarmientismo» (Borges: *El tamaño de mi esperanza*, 1926, citado en Olea Franco 2006: 58).

En 1885 salió un poema uruguayo que se presentó curiosamente ya desde el título como rival del *Martín Fierro*, aprovechándose de su enorme éxito: *El gaucho Juan Acero. Emulo de Martín Fierro* de Anastasio Culebra. Manejo la tercera edición aumentada de La Tribuna Popular que salió en 1901 con un prefacio del autor, en el que aclara haberlo escrito durante 48 horas en «*la edad de oro de las macanas*, en aquellos célebres tiempos en que 'La Giacunina', 'Enriqueta la Criolla' y otras obras *macarrónicas*, se vendían como *pan bendito*». Borello (1974: 63) confirma que «*Juan Acero* pertenece a la abundante y abundosa producción gauchesca [...] que se vendía en los quioscos», entre los que cuentan asimismo *Juan Cuello* y *Juan sin Patria*. Las dos primeras ediciones de *Juan Acero*, cada una de cinco mil ejemplares[55] que circularon en ambas márgenes del Plata, se agotaron en menos de un año; Caillava (1945: 81) ya no pudo encontrar ningún ejemplar de ellas.

Recurriendo a las sextillas octosilábicas del *Martín Fierro*, el yo lírico autodiegético de *El gaucho Juan Acero* se ubica desde el principio como cantor que se dirige a unos «señores» para presentarles su «vida de sinsabores/ con que me premió el destino: / solo encontré en mi camino/ espinas, y nunca flores» (5). No sólo el autor es consciente de la rivalidad con el Martín Fierro, sino también el protagonista: «Entiéndase: soy ACERO;/ por durezas no me aterro,/ yo soy más duro que FIERRO» (7). Este gaucho mal montado (prefacio) quedó a los diez años huérfano y refiere al principio los consejos de su padre moribundo, que equivalen a los consejos de Martín Fierro al final de la segunda parte: «hay que doblar la cabeza /delante de la autoridá» (11); «Debés de ser güen marido»; «Si llegás á tener hijos/ dale güena educación».

Un padrino lo recoge en su casa y se enamora muy románticamente de una mujer, pero sufre después un desengaño porque la mujer lo abandona durante su larga ausencia por asuntos de un negocio. El padrino le aconseja entonces: «Haga amigo, como yo: / cásese con la guitarra» (15), de ahí que Juan aprenda a tocarla, hasta que «Al cabo de algunos años/ no había quien me ganara» (16). Parecido a la trayectoria de Martín Fierro, su vida se caracteriza primero por cierto orden y tranquilidad: trabaja honradamente como gaucho, viste bien y está contento. Pero de repente estalla una revuelta y su vida cambia para peor: se incorpora voluntariamente a una patriada, pero pronto se da cuenta de la cruel-

---

[55] Ver prefacio; no obstante, en la siguiente página, el autor afirma que de la primera edición se hicieron incluso «más de 30.000 ejemplares, y de la segunda más de 15.000».

dad de la guerra y de su objetivo: «Van á teñir con su sangre/ de la patria el santo suelo;/ van a servir de *siñuelo*/ y sus vidas á exponer,/ pa que suban al poder/
los magnates de su pelo». Aquellos gauchos que sobreviven y vuelven a su pago
lo encuentran destruido. Los militares son brutales y sádicos y el sistema de la
leva que le toca a él también se presenta como injusto. Se despide llorando, pero
no trata de huir, revelándose tan manso como su émulo al principio de su trayectoria. Anda cuatro meses en esta guerra, casi sin dormir, comer ni lavarse. Finalmente estalla la batalla, pero al entusiasmo inicial le sigue pronto «el miedo
[que] entre las filas cunde» (23). Su bando termina la jornada victoriosa, lo que
no le impide mencionar las crueldades y muertes causadas por los Remingtons.
El gaucho sirve como carne de cañón sin tener conciencia de ello; tampoco recibe las mercedes si sobrevive, ni su familia abandonada encuentra protección: «Si
el gaucho reflexionara,/ no entraría en la función,/ por que sirve de escalón/
para que suban los... grillos,/ y se llenen los bolsillos/ á cuestas de la nación»
(28). Finalmente, Juan Acero emigra con su padrino a la Argentina, donde experimenta un desafío por parte de otro gaucho con una guitarra, pero rehuye el
enfrentamiento, desmintiendo su apellido: «No soy gallo, como dice/ soy pollo», a lo que el otro contesta irónicamente: «De tantas cosas me habló/ en su
larga letanía,/ que á veces me parecía/ que era algún maestro de escuela/ ó algún
gringo saca muela». Lo sigue desafiando hasta que Juan se calienta y los dos salen, sacando los cuchillos. Ambos contrincantes reciben cortes, pero en vez de
terminar con una muerte, en este duelo gauchesco se reconcilian «con palabras
sentidas». Juan y su padrino emprenden la vuelta a sus casas, «á trabajar nos pu-
simos/ para ganarnos la vida». Más explícitamente que Martín Fierro, Juan Acero termina su canto con una promesa de continuación: «Si vuelvo un día á mi
patria/ tras de tanto padecer,/ las penas han de saber/ que pasé en el extranjero»
(37). Al parecer, no cumplió su promesa o no volvió nunca a su pago, ya que no
pude encontrar una segunda parte ni referencia alguna.

Tampoco existen estudios sobre este epígono que Caillava (1945: 81) descalifica brevemente como mala «imitación del *Martín Fierro*», llena de «relatos largos
y monótonos» y «escenas triviales», con un protagonista que «despierta poca sim-
patía». Pero el poema no es tan malo como parezca, puesto que el rival oriental
recurre a cantidad de comparaciones imaginativas al estilo de «Como pichón ex-
traviado/ del nido, á medio plumar,/ me encontré yo al empezar/ el camino de la
vida» (12) y aporta elementos nuevos como la visión crítica de la guerra, la futura toma de conciencia de los gauchos que los llevará a la resistencia o el final amis-
toso de un duelo gauchesco entre dos valientes que apuntaba hacia la tragedia.

Josefina Ludmer (1988) señala —como la gran mayoría de los críticos— que la última fase de la poesía gauchesca termina con la obra cumbre *Martín Fierro*. Ludmer opina que Hernández no pudo escribir el *Martín Fierro* «sin *Fausto* y nombró el título en la carta-prólogo, [...] para situarse en el otro polo, en el lugar de la pérdida y las lágrimas» (Ludmer 1988: 125). El largo poema de Hernández cierra efectivamente el género de la poesía gauchesca. Ello no quiere decir que no sigan apareciendo en el siglo XX y XXI poemas gauchescos, como *El Paso de los Libres* de Jauretche (ver 4.2.7) y cantidad de poemas populares. Pero el género se concreta más en la narrativa, donde aparecen gauchos malos en novelas folletinescas de Eduardo Gutiérrez, gauchos idealizados que pertenecen al pasado, gauchos pícaros que se adaptan con humor y maña a las nuevas circunstancias, y gauchos desamparados y degenerados, que no logran acostumbrarse a los nuevos modos de vida. Antes de analizar a los representantes de estas distintas vertientes narrativas, se investiga primero la apropiación académica del gaucho.

4.2 Muerte y transfiguración del gaucho

4.2.1 La institucionalización académica del gaucho

En cuanto al citado agotamiento del género constatado por Rama, Ludmer y otros críticos surge la pregunta: ¿cuándo murió el gaucho? En la literatura de investigación se encuentran opiniones contrarias: Según Meyer-Minnemann (1986: 14), la oligarquía rechazaba primero el *Martín Fierro*. Sólo décadas después, cuando el gaucho ya no existía, pudo convertirse en el gran poema épico nacional de los argentinos. Prieto (1988: 95) arguye asimismo en esta línea:

> Sólo que la proyección genérica del imaginario gaucho que Hernández buscaba plegar a las dimensiones de un mundo campesino efectivamente existente en el momento de su plasmación estética, mientras que la proyección genérica del gaucho real, Juan Moreira, se arrojaba a las fronteras de un mundo campesino en vías de disolución y removido de sus antiguos puntos de anclaje.

Garscha (1978: 22), en cambio, opina que ya en el momento de la publicación —a saber, en los primeros años setenta— los gauchos libres ya no existían en ninguna parte. Vicente Fidel López afirmó incluso ya en 1883 que el gaucho «hoy es para nosotros una leyenda de ahora setenta años»[56]. De modo parecido, Sara Parkinson de Saz sitúa el declive del gaucho en su edición de *Don Segundo Sombra* (2002: 30) en el primer tercio del siglo XIX:

> En 1812, el Gobierno decidió exportar carne sin impuestos, con el resultado de que los precios de la carne para el consumo interno subieron. Además se empezó a tratar químicamente el cuero, con lo cual se estableció una nueva industria y ya no se podían cazar las reses salvajes impunemente como antes.

Juan Carlos Gómez constató cincuenta años más tarde en una carta dirigida a Estanislao del Campo: «El gaucho se va. Es una raza de centauros que desaparece». A la vez, reivindicó la glorificación y heroización del gaucho:

> Hay en ellos grandes cualidades, grandes pasiones, originalidades características, costumbres pintorescas, materiales abundantes para la poesía [...]. Tome la lira popular [...] y cuéntenos cómo este gaucho caballeresco y aventurero [...] salvaba la democracia con Artigas, se encaramaba en la tiranía con Rosas, y ha ido rodando en una ola de sangre hacia el mar de la nada (Gómez 1866).

Hernández mismo indicó algo vagamente en su prólogo de 1872: «al paso que avanzan las conquistas de la civilización, [el gaucho] va perdiéndose casi por completo».

Según mis propias investigaciones (Schlickers 2003: 60-66), el medio rural se despobló en Argentina alrededor de 1870-1880, y en Uruguay a partir de 1890, lo que tiene que ver con la mencionada modernización de las estructuras de producción en el campo. Entonces,

> el interés literario en los gauchos y su mundo se despertó de nuevo [...]. Joaquín V. González [...] fue el primer intelectual argentino que trató de crear una mitología cultural gauchesca en *La tradición nacional* (1888). Simultáneamente, surgieron los populares folletos criollos y dramas gauchescos, que el *Anuario* criticaba en los años ochenta cada vez con más vehemencia [...]. En 1885 salieron 16 «novelas gauchescas» [...] de Gutiérrez, lo que equivale a un cuarto de la producción literaria anual (58 títulos en total) (Schlickers 2003: 73 s.).

---

[56] En su *Historia de la República Argentina* (t. III, p. 124), citado en Goloboff (1996: 58).

Mientras tanto, en el ámbito provincial, «el gaucho, nómada libertario sin ley y sin tierra, pasa a ser peón de estancia sin abandonar muchas de sus formas de vida material y espiritual» (Rodríguez Molas 1968: 445). Debido a su continua resurrección no se puede hablar, pues, de la muerte del gaucho, sino de sus transfiguraciones (literarias)[57].

En el siguiente siglo, durante las celebraciones del Centenario, cuando definitivamente el gaucho ya no existía, y con la institucionalización del discurso universitario —la primera cátedra de literatura argentina se creó en 1912— se lo apropiaba como símbolo del patrimonio criollo. Schäffauer (1998: 118 ss.) subraya que la poesía gauchesca experimentó dentro de la Argentina un reconocimiento y una revalorización gracias a la recepción positiva, exotista de literatos españoles como Miguel de Unamuno y Menéndez Pelayo[58]. Y que antes de las conferencias de Lugones en el teatro Odeón en 1913, que se recopilaron en 1916 en *El Payador*, ya hubo intelectuales como Martiniano Leguizamón (*De cepa criolla*, 1908[59]) y Carlos Olivera que reivindicaron el *Martín Fierro* como poema nacional, a los que hay que añadir el ya mencionado J. V. González[60] y Pablo Subieta[61]. Guillermo Ara (1979: 3) confirma:

---

[57] Debo esta expresión al título *Muerte y transfiguración de Martín Fierro* del ensayo de Martínez Estrada.

[58] Ver Unamuno: «El gaucho Martín Fierro, poema popular gauchesco de D. José Hernández (argentino)», en: *La Revista Española* 1, 1894, recogido en Isaacson (1986: 47-54) y en Lois/Núñez (2001: 839-847). Menéndez Pelayo citó en su *Antología de poetas hispano-americanos* (1893-1895) únicamente los consejos de Martín Fierro y dejó a su discípulo Unamuno la caracterización del «poema de Hernández como la producción poética más importante de la literatura americana» (Andermann 2000: 37). Pero al subrayar el carácter épico del poema, Unamuno trató de comprobar su filiación con el romance castellano, trazando un paralelo con los conquistadores que obedece a una perspectiva muy peculiar, tanto de la conquista como del *Martín Fierro*: «"*Martín Fierro* es la epopeya de los compañeros de Almagro y de Pizarro; es el canto del luchador español que, después de haber plantado la cruz en Granada, se fue a la América a servir de avanzada a la civilización y a abrir el camino del desierto. Por eso su canto está impregnado de españolismo [...]» (Unamuno 1894/1986: 52).

[59] No obstante, Leguizamón advierte en el prólogo que presenta un «estudio de un tipo tan genuinamente nuestro cuya desaparición no lamento», juicio que repite literalmente en *La cuna del gaucho* (1935: 51).

[60] González elige entre los gauchescos el *Fausto* de E. del Campo y el *Santos Vega* de Obligado, «textos en los que el gaucho aparece definitivamente vencido por la civilización» (Montaldo 1993: 46), aunque no veo esta victoria de la civilización en el *Fausto* (ver el análisis *supra*).

[61] Subieta (1881/1986: 43) considera a Hernández como uno de los fundadores de la poesía clásica argentina.

Lugones [alude] airadamente a la torpeza o a la ceguera de los críticos que lo precedieron, para él incapaces de estimar la importancia del *Martín Fierro*. Se desentiende de las valoraciones de Pablo Subieta, Unamuno [...], Menéndez Pelayo (1895), Martiniano Leguizamón (*De cepa criolla*) y Ricardo Rojas.

La intervención de Leopoldo Lugones en *El Payador,* generalmente considerada como primera revalorización del género popular del poema gauchesco, debe entenderse, por lo tanto, como malentendido que existe todavía hoy en día. Aparte de juicios de críticos reconocidos de Uruguay[62] y Argentina[63], este malentendido se encuentra también en la literatura ficcional, por ejemplo en *El cantor de tango* de Tomás Eloy Martínez:

> en la calle José Hernández, en el barrio de Belgrano, imaginé que debía estar cerca de la quinta donde el autor de *Martín Fierro* había vivido sus últimos años felices, a pesar del creciente desdén de los críticos por ese libro —que apenas treinta años después de su muerte, en 1916, sería exaltado por Lugones como el «gran poema épico nacional» (*El cantor de tango* 2004: 147).

Movidos por las conferencias de Lugones y las ideas nacionalistas de Ricardo Rojas, los dos directores de la revista *Nosotros,* Giusti y Bianchi, intelectuales de origen inmigrante, plantearon en 1913 una encuesta que debía sondear si los argentinos poseen en efecto un poema nacional, «en cuyas estrofas resuena la voz de la raza», y si el *Martín Fierro* es de veras una obra genial. El resultado no fue unánime[64]. Hubo intelectuales como Manuel Ugarte, Manuel Gálvez y Martiniano Leguizamón que contestaron en la línea de Lugones y afirmaron las preguntas; otros, en cambio, las negaron, así que el estatus de la poesía gauchesca permaneció al fin y al cabo indeciso. Es lo que Paul Verdevoye demuestra con una cita del agitador socialista Antonio de Tomasso, quien afirmó que

> los argentinos no pueden tener poema nacional, y que, en el mejor de los casos, el *Martín Fierro* no tiene nada que ver con las ideas y sentimientos actuales, en un país

---

[62] Ver Ángel Rama (1983/2001: 1062 s.), aunque Rama conoce los estudios de los españoles y reconoce que habían valorado el *Martín Fierro* artísticamente.

[63] «Hasta estas conferencias de Lugones, ningún intelectual argentino tomaba excesivamente en serio la gauchesca, ni siquiera el poema de Hernández [que] era un excelente poema gauchesco pero, en tanto gauchesco, era un discurso que había que relegar a un segundo plano porque hablaba desde la barbarie misma» (Montaldo 1993: 63).

[64] Véanse asimismo Schäffauer (1998), Verdevoye (2001: 745-751) y Olea Franco (1990: 324 s.).

donde ha cambiado totalmente el aspecto del campo y la estructura social. Recordando que, hacía poco, un declamador había lamentado que en el campo se oyese más el acordeón que la guitarra, se encoge de hombros [...]: «Pero si los hombres del acordeón son los que trabajan esa pampa y, con más energía y método que los hijos del *Martín Fierro*, fecundan sus entrañas y la hacen parir el trigo que alimenta al mundo!» (Verdevoye 2001: 746).

No obstante, Verdevoye concluye que la encuesta sirvió al propósito común de Lugones y Rojas de «transformar el poema en materia obligada de investigación [...], enseñanza [...] y propaganda política» (747)[65]. Las invectivas de Lugones contra los inmigrantes en el prólogo a la edición de 1916 —«la plebe ultramarina, que a semejanza de los mendigos ingratos nos armaba escándalo en el zaguán, desató contra mí al instante sus cómplices mulatos y sus sectarios mestizos»[66]— aluden al otro polo de la nación argentina: ¿cómo hay que ver la relación de los inmigrantes con respecto a los gauchos y la literatura gauchesca? Lugones y otros intelectuales como Manuel Gálvez y Ricardo Rojas, todos ellos nacidos en provincias del interior, querían implantar el gaucho tipo Martín Fierro como encarnación del espíritu nacional. ¿Pero podían los inmigrantes identificarse hasta cierto grado con la mitología popular gauchesca[67], si los centros

---

[65] Malignamente, Borges (1953/2002: 93) sugiere otro propósito menos altruista que el de su colega Lugones, al que admiraba y odiaba a la vez: «*El Payador* encierra espléndidas descripciones de nuestra época pastoril que inevitablemente pasarán a las antologías y cuyo único defecto es, acaso, el haber sido escritas con ese fin».

[66] Citado en Olea Franco (1990: 327), quien advierte con respecto al trasfondo político que dio lugar a esta invectiva, que en 1912 «la Ley Sáenz-Peña abrió la posibilidad del voto para las mayorías» (329), léase: también para los inmigrantes, aunque no para las mujeres, independientemente de su clase social, porque sólo bajo Perón les será otorgado el derecho de voto. Acostumbrada a su poder de siempre, la oligarquía —a pesar de las revoluciones de la UCR en 1890 y 1893 (ver Schlickers 2003: 194 y n. 185)— ni siquiera se había planteado la posibilidad de un posible desalojo del poder político, como iba a suceder efectivamente en el mismo año 1916 con la toma del poder del radicalismo bajo Irigoyen. Olea Franco analiza la actitud antidemocrática en el Lugones de 1916 y su paulatina transformación, que desemboca en una propuesta fascista (ver su discurso de celebración del centenario de la batalla de Ayacucho) y finalmente en su función de ideólogo en el golpe militar de 1930 bajo Uriburu. Sobre este trasfondo xenófobo y antidemocrático, el juicio positivo de Borges (1979: xxviii) sobre *El Payador* —«uno de los mejores libros de Lugones»— resulta sorprendente.

[67] «En última instancia, la masa inmigratoria pretendía cierto acercamiento con lo argentino por medio del gaucho, pero repudiaba la constitución de *la* identidad nacional usando única y exclusivamente las características de éste» (Olea Franco 1990: 327).

criollos, donde se rindió homenaje a ella, fueron fundados para excluirlos, y si vivían en una relación de competencia con los gauchos? Tengo mis dudas al respecto, y el hecho de que los directores de la revista *Nosotros* que hicieron la encuesta sean de origen italiano podría servir como prueba de ello. Por otro lado, ya Ernesto Quesada (1902) observó (despectivamente) que los inmigrantes se vistieran en las fiestas populares como gauchos. Lo que demuestra que no basta distinguir simplemente entre criollos e inmigrantes, sino que hay que hacerlo, asimismo, entre los distintos estratos sociales de ambos grupos. Por ello supongo que la masa inmigratoria, que pertenecía a la capa social baja, se identificó efectivamente hasta cierto grado con la figura autóctona y pintoresca del gaucho. Pero no así los intelectuales de origen inmigrante, con una adhesión al socialismo, que adoptaron una actitud crítica y distanciada, porque se dieron cuenta de las torsiones hipócritas, la patetización y de las instrumentalizaciones que efectuaron Lugones, Rojas y demás «nacionalistas» con el héroe muerto del gaucho, ente inofensivo e irreal. Además, Lugones no se dirigía en absoluto a ellos, sino a la clase oligárquica que aparece en su apología «como grupo homogéneo cuya función 'patriótica' la lleva a actuar exclusivamente en aras de la grandeza del país e incluso en contra de sus propios intereses. Nada más falso» (Olea Franco 1990: 320 s.). Rama (1983/2001: 1061) menciona otro sector enfocado por Lugones: «había que conceder algo al reclamo de las clases bajas que mediante el desarrollo económico del Río de la Plata estaban trepando a la pirámide y mal podían hacer suya la cultura de élites».

En cierto sentido, los inmigrantes son los nuevos bárbaros, y sólo en este sentido puede concordarse con Ara (1979: 3) que los propósitos de Lugones «entroncan remotamente con el *Facundo* de Sarmiento». Olea Franco (1990: 312) es más explícito, porque reconoce que «los agentes de la civilización y de la barbarie en *El Payador* no son los mismos que en el *Facundo*»: para Lugones, «la conquista española fue un fracaso absoluto en la pampa», porque

> fue incapaz de sumar a los indígenas a la civilización [...] y más bien les proporcionó abundantes medios —ganado salvaje, poblaciones esparcidas y de escasa densidad donde era fácil realizar los malones— para persistir en sus hábitos (*Ibíd.*: 313).

Esta actitud concuerda perfectamente con el racismo del *Martín Fierro*. Y como Hernández, Lugones idealiza el gaucho retrospectivamente, mientras que existía de veras en la época del *Facundo*, unos setenta años antes, donde figuró como contrapeso a la «barbarie indígena». Pero Olea Franco no ahonda en el he-

cho de que el gaucho representado por Sarmiento sea una figura ambigua: si por
un lado este centauro de la pampa representa las habilidades del baquiano, rastreador y gaucho cantor, Sarmiento destaca, por otro lado, la crueldad brutal y
bárbara del caudillo Facundo, que, no obstante, le inspira gran fascinación. Al
parecer, esta identidad argentino-gauchesca no concuerda con la admiración de
Sarmiento por el modelo europeo/norteamericano de civilización[68]. Pero resulta
que la «argentinidad»[69] reside justamente en este sincretismo entre elementos
«bárbaros» (criollos) y elementos «civilizados» (eurooccidentales):

> Lavalle [...] abjura toda su educación guerrera a la europea y adopta el sistema mon-
> tonero [...] al mismo tiempo que Rosas, el gaucho de la pampa, que lo ha vencido en
> 1830, abjura por su parte sus instintos montoneros, anula la caballería en sus ejérci-
> tos, y sólo confía el éxito de la campaña a la infantería reglada y al cañón. Los pape-
> les están cambiados: el gaucho toma la casaca; el militar de la independencia, el *pon-
> cho*; [...] el espíritu de la pampa está allí en todos los corazones; pues si os levantáis
> un poco las solapas del frac con que el argentino se disfraza, hallaréis siempre el gau-
> cho más o menos civilizado, pero siempre el gaucho (Sarmiento: *Facundo*
> 1845/1997: 164 s. y 168 s.).

---

[68] Debido a una frase muy infeliz de Sarmiento, los críticos e investigadores crearon una «leyenda matagaucho» alrededor del autor del *Facundo*. La frase se encuentra en una carta que Sarmiento escribió a Mitre después de la batalla de Pavón (1861), en la que lo alentaba a proseguir la
lucha: «No trate de economizar sangre de gauchos, éste es un abono que es preciso hacer útil al
país; la sangre es lo único que tienen de seres humanos» (citado en Cordero 1971: 109). Pero se ignora que el presidente Sarmiento dictó dos meses antes de la aparición de la primera parte del *Martín Fierro* «una ley, encaminada a mejorar la situación del gaucho. Por esa ley se establecía el volun-
tariado y el enganche con sueldo por cuatro años» (*Ibíd.*: 112). Encontré además otras fuentes
mucho más antiguas en las que Sarmiento se declara a favor de los gauchos. Por ejemplo en textos
de 1856 y 1868 en los que se opuso a la tripartición de la sociedad argentina en estancieros, pe-
queños propietarios y vagos: «¿Quién los ha hecho vagos, sino los gobiernos que no los educan? Si
tomamos como vago a uno de los gauchos de nuestra campaña y buscamos su genealogía, ese gaucho será acaso un descendiente de los conquistadores, uno de los dueños de la tierra, y que hoy no
tiene un palmo de ella donde reposar la cabeza» (Sarmiento citado en Inchauspe 1955: 197).

[69] Sarmiento creó este término posteriormente, en 1879, en sentido irónico en un discurso dirigido a estudiantes revoltosos de Rosario que se lamentaban de maestros extranjeros que no les dejaban lanzar discursos sobre la patria (ver Schäffauer 1998: 115). En uno de sus últimos artículos,
Paul Verdevoye (2001: 737) indica con respecto a la Argentina que «la reivindicación del gaucho
como adalid de argentinidad venía cooperando desde fines del siglo xix con una corriente ideológica opuesta al europeísmo, que iba a desembocar [en el nacionalismo argentino]».

Sarmiento, quien renegaba de la «barbarie» que vio representada en el gaucho, lo introdujo, sin embargo, como arquetipo de la identidad argentina. Para Lugones, en cambio, «civilización» significa modernización capitalista (Olea Franco 1990: 315). Sólo así se entiende su frase darwinista de que la «desaparición [del gaucho] es un bien para el país, porque contenía un elemento inferior en su parte de raza indígena» (Lugones 1916/1979: cap. III, citado por Ara 1979: 4). El supuesto ocio del indígena no correspondía a las exigencias del progreso económico que Lugones proclamaba para su país. Todo esto es un «intento por revivir una situación derruida en la década de 1880» (Olea Franco 1990: 322), intento que recurre incluso a los mismos discursos de aquel entonces (ver Schlickers 2003: cap. 3.3).

A la vez, este héroe muerto sirve para la emancipación de Argentina: «su definición como tipo nacional acentuó en forma irrevocable, que es decir étnica y socialmente, nuestra separación de España, constituyéndonos una personalidad propia» (Lugones 1916/1979: cap. III, citado por Ara 1979: 4.). Juan María Gutiérrez reconoció ya en su prólogo a *Santos Vega o Los mellizos de «La Flor»* de Ascasubi: «este género es lo único original que tenemos, lo único que puede llamarse americano; todo lo demás es una imitación más o menos feliz de la poesía europea». Los poemas gauchescos serían, pues, las primeras obras literarias emancipadas de Uruguay y Argentina, y por eso alcanzan el estatus de obras de literatura nacional en estos dos países, al contrario de la literatura gauchesca brasileña, que no logró superar el estatus de una literatura regional de Rio Grande do Sul. Esto tiene que ver con el hecho de que los brasileños no lograron crear ningún poema nacional parecido al *Martín Fierro*. Donaldo Schüler (1989: 12) explica con respecto al desarrollo genérico que

o *Martin Fierro* náo [teve] repercussão na literatura rio-grandense do século passado. Nossos ficcionistas foram seduzidos pelo *Gaúcho*, de José de Alencar, aparecido na misma época. O modelo alencarino provocou a florescência de uma literatura modesta, que durou até Simões Lopes nosprimordios deste século.

La famosa novela romántica de Alencar se presenta en el capítulo 4.2.3. Donaldo Schüler mismo vuelve al *Martín Fierro* y publica en 1984 el poema *Martim Fera. História de cordel* (ver 4.2.8). En Argentina, en cambio, el gaucho reaparece ya poco tiempo después de su supuesta muerte en los años ochenta y noventa del siglo XIX en cantidad de novelas gauchescas-folletinescas y en algunos dramas como «gaucho malo», criminalizado.

Los precursores de la novela gauchesca se remontan a mediados del siglo XIX: *Caramurú* (1848) de Alejandro Magariños Cervantes, *El hogar de la pampa* (1866) de Santiago Estrada y *Aventuras de un centauro de la América Meridional* (1868) de Joaquín de Vedia[70]. La novela de Vedia «es importante porque en ella se presenta por primera vez al gaucho como a un perseguido de la justicia» (Garganigo 1966: 17), al igual que en *Pablo, ou la vie dans les pampas* (Paris: Lachaud, 1869) de Eduarda Mansilla de García[71] y que en otra novela hoy en día inencontrable: *Juan Cuello. La historia de un argentino* (¿1874? ¿1880?) de Manuel J. Olascoaga[72]. Esta temática predominará luego en los años ochenta en las novelas gauchescas-folletinescas de Eduardo Gutiérrez, de la que presenta una en el siguiente capítulo.

4.2.2 El gaucho malo

El periodista y soldado argentino Eduardo Gutiérrez (1851-1889) construye tramas episódicas redundantes en un estilo melodramático y es el primer novelista popular de Latinoamérica que publica sus «dramas policiales» y folletines gauchescos desde 1879 en *La patria argentina* (*ALL*). El *Anuario bibliográfico de la República Argentina (1880-1888)* criticaba estos textos con creciente vehemencia: «Son tan populares estos dramas entre la gente compadrita de la ciudad, como los versos de Martín Fierro en la campaña» (citado en Prieto 1988: 55).

En adelante, me concentraré en su novela folletinesca *Hormiga Negra* (1881), que, aunque menos conocida que el drama y la novela *Juan Moreira* (*cfr.* 4.2.5), es ejemplar para la serie de novelas gauchescas que salieron abundantemente de su pluma. Ambos protagonistas son gauchos malos y sirvieron de modelo narrativo a Borges: menciona a Hormiga Negra en el prólogo al *Informe de Brodie* y reescribe el *Juan Moreira* en «La noche de los dones» (en: *El libro de arena*, 1975).

---

[70] Ver Myron I. Lichtblau: *The Argentine Novel in the Nineteenth Century*, New York, 1959: 121s., citado en Garganigo (1966: 16 s.). Me fue imposible encontrar estos textos en las bibliotecas bonaerenses, pero *Caramurú* y *El hogar de la pampa* están en el Instituto Ibero-americano en Berlín. Ver la sinopsis de la novela de Vedia, que no se encuentra en ningún catálogo, en Williams (1955: 135), además de Furt (1929: 210) y Rodríguez Molas (1968: 438).

[71] Esta novela, en cambio, sí se conserva en la Biblioteca Nacional de Argentina.

[72] Véanse Furt (1929: 211) y Williams (1955: 141).

Guillermo Hoyo alias Hormiga Negra es un cuchillero acomplejado por su tamaño menudo, pero «bravo y corajudo, pendenciero entre los hombres y tierno con las mujeres» (prólogo de *Hormiga Negra*, 6). La trama se ubica en los años sesenta y setenta y es presentada por un narrador hetero-extradiegético que concuerda ideológicamente con su protagonista. Éste lucha heroica e incansablemente contra las partidas en el campo después de haber cometido su primer asesinato, un homicidio en defensa propia. Hormiga vive desde entonces como gaucho matrero, quien suele ausentarse por temporadas largas, pero vuelve regularmente a su pago para «enriquecer su hormiguero».

La lucha desigual de uno contra muchos hace referencia intertextual a la lucha del sargento Cruz y de Martín Fierro contra la partida en la primera parte del *Martín Fierro*. Análogamente al solidario Cruz, el padre y el hermano de Hormiga Negra le ayudan varias veces, pero cuando su hermano muere en uno de esos combates, el protagonista vuelve definitivamente al seno de su familia y trabaja como capataz para un estanciero. El idilio se rompe con la llegada del criminal Albornoz, quien se siente provocado por la fama legendaria de Hormiga Negra. Se desafían mutuamente y salen a pelear. Hormiga Negra consigue marcarle la cara, pero cuando guarda su cuchillo, el otro lo asalta a traición. Hormiga Negra logra salvar su vida y acabar con la del otro, pero a partir de ahí cambia de carácter, volviéndose huraño, agresivo y alcohólico. Saca la daga en cualquier ocasión y mata incluso a gente inofensiva. El narrador se distancia entonces de este vulgar bandido, al que los policías temen tanto que ni siquiera tratan de capturarlo. Después de algún tiempo tiene nuevamente propósitos de enmienda. Vive con su familia en Santa Fe, y trabaja honradamente durante algunos años en el campo. Pero un paisano le tiende una trampa y lo encarcelan en un barco, aprovechándose de que no lleva, excepcionalmente, ningún arma. En la cárcel teme por el futuro de su familia, sospechando que la van a despojar de todos sus bienes, y después de su salida la encuentra efectivamente en la miseria. Pero en vez de tomar venganza se dedica nuevamente al trabajo, como una hormiga, así que —colorín colorado—, la historia termina con un final feliz.

La solidaridad del narrador y del autor implícito con el protagonista se manifiesta en varios fragmentos que denuncian la arbitrariedad de la ley de vagancia y de su ejecución:

> El tal comisario [...] andaba por la campaña de Santa Fe persiguiendo vagos, con una partida de 30 hombres. Y ya sabemos lo que esto quiere decir. Cuando el gobierno necesita altas para el ejército o remontar los contingentes de frontera, manda comisiones a buscar vagos, que no son sino altas para los cuerpos de línea.

Vago es entonces el paisano que se encuentra incidentalmente sin conchavo, aunque tenga un rodeo de cincuenta vacas, que no falta al gaucho más pobre. Vago es el que anda de paso de uno y otro partido, sin el pase del Juzgado, que aunque lo tenga de poco le sirve, pues muchas veces se lo rompe la misma autoridad que lo prende. Vago es el que anda sin papeleta, porque estuvo enfermo en la época de enrolamiento o porque no supo que éste se hacía. Vago es el que tiene buenos parejeros que no ha querido regalar al Comandante Militar. Vago es el que ha tenido alguna vez alguna cuestión con el oficial que vago lo declara y que le ha arrimado algunos golpes. Como vago es el que tiene una mujer hermosa, varias hijas, y mucha hacienda para comprarse su libertad (*Hormiga Negra*, 198 s.).

Y se encuentran otros testimonios de la justicia arbitraria que no deja otra posibilidad al gaucho sino la de recurrir a la defensa propia:

Pero mientras el gaucho tenga que recurrir a su daga para hacerse justicia, para defender su hogar, sus mujeres y su fortuna misma, muchas veces entre la misma autoridad que le niega todo derecho y lo deja reducido a la condición de paria, mientras que para él no hay otra justicia que la que él mismo puede hacerse, el bandalaje no concluirá en nuestra campaña (*Hormiga Negra*, 199).

De ahí que el reproche de Quesada, que temía que estas «noveluchas» conllevaran el peligro de imitación de actos violentos por parte de un público inculto (ver 2.5), deba ser matizado, ya que los motivos hacen que estos actos sean muy comprensibles. Además, el autor implícito se defiende a través de su narrador explícitamente de este reproche:

La causa de la criminalidad en la campaña, no serán los folletines de la *Patria Argentina*, como lo han asegurado los diarios palaciegos, sino los actos de justicia aplicados por la misma autoridad, «las palizas atracadas a los que anden mañeriando y con istorias», en cumplimiento de «hórdenes recividas». Esta es la llaga donde hay que poner el dedo. Mientras no se cure y se le déje convertirse en cáncer, de nada valdrán los sargentos [...] por más bravos y expertos que ellos sean, ni el mismo remington[73] aplicado a la policía rural (*Hormiga Negra*, 199)[74].

---

[73] La mención de este arma en un texto de 1881 es notable, puesto que su introducción en el país era muy reciente: «En el 80, los chinos de Roca, que habían cambiado el facón por el Remington, conquistaron la ciudad [...]» (J. A. Ramos, prólogo a Jauretche 1960: 10).

[74] Quesada (1902/2001: 858) replicará, no obstante, que Gutiérrez pintó «a nuestra pampa de hoy con los colores de las campañas europeas de los peores tiempos medioevales, cuando imperaba

Otro *outlaw* argentino experimentó asimismo una transposición genérica por el mismo autor: cinco años antes de su poema *Calandria*, Martiniano Leguizamón presentó la historia de este gaucho malo con algunas variaciones en forma dramática, publicando en 1896 *Calandria. Costumbres campestres en diez escenas*. Al inicio de la acción, Calandria se encuentra en manos del sargento Flores por haber desertado del servicio militar. Resignadamente, Calandria constata: «¡Pero ya es tarde pa caer a la güeya! ¡Qué quiere! Me he aquerenciao con la vida del matrero y me moriría de rabia y de tristesa el día en que me la privaran...» (26). El capitán Saldaña aprecia sus facultades de baquiano y trata de convencerlo para cooperar en su partida, pero Calandria se opone: «yo no quiero peliar con mis hermanos: blancos y coloraos somos hijos de esta tierra»[75] (27), pero luego acepta ser el asistente del capitán. Este cambio se explica en la siguiente escena, en la que resulta que se aprovecha de la situación para huir en el caballo del capitán. En esta ocasión otro soldado se alza para hacerle compañía, otra referencia evidente al sargento Cruz en el *Martín Fierro*. A partir de ahí los dos se divierten —como antaño Hormiga Negra en el hipotexto de Gutiérrez— provocando y burlándose de los soldados que tratan de capturarlos. Pero a diferencia de Hormiga Negra y de Martín Fierro, Calandria no pelea nunca y no mata a nadie; el juego consiste en pifiar la tropa, «sorprenderla, desparramarla y huir después para empezar al día siguiente la aventura» (53).

Todos los personajes sesean y utilizan la jerga gauchesca, incluso tres estudiantes que, debido a la ausencia de Calandria en el pago, tratan en vano de divertirse con su novia y otras muchachas. Esta «flor de pago» sale con otros «gauchos paquetes» durante las largas ausencias de Calandria, al que tiene «muy amadrinao» (I, 36). De hecho, en una de las varias escenas de baile y canto que funcionan como entremeses que varían la escueta acción, Calandria la señala con pasión: «Por ella, ¡la vida entera!...» (45). Este sentimiento romántico es correspondido, como se observa en ocasión de un momento decisivo: perseguido

---

el *faustrecht* de cualquier señorón feudal de horca y cuchillo». Quesada supone además que Hernández, «reparando que su *Martín Fierro* era utilizado para fomentar esa vena camorrista, quiso desviar la corriente con su *Vuelta de Martín Fierro*, en la cual describe el regreso de éste, su transformación en gaucho bueno» (*Ibíd.*: 859). Lamenta que era demasiado tarde, porque «el paladar del público estaba ya pervertido», pero no reconoce que «la comunidad gaucha [estaba] quebrada definitivamente, y la vuelta, [...] no logra[ba] la reinserción en un orden social, el que se ha perdido definitivamente» (Núñez 2001: 797).

[75] Puesto que la acción se desarrolla en Entre Ríos, esta referencia a los dos partidos políticos enfrentados en crueles guerras civiles en el Uruguay constituye un lapsus.

de cerca por la tropa, Calandria le propone a su novia fugarse a la tierra Oriental, pero ella no quiere dejar sola a su madre que acaba de perder a su marido. Calandria reacciona infantilmente: «¡Desí más bien que ya no me querés!» y amenaza hacerse «descuartisar a puñaladas», a lo que ella, enloquecida, grita: «¡Soy tuya hasta la muerte! Vamos» (56). Resulta, no obstante, que se trataba de una burla del capitán, que le lleva sorpresivamente el indulto del gobierno. En vez de la captura y muerte del héroe por haber caído en la trampa de una china celosa (*vide infra*), el drama de Leguizamón termina con un *happy ending*: el gaucho matrero se casa con su novia y deviene puestero del capitán, es decir, se transforma en un criollo trabajador, como él mismo lo reconoce en su canto final: «Ya ese pájaro murió/ En la jaula de estos brasos *(A Lucía)*/ Pero ha nasido, amigasos,/ ¡El criollo trabajador!...» (59), con lo que tenemos otra variante de un final civilizador de un gaucho antaño indomable.

Cinco años más tarde apareció el poema *Calandria* (1901) del mismo autor. Está escrito en romance y transmite bastante mal[76] las hazañas del pobre gaucho entrerriano tratado arbitrariamente por la justicia. Valga destacar que recurre al doble marco narrativo: primero habla una voz narrativa extra-heterodiegética. Condenado a diez años de presidio, el protagonista jura venganza y se defiende ante el encarcelamiento. Cumplida su sentencia, «hizo varias muertes/ en defensa de su honor» (9) y termina traicionado por alguien. Pero la voz cambia sin transición a una voz en primera persona («Diez y ocho leguas anduve/ juyendo à la autoridad», 12), para cambiar de repente de nuevo a la tercera («Calandria, al verse solo [...]», 14) y continuar luego en primera. El final está contado otra vez por el hablante en tercera persona (28 ss.), que se aparta de la leyenda transmitida por Paul Groussac (1904/1972: 7), según la cual Calandria fue víctima de la traición de una amante celosa que le tendió una emboscada en la que murió bárbaramente. El poema, en cambio, termina con las palabras «Hoy tal en una prisión/ purgará hay [*sic*] su delito/ y si algo dejó escrito/ lo sabrá su corazón». Sánchez Garrido (1962: 169) opina que este cambio termina con los sangrientos dramas gauchescos, puesto que «resuelve el aspecto social proponiendo la civilización del gaucho». Debido al parecido de este último *outlaw* argentino

---

[76] Según Romano (1983/2001: 1094), se trata de una «obra de señoritos pertenecientes a la oligarquía ganadera, como Elías Regules, en el Uruguay, o Martiniano Leguizamón en la Argentina, [que] optan por una poesía nativista que reconoce su modelo en la línea poética que va de *La cautiva* echeverriana al *Santos Vega* (1872) de Rafael Obligado». Presenta a Joaquín V. González (*La tradición nacional,* 1888) como propulsor teórico de este movimiento.

con Hormiga Negra, habría que limitar la lección civilizatoria al último verso del poema[77], mientras que es válida para el drama gauchesco homónimo de Martiniano Leguizamón.

Este drama se caracteriza más de cien años después de la aparición del primer representante del teatro gauchesco primitivo todavía por cierta torpeza dramatúrgica: las diez escenas del subtítulo están subdivididas en otras escenas, por lo que sería más adecuado segmentar la acción por actos. La pieza prescinde prácticamente de acotaciones y el tiempo representado es muy impreciso, aunque una acotación ubica la acción en Entre Ríos entre 1870 y 1879. De ahí que no sorprenda que el auge de *Juan Moreira* y de sus sucesores diera pronto lugar al declive, las piezas cansaban «hasta a los espectadores más sencillos. Los dramaturgos valiosos —Florencio Sánchez y Roberto J. Payró— y los críticos más exigentes [...] condenaron el género, incluyendo [el *Juan Moreira*]» (Ghiano 1957: 16). Se le reprochaba una

tendencia retroactiva, como es la de presentar tipos de peleadores y de asesinos como gauchos verdaderos, desnaturalizando de este modo al típico, que era noble, desinteresado, laborioso, enamorado y cantor, cuya personificación [es] Santos Vega, el payador[78].

Efectivamente, el dramaturgo Florencio Sánchez describió la situación del teatro en la que se inscribía con estas palabras:

Juan Moreira despertaba los instintos regresivos adormecidos en el alma popular... Martín Fierro y Santos Vega fueron puestos a contribución, desnaturalizada, por supuesto, la índole moral y artística de ambas obras... Escribir para el teatro comenzó a ser un «modus vivendi». Como se pagaba poco se producía mucho. Y malo. Se describían costumbres desconocidas. Un rancho de paja y terrón por decorado, por lenguaje característico unos cuantos «canejos» y «ahijunas», cuando no expresiones de la jerga lunfarda porteña, con pasiones y sentimientos de importación teatral. El público, a falta de cosa mejor y más verídica, amparaba y protegía esos bodrios con estimulante complacencia (Florencio Sánchez en una conferencia que se publicó posteriormente, en 1921, citado en Hermes Villordo 1974: 12).

Ghiano (17) concluye:

---

[77] Garganigo (1966: 15) detecta incomprensiblemente un «tono de la comedia» en este poema que ironiza supuestamente «la situación social del gaucho rebelde».

desde el momento en que se comenzó a fijar la teoría de la literatura gauchesca, se desdeña la novedosa unidad del antiguo drama [...]. En la escena crecía —con Sánchez y Payró— el drama rural, propuesto alrededor de ciertos conflictos sociales, [...] dentro de los cánones realistas o naturalistas. Faltó el gran dramaturgo, otro José Hernández, que crease el gran mito del teatro gauchesco.

Algunos representantes del drama rural que aparecieron en la primera década del siglo XX se analizarán en el capítulo 4.2.5; en adelante, se reconstruyen distintas vertientes literarias de la gauchesca que abarcan mayormente textos en prosa. Empezamos con la vertiente romántico-realista.

4.2.3 El centauro de la pampa: la vertiente romántico-realista

La primera novela gauchesca, *O gaúcho* (1870) del gran escritor romántico José de Alencar, es, curiosamente, una novela brasileña, pero no riograndense. No obstante, la historia está ubicada en este estado del Brasil. Está situada al principio de los años treinta del s. XIX, cuando los «castelhanos», o sea los orientales y argentinos, andaban todavía por la frontera. Los estados de Rio Grande do Sul y Santa Catarina, temiendo la hegemonía de Argentina, trataron de unirse políticamente con Uruguay y de constituir una república. Los líderes, unos ricos estancieros, podían contar con la ayuda de campesinos y de ex esclavos negros. No obstante, el autor implícito Alencar, quien estaba en favor del federalismo, pero en contra del separatismo de Rio Grande, ridiculiza esta «Revolução Farroupilha»[79], que forma más bien un trasfondo pintoresco para su novela romántica que se concentra en el protagonista *gaúcho* Manuel, el amor de éste por los caballos y la historia de un amor traicionado que termina trágicamente.

El máximo exponente de la literatura gauchesca en el Brasil es João Simões Lopes Neto. Sus *Contos gauchescos* (1912) pertenecen más genuinamente al corpus de obras gauchescas brasileñas que la novela *O gaúcho* de Alencar, cuya poé-

---

[78] Luis Berisso en *La Nación*, 1896, citado en Ghiano (1957: 16).

[79] «O novo estado seria mais uma prêsa do caudilho feliz [Rosas], que nos devaneios de sua ambição aspirava à restauração do antiguo vice-reinado de Buenos-Aires» (*O Gaúcho*, 151); en otro episodio se trata de la huida de un chileno malvado quien, después de haber deshonrado a la novia de Manuel, se salva incorporándose a una tropilla de revolucionarios.

tica romántico-realista se transforma en los *Contos* en una poética *pré-modernis-ta*[80]-regionalista. Simões Lopes atenúa la crítica social e idealiza la vida campestre y las relaciones entre latifundistas y peones del pasado. Hijo de ricos estancieros, Simões Lopes «viveu até os 11 anos de idade na estância de Graça, sendo criado à moda de Rousseau» (Chiappini 2005b). Al igual que Javier de Viana, perdió su fortuna y tuvo que ganarse la vida con el periodismo. Publicó en 1912, cuatro años antes de su muerte, los *Contos gauchescos*, seguidos al año siguiente por *Lendas do sul*, que continúan la poética de los cuentos. Dos años más tarde, en 1914, aparecieron los *Casos do Romualdo* que Chiappini (1988 y 2005c) considera como libro paródico de la gauchesca[81].

En su monografía *No entretanto dos tempos*, Chiappini (1988) demuestra que el proyecto de Simões Lopes era escribir una historia progresista, encomiástica y positivista de Rio Grande. La crítica moderna considera a João Simões Lopes Neto «pionero del regionalismo de Rio Grande» (Kahmann 2004: 4), a lo que habría que añadir que ya los lectores coetáneos reconocieron el parentesco con otros escritores regionalistas riograndenses como Alcides Maya[82] (ver 4.2.4) y que lo ubicaron dentro de esta vertiente literaria (aunque sin nombrarla), oponiendo los *Contos gauchescos* a los del *Partenon literário*, vertiente romántica que idealizaba al «monarca das coxilhas»[83]:

[80] Valga subrayar que la noción *pré-modernismo* se utiliza en este caso en el sentido de la crítica brasileña, que ubica el modernismo mucho más tarde (1922/Semana de Arte Moderna) y lo define de modo diferente (en el sentido de vanguardia) a como lo hace la crítica hispanoamericana, según la cual Rubén Darío fundamenta el modernismo con *Azul* (1888) y *Prosas profanas* (1896 y 1901).

[81] Me resulta difícil compartir este juicio, lo que se debe tal vez a la comparación con la literatura gauchesca rioplatense. De ahí que los *Casos de Romualdo* me parezcan ingenuos, cómicos en su minoría, fantásticos algunos, exagerados todos. No tienen nada que ver con las típicas faenas y características del gaucho, carecen del doble marco, de la ficción mimética y sobre todo de la ambigüedad inherente a cualquier parodia. Al contrario de los *Contos* y *Lendas*, los *Casos* no tuvieron ningún éxito.

[82] Ver también el testimonio del crítico João Pinto da Silva (1924/2002: 136): «o gauchismo de Simões Lopes leva sobre o do sr. Alcides Maya, para os efeitos de difusão e comunicabilidade no meio cujas influências múltiplas refletem, a vantagem inapreciável de ser mais fácil, mais singelo, mais espontáneo».

[83] Un cuento de Apolinário Porto Alegre, «figura proeminente do *Partenon*, publicado en 1870, lleva este título» (Martins 1980: 28 s.); asimismo dio nombre al drama (1867) del escritor portugués César de Lacerda.

Os «Contos Gauchescos», ao lado da subjetividade típica dos representantes da vida gaúcha de outrora, representam a paisagem, nos seus aspectos, nas suas ondulações de luz, de verdura, de planura. [O livro] é a representação de uma literatura que, por sua singeleza e naturalidade, atrai muito mais que as fantasias do «sonetismo» moderno (Mariz 1913/2002: 134).

Las reseñas reproducidas en el anexo de la edición Claret en la que me baso a continuación, demuestran una recepción coetánea regionalista muy favorable, pero hay que admitir que se trata de críticas poco o nada rigurosas, sino más bien de alabanzas y elogios de amigos, críticos y colegas escritores. Puede servir como ejemplo la crítica del regionalista Darcy Azambuja (1926), quien presenta una lectura nostálgica, patriótica:

Quem quiser conhecer o Rio Grande pode ler em todos os livros, que se não leu o de S.L. [Simões Lopes] não conhece o Rio Grande. Depois da verdade, a beleza. E é a harmonia dessas duas idealizações que lhe dá aquela força, aquele largo encanto que transborda do livro e nos embala e fascina (146).

Barcellos Guazzeli (2002: 111) advierte que el mundo narrado presenta un «espaço ainda carente de limites; cavalo, facão e estrada; a transição para os 'novos tempos' no entanto, não é marcada por Simões Lopes», es decir, que el mundo narrado pertenece al siglo XIX (y no al temprano siglo XX, fecha de la publicación).

Mi objetivo no es seguir esta línea de lectura, sino situar los *Contos gauchescos* dentro de la literatura gauchesca, por lo que voy a examinar en adelante la situación narrativa y la intención de sentido del autor implícito y destacar las relaciones intertextuales que vinculan los cuentos de Simões Lopes a la literatura gauchesca rioplatense.

Quisiera ahondar primero en la problemática narratológica del prefacio ficcional, puesto que hay dos posibilidades de reconstruir la situación narrativa. Un narrador anónimo hetero-extradiegético enuncia la primera frase: «Patrício, apresento-te Blau, o vaqueano». Patrício[84] es el narratario del narrador anónimo. Pero Patrício será asimismo el narratario del narrador básico Blau Nunes y una representación del lector enfocado, por lo que resulta ser un narratario do-

---

[84] «Patrício equivale a Che, aparcero, compadre, o sea, es también una interjección que aparece continuamente en los cuentos, pero el Patrício no se utiliza sólo entre los paisanos, sino también entre los cultos y ciudadanos pelotenses» (Ligia Chiappini, *e-mail* 2.8.05).

ble o incluso triple. La pregunta espinosa es ¿quién toma la palabra después de la primera frase citada del narrador: «—Eu tenho cruzado o nosso Estado em caprichoso ziguezague»[85] (15), contando de su vida en la que sus viejos ojos vieron mucho, viajando, trabajando, amistándose y recordando nostálgicamente «nossos tempos heróicos»? Chiappini (1988: 324) apunta la existencia de «um narrador implícito que só nesse momento [na apresentação] se explicita como tal, passando depois a figurar o interlocutor mudo de Blau» y lo caracteriza acertadamente para concluir que «pode ser visto como representação do próprio escritor culto da cidade» (325). Esto significaría que el hablante es este narrador citadino que se convertirá en los cuentos en interlocutor mudo de Blau. Pero esta atribución no toma en cuenta el cambio de la situación narrativa que se efectúa en el sexto párrafo (empezando con «E, por circunstâncias...») y que puede pasar inadvertido porque no está claramente marcado por comillas o guiones finales[86]. El cambio de habla se nota de forma clara sólo porque el narrador recurre en este párrafo a la primera persona y se refiere en tercera a Blau Nunes: «foi meu constante guia». El hablante de los párrafos anteriores debe ser consecuentemente Blau Nunes, el narrador principal de los cuentos que siguen. El narrador primero, anónimo, conocía personalmente a Blau y pertenece a una clase social superior. Retrata en lo que sigue a Blau, admirando su salud, conocimiento, dignidad, lealtad y, sobre todo, su memoria, que le permite contar los «casos», es decir, los distintos cuentos que se presentan a continuación. El narrador primero termina su discurso con la apelación «Patrício, escuta-o», terminando la «apresentação» con la misma apelación al interlocutor como al comienzo.

Según la primera hipótesis, el narrador primero y el narratario Patrício se sitúan en el nivel extradiegético (nivel 3), desde donde el narrador cita el discurso de Blau en estilo directo regido, así que los enunciados de Blau se sitúan en el plano diegético (nivel 4), dirigidos al narratario Patrício. Este doble marco narrativo es a la vez un doble marco oral, puesto que ambos narradores se dirigen al mismo narratario (Patrício), por lo que surge la segunda hipótesis de la modelización narratológica que concibe la situación narrativa en un plano horizon-

---

[85] Chiappini (2005b: nota 6) reconoce en este fragmento una «autobiografia disfarçada que Simões Lopes embute na introdução aos *Contos Gauchescos*», pero hay que subrayar que no cae en la trampa del biografismo como Aldyr Schlee (*cfr. infra*).

[86] La edición Claret indica por lo menos por guiones el comienzo del habla de las instancias narrativas, mientras que la edición de Schlee (2000) no pone ningún signo distintivo. La edición de Chiappini (1988) es la única que marca el final del discurso de Blau con un guión (línea 31).

tal: en este caso tendríamos que situar a los dos narradores del prefacio en el mismo nivel, que sería el extradiegético. El uso constante del presente narrativo habla en favor de esta hipótesis.

No sé por cuál de las dos hipótesis inclinarme; quizás sea imposible resolver este problema que se vuelve todavía más arduo si se comparan las distintas ediciones. Según Chiappini (1978: 266), la edición Liv. do Globo (Porto Alegre, 1949) presenta una «Apresentação» (al contrario del «prefacio» de la edición Claret, pero igual que en la edición de Aldyr Schlee). Chiappini (1988: 98 ss.) descubrió que parte de este prefacio había sido utilizado ya como parte de la conferencia patriótica «Educação Cívica» que Simões Lopes publicó en 1904. Se trata justamente del relato que comienza con «Eu tenho cruzado o nosso Estado en caprichoso zigzag» y que termina con «agora avençoada na paz». No obstante, esta información biográfica, extratextual no aclara el problema de la ubicación de las voces del prefacio ficcional[87] que forma parte integral de la colección de cuentos. La problemática mencionada sigue, pues, en pie, porque ni las razones narratológicas que di para atribuir este relato a Blau, ni las razones estilísticas de Chappini de atribuir este relato al narrador primero, logran explicar sin contradicciones esta curiosa presentación. Analizaré en adelante algunos *contos*, al igual que los otros textos brasileños gauchescos poco conocidos fuera de Rio Grande do Sul, enfocando las estrategias narrativas.

«Trezentas onças», está contado por el protagonista, que relata su desventura en un estilo oral, *portunhol*, dirigiéndose acaso a Blau Nunes, quien adoptaría entonces en este caso el papel de narratario intradiegético: «—Pois, amigo! Não lhe conto nada! Quando botei o pé em terra [...] eu era mui pobre [...]» (18). Esta situación narrativa es paradójica con respecto a la última frase del prefacio, que le otorgó la palabra a Blau Nunes. De ahí que pudiera pensarse también que el protagonista del cuento es el propio Blau Nunes, quien cuenta entonces una aventura vivida por él mismo. El resumen de Ligia Chiappini —«Um caso acontecido com Blau» (1978: 266)— no aclara si el caso le aconteció al propio Blau o si Blau forma parte secundaria en este asunto. Pero como el protagonista del cuento es un padre de familia que cuida su campo (21), mientras que Blau lleva una vida muy movida y no cuenta nunca nada de su familia, supongo que Blau

---

[87] Aldyr Schlee (2000: 18) no reconoce este estatus ficcional del prefacio: «Esta é a apresentação dos *Contos Gauchescos*. Embora sem levar a assinatura de Simões Lopes Neto, é evidente que se trata de um trecho no qual quem se dirige diretamente ao leitor (chamando-o de *patrício*) é o autor».

transcribe solamente el caso relatado y experimentado por el otro. Además, cambia de pronto la perspectiva, porque otra voz narrativa se apodera de dos párrafos del relato, describiendo el paisaje muy poéticamente en focalización externa y ocularización cero: «A estrada estendia-se deserta; à esquerda os campos desdobravam-se a perder de vista, serenos, verdes, clareados pela luz macia nos paradouros da noite [...] no céu, só estrelas... só estrelas...» (19). Es muy factible atruibuir esta voz al narrador primero del prefacio ficcional, puesto que Blau Nunes es demasiado poco erudito para poder expresarse así.

La situación narrativa en el cuento «No mantanial» parece adoptar el típico relato del encuadre, con Blau Nunes que se dirige a su narratario para contarle el caso, que versa sobre la muerte de una chica de 16 años por haberse enamorado de un soldado apuesto y haber despreciado a un vecino bruto, el Chicão. Éste trata de violarla, ella huye y cae en un pantano donde se ahoga, perseguida por el Chicão que se ahoga poco después en el mismo lugar luchando con el padre de la chica. En medio del cuento Blau Nunes hace de repente referencia a una narradora intradiegética que había sido testigo: «Ficou também a negra mina, que viu tudo e foi quem depois o contou». La situación narrativa se distingue, sin embargo, de la anterior, porque en este cuento el narrador es de veras Blau Nunes.

En «Chasque do imperador», en cambio, Blau Nunes forma parte del mundo narrado, adoptando una posición homodiegética: «Quando foi do cerco de Uruguaiana pelos paraguaios em 65 e o imperador Pedro II veio cá [...]. O tenente bateu a espada e deu de rédea, e parou mesmo na minha frente... eu era guia da fila testa. —Cabo Blau Nunes! Pé em terra!» (56 s.). Cuenta a continuación pequeñas anécdotas de la estadía del emperador en Rio Grande, fascinado con la rudeza de los paisanos, lo que se refleja también en el hecho de su deseo de comer carne como ellos, en vez de los pasteles que le ofrecen en una época en la que el azúcar era sumamente valioso. Análogamente, Blau aparece en el siguiente cuento, «Os cabelos da China», como narrador autodiegético. Pero en «Melancia Coco verde» relata de nuevo la historia de otro, un tal Reduzo que acaba de encontrar casualmente.

Como se ve, la situación narrativa no es estable, sino que varía considerablemente en los cuentos gauchescos singulares sin que la función de estos cambios se revele claramente. La crítica no ha ahondado en esta problemática, sino que comparó la obra de Simões Lopes y, especialmente el personaje-narrador Blau Nunes, con Martín Fierro y el poema homónimo de Hernández[88]. Puesto que

---

[88] Ver Martins (2002), Barcellos Guazzelli (2002), Kahmann (2004).

Blau es muchas veces testigo de los «casos» que relata, a menudo ni siquiera un testigo directo, sino narratario de testigos oculares o auriculares, que refiere lo que los otros le habían contado[89], el doble marco narrativo de la poesía gauchesca se triplica incluso. En otros cuentos, Blau adopta una posición homodiegética, pero sin que llegue a ser —como el cantor autodiegético Martín Fierro— el protagonista de la historia que cuenta. Además, el relato de la vida de Martín Fierro conlleva una fuerte crítica social, una denuncia política. Blau Nunes, todo lo contrario, es un paisano viejo, apacible, ingenuo, contento, que cuenta más bien anécdotas y casos individuales para hacer pasar el tiempo delante del fogón o viajando de vaqueano con el narrador primero. En estos relatos predomina una visión armónica e idealizada de la vida campestre y una «ficticia comunión de valores entre los terratenientes y los trabajadores rurales»[90]. Además, Kahmann (2004: 8) reconoce que «la idea de deserción, considerada una salvación para Martín Fierro, es una injuria para Blau Nunes»[91], quien no critica nunca a los representantes de la autoridad.

Por otro lado, la visión armónica se ve fuertemente contestada por la violencia y su descripción directa, impasible, que reina en el campo riograndense. El cuento «O negro Bonifácio» es el representante más extremo de ello. Transcribo el resumen ya hecho por Chiappini (1978: 266 s.):

> Um negro que, tendo sido amante de Tudinha, uma bela mulher branca, aparece numas carreiras com outra na garupa, desafiante. Ofende Tudinha, a certa altura. Um namorado da moça reage e é morto pelo negro. O negro faz uma grande matança [...], sendo abatido à boleadeira, por um gaúcho. Tudinha, no final, apunhala o negro, já morto, e capa-o, numa vingança de fêmea ofendida.

---

[89] «Eu estava nessa arrancada. Chegamos como um pé-de-vento e conforme boleamos a perna, vimos o mesmo que os negros contavam [...] Nisto, um aspa-torta, gaúcho mui andado no mundo e mitrado, puxou-me pela manga da japonesa e disse-me entre dentes: [...]» («No manantial», p. 36).

[90] Ver Kahmann (2004: 6), que repite aquí una hipótesis de Regina Zilberman. Barcellos Guazzeli (2002: 112 s.) confirma que «a visão de Simões Lopes sobre a delinqüência resulta de desvios individuais e das taras humanas [...]; a obra de Simões Lopes prima pelos dramas individuais, densos e muitas vezes trágicos».

[91] Ver «Os cabelos da china» y «Melancia Coco Verde»: el soldado no abandona su puesto en la frontera, arriesgándose a perder a su enamorada en pos de casarse con otro.

La siguiente descripción de la cruel venganza de Tudinha, quien masacra el cadáver, revela cierta fantasía de la mujer fatal que el narrador trata (en vano) de dominar al referirse a ella como «morocha bonita»:

> a morocha mais linda que tenho visto, saltou em cima do Bonifácio tirou-lhe da mão sem força o facão e vazou os olhos do negro, retalhou-lhe a cara, de ponta e de corte... e por fim, espumando e rindo-se, deatinada —bonita, sempre!—, ajoelhou-se ao lado do corpo e pegando o facão como quem finca uma estaca, tateou no negro sobre a bexiga, pra baixo um pouco —vancê compreende?... — e uma, duas, dez, vinte, cinqüenta vezes cravou o ferro afiado [...] como quem quer estraçalhar uma cousa nojenta... como quem quer reduzir a miangos uma prenda que foi querida e na hora é odiada!... («O negro Bonifácio», 28)

El narrador termina su relato con dos pensamientos desdeñosos. En el primero revela una actitud racista —«Até hoje me intriga, isto: como uma morena, tão linda, entregou-se a um negro, tão feio?»[92]—; en el segundo, el machismo resulta ser un pobre acto de autodefensa: «Ah! mulheres!... Estancieiras ou peonas, é tudo a mesma cousa... tudo é bicho caborteiro...; a mais santinha tem mais malícia que um sorro velho!...» (28).

Kahmann (2004: 9) concluye que los únicos malvados, responsables de la decadencia de la moralidad en la pampa brasileña son los «castelhanos» —o sea, los enemigos de siempre—, ya que el autor implícito tenía como objetivo literario y político «rechazar lo foráneo y reafirmar las costumbres locales» (ver también Rocca 2002: 88). Bajo esta perspectiva, el racismo subyacente en los *Contos gauchescos* se vuelve explicable. Por otro lado, esta explicación arroja nuevamente luz sobre el conflicto arriba mencionado con respecto a la relación intertextual muy marcada que vinculan los *Contos gauchescos* a la literatura argentina y uruguaya: el protagonista de «Contrabandista», Jango Jorge, «é da estirpe daqueles sagacíssimos *rastreadores* e vaqueanos de que nos fala Sarmiento, no *Facundo*. [...] A falta de ocupação melhor, Jango Jorge recorre, para vivero, ao contrabando, e toma gosto pelo perigoso ofício» (Silva 1924/2002: 139). Y Léa Masina (1998: 207) cita una hipótesis de Sarmiento que es también perfectamente aplicable a los *gaúchos* de Rio Grande: «segundo o escritor, as revoluções garantiam trabalho para os vagos, cujo barbarismo nômade nela se expandia através de práticas cruéis».

---

[92] Este racismo es el tema central de la pieza campera en un acto *El gaucho negro* (1927) de Claudio Martínez Payva.

Tenemos que comparar más adelante los cuentos de Simões Lopes con los de Javier de Viana, en especial aquellos de la colección «Campo», para ahondar más en las semejanzas y diferencias tanto ideológicas como literarias y para rebatir la hipótesis de Ligia Chiappini (2005b: 8), según la cual los cuentos de Simões Lopes son literariamente superiores «em relação aos contos do escritor uruguaio». Además, hay que comparar la novela *Ruínas vivas* (1910) de Alcides Maya con los cuentos de Viana. Basándose en Aldyr Schlee, Chiappini (2005b: 9) hace destacar que los dos escritores superaron las vertientes literarias dominantes del pasado y de la actualidad, a saber: los lugares comunes del romanticismo, del regionalismo/criollismo anecdótico y del verismo/naturalismo, «inovando e anticipando a liberação estilística das vanguardas dos anos vinte»[93]. Acierta con que la visión del mundo gauchesco de Viana es «mais exterior, mais amarga e pessimista», transmitida «em terceira pessoa», mientras que la de Simões Lopes es «mais interna ao mundo criado, mais compreensiva e mais identificada com o mundo que quer expressar» (10). La gran diferencia reside en el recurso del autor implícito Simões Lopes de otorgarle la voz a Blau Nunes y presentar el mundo narrado a través de la perspectiva de este viejo gaucho ingenuo, que desconfía

de que existe talvez a luta dos contrários: da sociedade baseada na propriedade privada, duma sociedade comunitária; do Deus unicamente bom, com os deuses ambivalentes das religiões indígenas [...], da ordem aparente do mundo visível e palpável, com um mundo outro, onde convivem os mistérios do dia e da noite (*Ibíd.*).

Por esto los cuentos carecen de gauchos bárbaros y de personajes que defienden la modernización.

Las novelas históricas gauchescas del escritor uruguayo Eduardo Acevedo Díaz (1851-1921) se ubican en la época de las sangrientas luchas de la independencia en la Banda Oriental entre 1811 y 1830. Acevedo Díaz —que pertenecía a una familia patricia, participó activamente en las revoluciones de 1870, 1875 y 1897 y tuvo una brillante carrera política (*ALL*, s.v. «Acevedo Díaz»)— recurre en estas novelas históricas al modo romántico-realista. La primera novela de la tetralogía, *Ismael* (1888), trata del destino trágico de un gaucho que se desgracia, se convierte en un «gaucho malo» y se une a las fuerzas revolucionarias a

---

[93] En cuanto a Simões Lopes, Chiappini (1988) intenta demostrar en su monografía que se distingue de los regionalistas coetáneos y que es un precursor de Guimarães Rosa.

las órdenes de Fruto; la novela termina con la victoria de Artigas en la batalla de Las Piedras en 1811[94]. La acción de *Nativa* (1890), la segunda novela de la tetralogía —a la que pertenecen además *Grito de Gloria* (1893) y *Lanza y sable* (1914)[95]— se ubica en 1824, período de la dominación portuguesa en la Banda Oriental. La presencia de los invasores produjo intercambios culturales, que se concretizan en las novelas de Acevedo Díaz de manera nefasta, muchas veces a través de las violaciones de mujeres uruguayas por parte de soldados o comerciantes portugueses o brasileños[96]. A la vez, la violación de la mujer por el extranjero es una alegoría obvia de la dominación del país. *Nativa* termina con la victoria de las fuerzas revolucionarias contra los invasores portugueses.

El último gaucho (1891) del autor uruguayo Piñeyro del Campo es un poema muy culto que oscila entre el clasicismo y el romanticismo: este canto al trabajo agrícola y al héroe gaucho de la independencia recurre a un estilo elevado y a la sintaxis latinizante (hipérbaton), prescinde de la jerga gauchesca y ofrece poéticas descripciones del campo. A partir de la segunda parte, presenta la memoria de un viejo gaucho moribundo que piensa en las hazañas de ataño. Guiado por el «instinto» de libertad, el «último gaucho» luchó toda su vida contra las potencias coloniales y vecinos: «Por ella al español, al lusitano,/ Por ella al brasilero,/ A todos combatió» (22). Finalmente muere solo, creyendo que sale de nuevo a un combate. Las isotopías de la libertad («Encarnación del inconsciente anhelo/ De la raza vencida, no domada,/ Que libertad ansía», 18 s.) y de la fuerza indómita del centauro de la pampa que llevó a cabo la cruel lucha («desnudos, desangrados y deshechos») por «la libertad al mundo americano» (21) le otorgan una estructura coherente al poema. La glorificación domina sobre el reconocimiento de que los agentes de las luchas se murieron anónimamente: «¡Héroes sin un cantor! ¡Así cayeron/ Muriendo sin gemir [...]. ¡Y se perdieron/ Olvidados sus huesos en el llano,/ Y sus nombres también» (21). *El último gaucho* es

---

[94] Garganigo (1966: 26) sintetiza el mensaje así: «La nación, en lucha por su libertad, necesita de estos hombres que son, quizás, temerarios, crueles y violentos, pero valientes»; Benítez-Rojo (1996: 474) subraya la función de las novelas históricas de Acevedo Díaz de contribuir a la formación de una conciencia nacional. Para el papel de la literatura gauchesca como literatura nacional *vide supra* cap. 2.5.

[95] Para la inclusión de esta última novela en la serie véase Rodríguez Monegal (1964), en contra de Alberto zum Felde y otros críticos uruguayos.

[96] Asimismo, en *Soledad* (1894), donde el protagonista gaucho «mata a su rival, un rico brasileño despreciable, y se escapa con Soledad» (Schlickers 2003: 300).

una reliquia de este tiempo heroico del pasado («De una raza era el último suspiro,/ La página postrera de una historia», 14), un ser que vive en el recuerdo de antaño, solo y solitario, apartado de la comunidad, que consta de jóvenes labradores que pasan sus días en las faenas del campo. Ellos no parecen darse cuenta de que le deben todo al viejo gaucho que luchó por su libertad y que, en el tiempo actual del mundo narrado, disfrutan no sólo de cierta comodidad y bienestar («¡Todo ama y canta!», 13; «cosecha espléndida», «nietos dormidos», 29), sino además de los bienes de la modernización («El tren se hunde en la noche», 29).

La ubicación del poema entre clasicismo y romanticismo es muy típica de la poesía hispanoamericana culta de la época[97] y lo vincula intertextualmente a la «Alocución a la poesía en que se introducen las alabanzas de los pueblos e individuos americanos que más se han distinguido en la guerra de la independencia» (1823), el poema introductorio a la *Biblioteca Americana* de Andrés Bello, que era concebido como parte de un poema mayor que debía nombrarse «América», pero que quedó inacabado. La temática nacional de las luchas de independencia y el estilo elevado del clasicismo que ennoblece el contenido[98] debían continuar la independencia política en el campo de la cultura.

Otro texto gauchesco tardío que trata de la guerra de independencia en un momento en el que el gaucho ya no existe es el texto épico *La guerra gaucha* (1905) de Leopoldo Lugones. Es una colección de veintidós cuentos, todos ellos ubicados en las luchas del ejército libertario en el territorio norte de Argentina. Cada uno presenta un destino individual pero representativo de los hombres, viejos, niños y mujeres involucrados en las guerras crueles. El narrador hetero-extradiegético recurre a un lenguaje muy elaborado y poético y renuncia a las típicas expresiones de jerga gauchesca, porque transmite los discursos mayormente en el modo indirecto libre. Según Montaldo (1993: 122), Lugones declara en este libro presuntamente casi «ininteligible» «la guerra contra la literatura gauchesca, atacándola en su voz. El gaucho pasa a ser objeto de un relato, objeto estético y no un mero elemento del discurso político» (Ibíd.: 124). *La guerra gau-*

---

[97] Refiriéndose a los trabajos humildes que algunos de los poetas gauchescos más famosos ejercieron, Rama subraya que no fueron menos escritores que sus colegas cultos. Por el contrario, Rama trata de acercar Hidalgo al clasicismo, Ascasubi al romanticismo y Hernández al realismo (ver Rama 1983/2001:1052 y 1059 s.).

[98] El canto al trabajo agrícola en «El último gaucho» lo vincula intertextualmente con la silva americana «La agricultura de la zona tórrida» (1826) de Bello y merecería un análisis aparte.

cha fue, como se ve, juzgada negativamente tanto por la crítica coetánea como moderna, porque el uso de «excesos regionalistas y arcaicos» (Olea Franco 1990: 323) originó «efectos de arreferencialidad» (Montaldo 1993: 123)[99]. No obstante, Lugones introduce con esta obra a los gauchos del general Güemes como colectivo heroico que lucha por la independencia y recurre a aquel patetismo y exaltación patriótica que destaca también en algunos cuentos de Javier de Viana (por ej. «La trenza»). La exaltación concierne también el retrato de héroes singulares:

> Cierta vez le vaciaron las tripas [a un sargento]. Las recogió, enjuagándolas en agua tibia para que el sebo no se le enfriase; las metió dentro. Una vieja le cosió la herida, y el, en tanto, braveaba a rugidos un patético yaraví (Lugones: *La guerra gaucha*, 33).

Leyendo esta escena involuntariamente cómica, uno casi se imagina una adaptación en forma de historieta de Fontanarrosa. De hecho, Lugones preparó con este texto el terreno para el futuro desarrollo del género, puesto que lo patético formará la base para la parodia de la literatura gauchesca[100].

El poema *El gaucho de la frontera,* publicado anónimamente en 1905, es interesante porque presenta, al contrario de la gran mayoría de los poemas gauchescos, un punto de vista muy benévolo del indígena cuando éste ya no existe en el país. El yo lírico hetero-extradiegético relata en cuartetas octosilábicas con rima abrazada la historia de un gaucho santafesino que fue gravemente herido y buscó en compañía de Rosa, su mujer, refugio en una casa solitaria de fortín. Cuando aparece la indiada, el gaucho les explica su caso en castellano, primer indicio del alto grado de civilización de la población autóctona, que reacciona muy positivamente: «Y los salvajes entonces/ compadecen al paisano,/ más sinceros que el cristiano/ más leal su pecho de bronce» (8). Los indígenas le regalan «lo que en el malón/ han podido conseguir», y el gaucho, enternecido, «les jura eterna amistad». En adelante, el gaucho actúa como civilizador: debido a su influencia, los salvajes roban menos y trabajan en el campo. Más adelante, el yo lí-

---

[99] A pesar de esta recepción poco entusiasta, el director Lucas Demare adoptó en 1942 —o sea, en plena guerra mundial— la epopeya de Lugones bajo el mismo título al cine argentino, convirtiendo el material en unas escenas pintorescas, llenas de color local y francamente insoportables. El vídeo puede tomarse prestado en la biblioteca del Instituto Cervantes de Bremen.

[100] Agradezco esta observación a Klaus Meyer-Minnemann.

rico explica que los salvajes actúan sólo como tales porque no reciben instrucción (20).

La llegada de un forastero rompe este idilio. A Rosa, le cae mal su cara de traidor y, en efecto, el forastero vuelve como guía de un pelotón de soldados que rodean el rancho. El gaucho no quiere entregarse y se defiende con un trabuco, secundado por Rosa. El cerco dura ya tres días, cuando estalla felizmente un huracán. El gaucho aprovecha la ocasión para procurarse la ayuda de sus amigos indígenas, mientras que los soldados prenden fuego al rancho. El gaucho lograr salvar a duras penas a Rosa, desmayada ya entre las llamas, mientras que los indígenas matan a la soldadesca. Luego, el gaucho se dirige con Rosa a las tolderías para vivir con los indígenas, que lo eligen como cacique y, paulatinamente, vuelve a sus hábitos: hace negocios, cambia su carpa de cuero por un nuevo rancho y vive feliz con Rosa y muchos niños hasta morir en paz. La indiada los entierra cristianamente, grabando en su fosa «Papá y mamá» (32).

En cuanto al desarrollo de la literatura gauchesca, podemos constatar a partir de los años ochenta que la literatura gauchesca romántico-realista se bifurca con la implementación de la vertiente naturalista de Eugenio Cambaceres, Javier de Viana y Alcides Maya. La comicidad, rasgo típico de la poesía gauchesca, falta por completo en estos textos literarios narrativos y en la novela regionalista-criollista que se desarrolla desde los años diez hasta treinta. Pero vuelve a ser elemental en los textos de Roberto Payró y de Amaro Juvenal y se retoma a partir de los años cincuenta en las reescrituras y parodias del género. A nivel del discurso, los textos literarios narrativos se distinguen de la poesía gauchesca por la apropiación de la voz autodiegética del gaucho por parte de los narradores extraheterodiegéticos. El gaucho cantando se transforma, pues, en un gaucho narrado cuya voz ya no se cita sino esporádica y brevemente, lo que tiene narratológicamente la consecuencia de que el doble marco se abandona.

4.2.4 El gaucho a pie: la vertiente naturalista

> *Nós não sermos bobos como*
> *o velho Blau Nunes.*
> (Cyro Martins: *Sem rumo*)

Diametralmente opuestos a la vertiente romántico-realista, los siguientes textos de autores naturalistas de Argentina (Cambaceres, Grandmontagne),

Uruguay (Javier de Viana) y del Brasil (Alcides Maya) demuestran una visión muy negativa del gaucho y del campo. Los mundos narrados se sitúan en la época de la modernización: en las estancias ya no se explota el vacuno, sino el ganado ovino y las mujeres ayudan, al igual que los inmigrantes, en la esquila. El antaño centauro de la pampa ya no es perseguido por la autoridad, sino que debe dedicarse a los trabajos de a pie, perdiendo su segunda mitad, el caballo, y con ello empieza el proceso irrevocable de su decadencia económica y moral.

El primer representante de esta vertiente, *Sin rumbo. Estudio* (1885) de Eugenio Cambaceres, es un precursor de la novela hispanoamericana de fin de siglo que ofrece, no obstante, muchos rasgos del naturalismo[101]. El mundo narrado en *Sin rumbo* se abre con una descripción de esquila. El narrador extra-heterodiegético se revela conocedor de las faenas que describe con *mots propres*, pero se distancia de los gauchos y peones, descalificándolos como «chusma» que hunde brutalmente las tijeras en el vellón, así que «las carnes, cruelmente cortajeadas, se mostraban en heridas anchas, desangrando» (46). Uno de los gauchos allí presentes ofrece los esquemas de la criminología lombrosiana: «un chino fornido, retacón, de pómulos salientes, ojos chicos, sumidos y mirada torva», a la vez que se le introduce como representativo: «Uno de esos tipos gauchos, retobados, falsos como el zorro, bravos como el tigre» (46). Reacciona insolentemente cuando alguien lo reprende por haber lastimado a los animales y, cuando el otro le pega una bofetada, saca su cuchillo de la cintura. La intervención del patrón Andrés, armado con un revólver, impide un homicidio. El «chino» reacciona con humildad fingida, «haciéndose el manso y el pobrecito» (47), y Andrés lo despide para siempre.

A pesar de los adelantos de la modernización en la estancia, esta primera presentación del campo y de sus habitantes revela un mundo primitivo y bárbaro, imagen reforzada en el siguiente capítulo, que evoca el «hacinamiento de bestias y de gente, de perros, de gatos, de hombres y mujeres viviendo y durmiendo juntos, echados en montón, al sereno, en la cocina, en los galpones [...] en la esquila» (49). No obstante, un poco más adelante es el hombre porteño quien se comporta como una bestia, porque viola brutalmente a la hija de un puestero, acto que corresponde a su egoísmo, autoritarismo y machismo que demuestra frente a los paisanos. Pero ellos se vengan: debido al descuido intencionado de un gaucho, Andrés es casi embestido por un toro furioso. Cuando le preguntan al gaucho por qué había dado lazo al toro, «se le vieron sólo blanquear los ojos

---

[101] Ver Schlickers (2003: 321-331); allí se encuentra asimismo un resumen del contenido.

en una mirada de soslayo, traidora y falsa como un puñal» (75). Al final, este gaucho le incendia la hacienda.

La caracterización de los gauchos como brutos traidores se repite en la representación antirromántica del paisano y de la vida en el campo en la obra de Javier de Viana. Las chinas, en cambio, son invariablemente sumisas, pasivas y leales hacia sus seductores y violadores. Otro ejemplo de ello se encuentra en la novela pro-inmigrante *Teodoro Foronda* (1896) de Francisco Grandmontagne, en la que un pobre inmigrante español

> logra «hacer la América». De una relación amorosa con una gaucha salen dos hijos. Teodoro la abandona, y sólo cuando un amigo critica varios años después su conducta y le advierte que esta «mancha» podría causar daño a su imagen pública, tiene sentimientos de culpa. Vuelve al rancho, se reconcilia con la gaucha, se casa con ella [...] y la instala con los hijos en una casa alquilada. Ella permanece allí en-cerrada, porque sabe que le causa vergüenza al *parvenu* Teodoro (Schlickers 2003: 151 s.).

La humilde población nativa está presentada en estos términos despectivos y comparaciones animalescas:

> el gaucho [...], las barbas como púas de erizo, mirando siempre de soslayo y con desconfianza indígena; la china de los primeros ranchos, indolente, sucia, rotosa y desgreñada, despidiendo cierto tufillo subterráneo y montuno, como los conejos; el seno caído, igual que el mondongo de la cerda, al aire las piernas, atestadas de mugre; medio idiotizada, por la falta absoluta de disciplina moral (*Teodoro Foronda*, I, 74).

Para completar las representaciones del gaucho en la narrativa naturalista, examinaré a continuación los cuentos de *Campo. Escenas de la vida de los campos de América* (1896) del gran cuentista uruguayo Javier de Viana (1868-1926)[102]. Los cuentos variados de *Campo,* que tuvieron en su época un enorme éxito[103], pueden dividirse en cuentos de costumbres de la vida en la pampa uruguaya y en historias que tematizan las revoluciones y la política. El tiempo narrado empieza

---

[102] Me limito en este trabajo a los cuentos de *Campo* porque existen ya análisis detallados de *Gurí* (1901) y de *Gaucha* (1899/1901) —su única novela que está concebida como un estudio científico-psicológico— en mi estudio sobre el naturalismo (Schlickers 2003: 301-312).

[103] Véase la lista de los documentos de su recepción en Schlickers (2003: 301, n. 461).

en los años setenta, fecha de la modernización del campo que obligó a los gauchos a trabajar en los latifundios o exponerse a la miseria o la delincuencia; abarca las revoluciones entre 1881 y 1886, presentando de manera antirromántica a los caudillos violentos y a los gauchos y peones que sirven de «carne de cañón» sin saber ni siquiera para qué o quién luchan [...] y termina en los años ochenta y noventa con la presentación de la gente del campo como casos patológicos (Schlickers 2003: 301)

En «Última campaña» un joven montevideano planea una revolución contra Santos y llega a la miserable estancia de un viejo caudillo para pedir su ayuda. El capataz desconfía del joven, aquel «inmisario de los dotores que dicen que están haciendo la regolución (sic)» (11). El joven intelectual discute largamente con el caudillo desilusionado que se siente impotente después de haber participado sin éxito en todas las revoluciones que hubo, pero, finalmente, se entusiasma a pesar de todo y quiere participar en la lucha.

Un caso parecido de convencimiento existe en «Por la causa», donde el forastero Rojas habla con un estanciero desilusionado de las próximas elecciones quien no quiere saber nada de ellas, pero echa de menos la lucha. Desprecia la decadencia de los gauchos actuales: «¡Lindos gauchos que no saben domar un potro, ni enlazar un novillo, ni reñir con una policía, ni robar una china, y usan pañuelos de golilla por lujo y revólver niquelado para vista!...» (58). El forastero representa a un nuevo tipo: «Era el gaucho transformado en personaje político en el transcurso de unos pocos años» (58), y está dominado por el afán de ser comisario. El estanciero, en cambio, se pregunta: «Y todo, ¿pa qué?... ¡Pa servir de escalera á los manates de Montevideo, pa apadriar á los dotores, que después ni siquiera se acuerdan del gaucho bobo que se jeringó por ellos!». El narrador se muestra conforme con esta opinión. Rojas sabe que el gauchaje va sólo a la elección para no perder su puesto en el rancho o como peón en la estancia. El día de la elección encuentra en el local a representantes de la autoridad que habían venido para impedir la inscripción. Pelear con ellos equivale a vivir luego como matrero, y la indignación le hace bullir la sangre a Rojas, «vuelto á ser gaucho» (81). Rojas se olvida de todo en el momento de enfrentarse con el comisario indio para entrar en el local, el otro pide auxilio a su gente, y en el alboroto general los demás gauchos huyen cobardemente.

«31 de marzo» demuestra el sinsentido de la revolución a través del desencanto del joven Cipriano: «Comparada con sus ensueños fantásticos, la realidad era pálida y pobre. Aquel lento tiroteo á varios centenares de metros, sin distinguir casi al adversario; aquella aburrida marcha en retirada» (218). Pero Cipriano no es el único desilusionado, hay además un viejo caudillo que compara otras épocas de luchas cuerpo a cuerpo con todo lo «tecnolizado» del presente, y odia a los políticos. Al igual que el hacendado escéptico citado en «Por la causa», «había perdido la fe en las revoluciones. Los pobres gauchos regaban las cuchillas con su sangre para *servir de escalera á los dotores*» (221). No obstante, están en medio de la lucha sangrienta; el cuento termina con la detallada descripción de un revolucionario moribundo con las vísceras fuera (233 s). Roxlo (1915: 85) elogió este cuento porque el joven intelectual «descubre que, bajo las carpas, ninguno sueña con la libertad. Los unos obedecen á su ambición y los otros á su instinto de vagabundaje» (*Ibíd.*: 87), pero reconoce, asimismo, que «nunca el carácter impresionable [de Cipriano] halló resonancias en los caracteres duros de aquellos hombres incultos», con lo que tenemos aquí otra variante de la dicotomía civilización y barbarie.

«La trenza» retrocede, en cambio, a una época mítica, heroica y, no obstante, reciente: los colorados utilizan ya armas de fuego, mientras que los blancos, cuyo jefe es un indio, son gauchos con lanzas que el narrador admira abiertamente: «Nada resiste á la falange gaucha, nada detiene á ese río desbordado», pero luego resulta que están a punto de morir, aunque el coraje del jefe indio con «instinto de charrúa indomable» los incita a la lucha. El indio ataca sólo a los miembros del otro ejército, y el narrador lo compara con Anteo y Aquiles, los grandes héroes mitológicos. Mortalmente herido, logra llegar hasta el monte, donde besa la trenza que su china le había regalado.

El siguiente cuento largo, «En familia», está nuevamente ubicado en el presente ficcional y tematiza los conflictos culturales entre los países vecinos. Trata de un matrimonio de alcohólicos: él es un argentino de Entre Ríos tranquilo y sosegado, ella una uruguaya flaca que no para de hablar, y que lo insulta frecuentemente:

> [El hervido] está güeno pa vos —gritaba—; pa los animales de correntinos como vos acostumbraos á comer matambre de yegua, y cuartos de capincho y alones de ñandú, y comadrejas, y una sinfinidad d'enmundicias más; pero no pa la gente, ché, pa la gente de'ste país, que no semos unos arrastraos como ustedes, que vinieron muertos de hambre, de pata en el suelo, cuando lo trujo Urquisa, y aquí se quedaron pegaos al país como garrapata, y pretendiendo hacernos poco caso á los que hemos nacido en esta tierra, que no tiene ni comparancia con el Entre-Ríos de ustedes. (140 s.)

En una historia intercalada se cuenta lo que le pasó a un torpe pardo brasileño casado con una chinita lasciva que abandonó el pago con otro. Volvió a los dos meses sin decir nada y él tampoco preguntó nada. Pero los otros gauchos no lo dejaban en paz, tachándole de cornudo, hasta que sacó finalmente la daga y le lastimó la cara y las manos a su china. Arrepentido, se presentó luego al comisario y fue condenado a 15 años de prisión. Esta historia intercalada funciona como *mise en abyme*: cuando el argentino se da cuenta de que su mujer ha cometido también adulterio, la manda inmediatamente al pueblo. Pero todo se resuelve apaciblemente porque la contrata en seguida como peona, de manera que puede quedarse, aunque tan sólo en la cocina.

En «Persecución», en cambio, la venganza es mortal: un gaucho persigue a un capitán por pertenecer a los blancos y por haberse acostado con su mujer y prendido fuego a su rancho. El gaucho tiene una pistola brasileña, pero en el momento decisivo utiliza las armas del gaucho, las boleadoras y el facón, con el que degüella a su víctima. Luego pica con el facón teñido de gotas de sangre tranquilamente el tabaco, lo que constituye una referencia intertextual al poema de Hernández: después de haber manchado su facón con la sangre del negro, Martín lo limpió impasiblemente en los pastos (*Martín Fierro* I, VII, v. 1249).

«Los amores de Bentos Sagrera» carece de esta justicia poética, pero no del cinismo cruel. El brasileño Bentos tiene una estancia que se asemeja a una fortaleza en la frontera. Quince años atrás, había comprado con «infamias de perdulario» (179) una china rubia brasileña que mantenía luego muy tacañamente. Tuvo tres hijos con ella y luego se casó con una mujer rica, que se enteró pronto del asunto y quiso hacer «desaparecer» a la chica. La esposa mandó a un antiguo esclavo que fue al rancho, encerró a la rubia y sus tres hijos dentro y prendió fuego. Luego, éste confesó todo, excusándose con que «"la patrona mandó" (193). Fusilaron al negro pero a la patrona no le pasó nada gracias a unos pesos, o muchos.

El último cuento de *Campo*, «Pájaro bobo», trata de un gaucho parásito llamado Pancho que encuentra asilo en la choza miserable de una lavandera mulata a la que le roba las ropas y luego le exige dinero. Ella se niega, pero él encuentra unos pesos en medio de sus ropas sucias y la golpea terriblemente, pero en este momento lo interrumpen tres hombres y se lo llevan a la cárcel. El cuento termina sin aclarar cómo se enteraron del asunto.

Estas historias de odio a los políticos que se aprovechan de (la sangre de) los gauchos, de gauchos que se transforman en políticos ambiciosos para continuar con las viejas estructuras de explotación, de la falta de democracia, de justicia y de solidaridad, de la oposición entre el mundo de la capital y del mundo de la provincia, esta visión negativa e indignada que destaca la degeneración de los gauchos en la época moderna de transformación, rompe con el criollismo idealizado de otros autores[104]. La modernización tecnológica no cambió las costumbres bárbaras ni los brutos instintos y tampoco trajo la cultura a la pampa, donde reinan todavía el caudillo y el comisario[105], tal como Florencio Sánchez lo describe en *El caudillaje en Sud América* (1903, *cfr.* 4.2.6). Este punto de vista y la poética naturalista-criollista contrastan fuertemente con los casos presentados en los *Contos gauchescos* de Simões Lopes, quien conocía seguramente los textos literarios de Javier de Viana, a pesar de que las revistas en las que fueron publicados circulaban apenas en Pelotas (Chiappini 2005b: 6). Y Aldyr Schlee advierte que «durante a 'Revolução de Aparício', em 1904, [de Viana] foi feito prisioneiro em Melo, conseguindo fugir para o Brasil. Já era então um escritor conhecido» (citado en *Ibíd.*). Allí, en el exilio brasileño, de Viana tenía contacto con Simões Lopes (Chiappini 2004: 18). Este dato biográfico no aporta mucho, según mi modo de ver, para fundamentar un posible diálogo textual entre los dos, puesto que las poéticas, estilos y puntos de vista ideológicos son diametralmente opuestos, por lo que tampoco tiene mucho sentido ahondar en las diferencias. El que, por ejemplo, Simões Lopes utilice masivamente hispanoamericanismos, mientras que los cuentos de Viana carecen de brasilianismos[106] (ver Chiappini 2005b) tiene que ver con el hecho de que en Rio Grande do Sul se hable *portunhol* y que no hay nada comparable en Uruguay (si exceptuamos las canciones de Chito de Mello, *cfr.* 4.2.7) y porque Simões Lopes trata de transmitir la oralidad de los cuentos de su narrador Blau Nunes en un vivo dialecto gauchesco.

---

[104] Los *Cuentos de la pampa* que Manuel Ugarte publicó en 1903 en Madrid constituyen también un inventario desilusionado del terruño, pero están teñidos de cierta nostalgia hacia el pasado y concluyen con un final feliz (ver el estudio de Schlickers 2003: 313 s.).

[105] Podría añadirse que las mujeres están completamente excluidas de la política; en «Por la causa» tienen que abandonar la sala para que el dueño pueda hablar con otro hombre sobre las próximas elecciones.

[106] En otras obras rioplatenses destacan, sin embargo, algunos brasilianismos sueltos como «chicotear» (Güiraldes: *Don Segundo Sombra*, 212); «misturar» y «fogón de saudades» (Reyles: *El gaucho Florido*, 191 y 302) 302); «ruin» (Lussich: *Los tres gauchos orientales*, v. 2055; Guarnieri

No obstante, es interesante observar que la visión subyacente de los *castelha-nos* en la obra de Simões Lopes es muy negativa y racista; y que esta actitud no cambia en los cuentos de Javier de Viana: la frontera del Brasil aparece como espacio de contrabando y como lugar de huida para los que sobreviven a las revoluciones fracasadas; los brasileños son o ingenuos y torpes, como el pardo casado con una china que le pone los cuernos, o bien sádicos y sin escrúpulos, como Bentos Sagrera. Por otro lado, hay que admitir que forman un conjunto armónico con respecto a la representación de los personajes nativos, que son igualmente unos tipos degenerados, mientras que los nativos brasileños de los *Contos gauchescos* tienen características sumamente positivas. Vamos a ver en lo que sigue que la obra narrativa de Alcides Maya tiene más puntos en común con la de Javier de Viana.

La novela riograndense *Ruínas vivas* (1910) de Alcides Maya[107] (1878-1944) se ubica en el plano del contenido en el naturalismo, pero recurre a un estilo algo barroco y a un lenguaje rebuscado, lleno de arcaísmos difíciles de entender. Este desequilibrio entre tema y expresión fue criticado ya en su época —Moysés Vellinho se pronunciaba «contra esses exageros de verbo de Alcides Maya ao tratar assuntos e perfilar personagens de natureza tão singela» (Cyro Martins 2002: 13)—, pero todavía a fines del siglo XX, el mismo Cyro Martins, alabando la maestría estilística de Maya, admite que «o texto perde adequação em relação ao tema» (2002: 14). Sin ahondar en las razones, Masina (2005: 110) señala la recepción negativa de la obra de Alcides Maya como arbitraria:

> Escritor pioneiro e de renome, Alcides Maya sofreu os prejuízos de uma avaliação crítica injusta. Fruto das idéias mal digeridas e sempre repetidas por uma crítica que procedia pela exclusão, elegendo um autor em detrimento de outro, sua obra ficcional suportou, durante meio século, a comparação com a de Simões Lopes, [...] que correspondia aos paradigmas críticos da modernidade.

Existen por lo menos dos posibilidades para explicar este rechazo: o los lectores consideraban el sustrato naturalista de la obra como pasado de moda —lo

---

1972: 55 menciona además dos lusitanismos: la voz «cristiao» y la expresión «é ainda máis» y el brasilianismo «chapiao»). En *Fausto* y *Don Segundo Sombra*, los personajes se refieren a Mandinga.

[107] Al igual que los demás autores gauchescos brasileños, Alcides Maya no aparece en los diccionarios de la literatura latinoamericana (por ejemplo *ALL*).

que era efectivamente el caso— y/o preferían los cuentos de Simões Lopes por ser más idílicos y por ello más propicios a lecturas patrióticas. Frente a éstos, los tipos embrutecidos que sobreviven en Rio Grande do Sul narrado en la obra de Alcides Maya evocan pena y no satisfacen en absoluto el orgullo del terruño tan característico de los habitantes de esta región. A pesar de la mala recepción, Maya continuó en la colección de cuentos *Tapera* (1911) y en la novela *Alma bárbara* (1922) con el modelo romántico-naturalista «que idealiza o passado, lamenta o presente e teme o futuro» (Masina 2004: 98).

Escrita entre 1905 y 1907 en Río de Janeiro, la novela *Ruínas vivas* cuenta la historia del gaucho Miguelito que nace como hijo ilegítimo del hijo de un hacendero en Rio Grande do Sul. Durante la infancia y juventud vive con su abuelo, el viejo gaucho Chico Santos, quien se acuerda siempre de su pasado beligerante: a los 16 años había abandonado los ranchos paternos para lanzarse a la aventura, luego había participado en la Revolução Farroupilha y en las guerras civiles contra Rosas, Oribe y el Paraguay.

El mundo narrado comienza con su derrumbe[108], seguido por un estado de coma, la agonía y la muerte de Chico Santos después de tres días en soledad. Miguelito era el único que siempre había prestado atención a sus eternos cuentos de luchas y batallas. Por consiguiente, «só o destino de combate se lhe antolhava digno e livre» (35)[109]. En el futuro, el taciturno Miguelito vacilará siempre entre nostalgias del pago y de la vida libre.

Tras la muerte violenta del hijo del coronel, el narratario tiene noticia de su pasado revolucionario, así que puede sacar la conclusión de que Miguelito está doblemente determinado por el pasado combativo del abuelo y la rebeldía del padre. Pero a diferencia de su progenitor, Miguelito respeta y teme incluso al hacendero: «raras vezes entrava na Casa Grande. [...] Sentia-se constrangido, fraco, inerme» (85). Después de un tiempo indefinido Miguelito vuelve a la estancia, riéndose de su independencia y superioridad, porque odia «a gente da fazenda, escrava de misteres subalternos [...], massa bruta» (92). En la frontera uruguaya se anuncia una próxima guerra civil entre los blancos y colorados, y Miguelito se

---

[108] A partir de este punto cero de la narración los hilos accionales se bifurcan: uno pasa hacia adelante, contando la juventud y adolescencia de Miguelito, otro retrocede al pasado y refiere su infancia y el pasado de Chico Santos.

[109] Masina (1998: 207) advierte otro aspecto de la guerra: «segundo o escritor, as revoluções garantiam trabalho para os vagos, cujo barbarismo nômade nela se expandia através de práticas cruéis, como a degola [...]. A revolução era, portanto, útil ao caudilho e aos gaúchos».

siente fuertemente atraído. Sin contar sus experiencias, el narrador continúa el relato con su regreso un año después como desertor y en busca de asilo en casa de un negociante. Los dos van a una carrera, donde se aclara en charlas con otros visitantes que la situación general es muy mala, que hay una sequía y que muchos están arruinados, por lo que algunos estancieros empobrecidos deben trabajar como troperos o negociantes de frutas. Miguel apuesta por un caballo criollo que gana contra un caballo moro con un *jockey* a la inglesa, pequeña alegoría de la superioridad de la raza vernácula.

Ebrio, Miguelito se lleva a caballo una moza. La base naturalista de la novela se revela, asimismo, en la historia de esta joven prostituta llamada Ritoca, que comparte el destino de Miguelito de ser doble huérfana, criada por un padre adoptivo indiferente e ignorante. Después de haber sido violada por un amigo de la casa, Ritoca terminó embarazada en un lupanar, donde la hicieron abortar sin avisarla. La tuberculosa Carmen es la colega de Ritoca, y Miguelito queda hechizado cuando la conoce. Está lleno de compasión e indignado por las injusticias sociales. El cuadro miserable del lupanar se complementa con una negra sexagenaria que «apodrece» allí en una cama.

A pesar de todos los signos contrarios, Miguelito parece tener finalmente suerte: el negociante le ofrece un puesto como capataz, lo que sería idóneo para Miguelito, quien desprecia la sumisión y dependencia de los peones y había nacido, como Ismael (de la novela homónima de Acevedo Díaz) «para o ato e para a conquista» (167). Pero en este momento llega una escolta de un tipo que Miguelito había desafiado en un boliche, para arrastrarlo como desertor. Miguelito mata a Anilho con su daga, sabiendo que «aquele era o primeiro cadáver; outros viriam decerto [...] persegui-lo-iam como a uma fera...» (173). Se dirige hacia la frontera, pasando por última vez por la Casa Grande que odia y ama tanto, y el narrador explica en focalización cero: «sem saber que lá, como em tudo ao redor, como nele próprio, só havia restos, —de velhas crenças, de velhas construções, de velhas raças...» (175).

Alcides Maya sigue el modelo naturalista de su coetáneo Javier de Viana: *Ruínas vivas* es una novela de crítica social que denuncia la miseria de los paisanos, el despotismo de los mandones locales, el feudalismo de los grandes hacendados, aunque el autor implícito es consciente de que «na sociedade da campanha, as distâncias sociais eram irredutíveis» (Masina 1998: 212 s.). La novela ahonda mucho en los conflictos anímicos de Miguelito, su falta de autoestima, su rencor contra «a injustiça que desde o berço o perseguira. Por que o tratara o coronel com tamanha violência, ele, filho do seu filho» (166). Pero no coincido con Masina (2005: 106) en que Miguelito es «o primeiro exemplo de *um gaúcho a pé*», porque en los duros trabajos del campo siempre está a caballo, y vuelve a caballo después de haber desertado (103). Masina acierta, en cambio, en su conclusión de que la versión lombrosiana del personaje contradictorio Miguelito se opone tanto a la tradición romántica brasileña «quanto transfigura o conteúdo ideológico da herança sarmentiana» (Masina 1998: 213).

En el plano de la expresión, el autor implícito recurre, como Javier de Viana, a un narrador extra-heterodiegético personal culto que transmite su relato en el típico discurso objetivador del naturalismo. De ahí que reproduzca también frecuentemente el habla de sus personajes en discurso directo e indirecto libre. Por otro lado, el narrador demuestra continuamente su dominio estilístico, recurriendo a un lenguaje rebuscado que no corresponde al contenido tratado, en el que describe durante páginas enteras el paisaje, los cambios de la luz, los olores, etc., de lo que los paisanos impasibles ni siquiera se dan cuenta. Esta superioridad perceptiva y expresiva del narrador se encuentra, asimismo, en algunos cuentos de Javier de Viana y de Carlos Reyles. Las descripciones del paisaje no son nunca gratuitas, sino que ejercen una función estética y referencial. Pero en el caso de Maya, no se construyen relaciones metonímicas entre personaje y paisaje, y la estructura temporal es mucho más compleja que en otras novelas gauchescas y naturalistas. Algunos vacíos narrativos de escenas «asquerosas» u «obscenas» —no se cuenta por ejemplo la noche de amor de Miguelito y Ricota— extrañan en una novela supuestamente naturalista, al igual que la falta de explicaciones científicas con respecto a taras hereditarias e influjos nocivos del medio ambiente. A pesar de estas diferencias, los vínculos intertextuales y poéticos entre *Ruínas vivas* y la obra de Javier de Viana resultan mucho más fuertes que el diálogo hipotético que Ligia Chiappini reconstruye sobre la base de las hipótesis de Aldyr Schlee entre la obra del autor uruguayo y de Simões Lopes[110].

El posterior desarrollo literario del regionalismo riograndense puede reconstruirse según Chiappini (2005a) como sigue:

na década de 20, chega o modernismo no Rio Grande do Sul e é assimilado pelo seu regionalismo, agauchando-se com Augusto Meyer, Vargas Netto e outros poetas,

---

[110] Por otro lado, hay que señalar que Chiappini termina su artículo con la propuesta de «renortear a pesquisa», comparando los cuentos de Simões Lopes y de Javier de Viana con los textos de Maya.

prosadores e críticos; [predomina o] esquema narrativo do desafío, em que o homem da terra saía sempre vitorioso contra os castelhanos ou visitantes de fora.

A partir de los años treinta, en cambio, el regionalismo riograndense abandona este esquema del desafío y vuelve al tema de la degeneración del gaucho y a las pautas del naturalismo que mezcla con el neorrealismo. La novela *Sem rumo* (1937) de Cyro Martins (1908-1995) fomenta un ejemplo de esta vertiente. Es la primera novela de una trilogía que consta además de los volúmenes *Porteira fechada* (1944) y *Estrada Nova* (1954). Cyro Martins denuncia en estos textos literarios «o fim do mundo mitológico da estância, os gaúchos perdidos entre os aramados que definiam as propriedades e lhes permitiam apenas os corredores, e o êxodo para as temidas cidades» (Barcellos Guazzeli 2002: 124). De hecho, el tiempo narrado se ubica en los años veinte del siglo XX, época en la que los gauchos riograndenses abandonaron las estancias y se dirigieron a las *coroas de miséria* situadas alrededor de las ciudades de frontera. Esta expulsión del gaucho pobre, que abandona la vida campestre y su caballo, dio lugar a llamarlo *gaúcho a pé*, nombre por el que se conoció posteriormente la trilogía de Cyro Martins.

Sem rumo trata del nacimiento de uno de estos anti-héroes, que se llama Chiru. Huérfano de madre y padre, este «indiozito» vive en una vieja estancia. Ya de joven Chiru acompaña a los peones a las faenas del campo y experimenta aquella sensación de libertad de los centauros de la pampa: «Enquanto galopeavam nesse trecho largo de várzea, Chiru sentia brotar dentro de si qualquer coisa de novo, algo assim como a sensação de um descobridor» (60). Poco después se mete con su caballo en una corriente de la que los demás lo salvan, aventura iniciática desde la cual «começou a sentir-se outro, encorajado [...] o que ele queria era comer no galpão entreverado com a peonada» (62). A la vez se notan los efectos de decadencia en la estancia en la que se trabaja todavía con los viejos métodos y máquinas. Otro factor nocivo es la indisciplina reinante, el ánimo de juerga de los peones: «Dessa forma, o que se podia fazer num dia ou dois, levava três, quatro. E meta churrasco de costilhar gordo. E canha» (63). Durante una de estas noches delante del fogón, uno de los peones recita el *Antônio Chimango* de Juvenal (ver 4.2.6).

En el siguiente capítulo se presenta otra farsa, pero no literaria, sino sacada de la vida «real» del mundo narrado: el coronel Dutra llega en un Ford al rancho del *chacareiro* Manuel para convencerlo de abandonar su miserable condición de vida y emplearse como profesor rural en una escuela que debería ser construida previamente. Esta propuesta generosa hecha a un tipo medio analfabeto se explica por la proximidad de las elecciones al presidente del Estado, porque el coronel está cazando votos para el candidato de siempre, el presidente Borges de Medeiros (el blanco de burlas de la sátira de Juvenal).

Con el estallido de una nueva revolución muchos otros peones abandonan la estancia de la que el mismo patrón ha salido. Quedan sólo Chiru, el capataz, un peón y el viejo João Antônio que vive allí sin salir más al campo. Cuando el capataz sorprende a Chiru observando embelesado la tropa revolucionaria, le pega tan brutalmente que éste, que tiene en este momento unos 15 años, huye a pie de la estancia. Sigue a los guerrilleros, pero llega demasiado tarde para poder unirse a ellos. Encuentra refugio en casa de un viejo chacarero, después trabaja como carretero, pierde el empleo por haber bebido y se dirige finalmente a un pequeño pueblo situado en un río que hace frontera con el Uruguay. Interpelado por la autoridad, contesta tímidamente y lo toman preso sin motivo, pero logra huir. Un salto temporal lo presenta cuatro años después trabajando como vendedor ambulante en una época de pobreza creciente y teniendo *saudade* del pago viejo y de una vida gauchesca que él mismo ni siquiera llegó a conocer. Pero se comporta como un gaucho al traerse en la grupa de su caballo a una china del pago y al tratarla como buen machista después de haberla dejado encinta. Trabaja entonces con una lancha con la que cruza el río Uruguay. Cuando se acercan otras elecciones, esta vez a nivel provincial, Chiru prefiere el candidato de la oposición, un médico que le había tratado a él y a su mujer, pero el pulpero Lopes, que hace negocios con el gobierno, le amenaza: «A primeira cousa que vai acontecer, é que você vai ficar sem bote, porque o patrão não vai gostar dessa negativa da sua parte» (115). El médico, portavoz del autor implícito, observa a las «mulheres sujas e esfarrapadas, faces afogueadas pelo calor e a tuberculose [...], o indio bêbado» y los gauchos «vencidos pela concorrência dos mais fortes» (120). Y se pregunta qué hacen los políticos para mejorar las condiciones de vida, si perciben siquiera «a enormidade do problema social que as migrações do campo para os arredores das cidades acarretam» (122).

A pesar de las amenazas, Chiru se siente fuertemente atraído por una manifestación de los opositores. Lucha contra su miedo, porque sabe que el pulpero tiene espías que vigilan a los que asisten. De hecho, cuando vence su temor y se dirige clandestinamente a la fiesta, alguien le persigue y al día siguiente su barco ha desaparecido. Chiru decide rendirse y se dirige a la pulpería, preparando mentalmente su discurso que el narrador extra-heterodiegético-personal, que recurre mucho a la focalización interna, transmite en discurso indirecto libre:

«Diria que devia muitas obrigações pra o dr. Rogério, por isso fizera aquilo. Mas o seu voto, ele, Lopes, sabia de sobra, o seu voto era dele, apenas com a condição de lhe assegurar a colocação que pedira» (138). Lopes se deja convencer y lo lleva personalmente a votar, después de haberle regalado unos zapatos y una casaca nueva, atuendos que lucen muchos otros electores que habían recibido además sobornos de dinero. Una vez que se encuentra en la cabina, Chiru no puede decidirse entre lealtad hacia el doctor y temor hacia el pulpero y finalmente está tan confundido que no sabe dónde ha metido el sobre del voto. Fatalmente, el pulpero se entera de ello y echa a Chiru del pueblo. No encuentra otro empleo, porque cada uno tiene «ordem superior de não empregar ninguém que não seja nosso, garantido, de inteira confiança. Nestes tempos de comunistas...» (152). Chiru escucha el despido final por boca del antiguo capataz de la estancia, acordándose del antiguo juramento de tomar venganza «quando o encontrasse, depois de homem» (153), pero el recuerdo no lleva al desafío por parte del hombrecito domesticado: Sin rumbo, Chiru «se foi embora, mato acima, a galopito». No carece de ironía que el autor de la trilogía del *gaúcho a pé* diera este final de un gaucho de a caballo a uno de sus textos. Pero mientras el gaucho desaparece por largo tiempo de la literatura brasileña, reaparece en las tablas bonaerenses por la pluma de un autor uruguayo.

4.2.5 La reaparición del gaucho en las tablas

> *Buenos Aires ha perdido la noción del drama. ¿Dónde quedaron los porteños que reventaban de indignación en el circo, ante la figura heroica de Juan Moreira? ¿Dónde están los que seguían con ojos húmedos la última escena de* Barranca abajo?
>
> (Marechal: *Adán Buenosayres*, libro VII)

Hasta la pantomima *Juan Moreira* (1884) y el drama hablado homónimo que se publicó dos años después por el mismo Eduardo Gutiérrez, que había tenido un éxito clamoroso con su novela *Juan Moreira* en 1879, el teatro gauchesco o gauchi-criollo, como lo llama Ernesto Quesada (1902/2001: 857), parece no haber existido —«las obras españolas y francesas dominaban las tablas hasta el último cuarto del siglo XIX» (Larocque Tinker 1952: 53). El drama *Juan Moreira* demuestra todavía una puesta en escena muy rudimentaria[111], un diálogo de extrema sencillez y toscos recursos. Moreira sale, por ejemplo, en el cuarto cuadro, donde debe suplantar la falta de un narrador que cuente lo que ha pasado, diciendo: «Aquí es el sitio ande tengo que esperar al amigo Julián, al amigo que ha ido a buscar noticias de mi familia» (108). El gran éxito de este drama, que fundó un subgénero «gauchesco-moreirista»[112], residía en la viva representación con jinetes que entraban al galope en la escena. El público, «harto de rígidas obras de teatro europeas, estaba encantado de ver reproducidas sus costumbres nativas» (Larocque Tinker 1952: 54) y se entusiasmaba con el coraje y la conducta consecuente del gaucho Moreira, quien arriesga su vida para salvar su honor y que se opone con ello contra las injusticias sociales y jurídicas que reinaron también en la realidad extratextual. Pero Ghiano (1957: 98) advierte con toda razón que «esta actitud no asume una defensa de la bandolería alzada contra las fuerzas policiales, y mucho menos una defensa de la barbarie contra las fundaciones civilizadoras. Ni Hernández ni Gutiérrez son culpables de esta interpretación».

La gran repercusión de *Juan Moreira* se observa además en el sainete *Don Quijano de la Pampa* (1907) de Carlos Mauricio Pacheco[113]. Este hidalgo de la Pampa no se ha identificado con el famoso personaje de Cervantes, sino con *Juan Moreira et al.* (ver Prieto 1988: 155). Y en *Los disfrazados*[114], el general Roca (bajo cuyo mando se efectuó entre 1876 y 1879 la «campaña del desierto», la matanza de las últimas tribus indígenas en el territorio argentino) se disfraza de Moreira. El último representante del género mencionado por Prieto es «Qui Moreira qu'istás, Abraham»[115] de Félix Lima: Una familia judía espera en un conventillo bonaerense la llegada de su hijo afincado desde tiempo atrás en una colonia de la provincia de Entre Ríos; cuando llega, su hermana exclama «Qui Moreira qu'istás, Abraham». Prieto (1988: 157) reconoce que se trata probablemente de una parodia benévola de *Los gauchos judíos* (1910) de Gerchunoff[116], y

---

[111] Véase por ejemplo el final y compáreselo con el folletín del mismo autor.

[112] En 1890 salió *Juan Cuello* del mismo Gutiérrez, y una adaptación de *Martín Fierro*; para más títulos, *cfr.* Ghiano (1957: 16).

[113] Lamentablemente, este texto ha desaparecido en la Biblioteca Nacional de Argentina.

[114] En: *Caras y Caretas* 436, 9.2.1907, ver Prieto (1988: 156); tampoco pude localizar este texto, aunque la Biblioteca Nacional de Argentina conserva este volumen.

[115] En: *Caras y Caretas* 616, 23.7.1910; este texto breve sí es localizable.

[116] Gerchunoff presenta en el año del Centenario en esta colección de cuentos una visión idealizada de una colonia judía de Entre Ríos, para más detalles véase el análisis en Schlickers (2003: 319 ss.).

destaca el hecho de que «el ángulo de la percepción del inmigrante instalado en la ciudad [tuviera que] registrar la figura del paisano gaucho [...] en la figura enteramente familiar de Moreira». El breve texto está acompañado por un dibujo que demuestra un hombre fumando pipa, pero lleva el vestuario típico del gaucho.

A principios del siglo, después del declive del breve período del teatro gauchesco, apareció en el Río de la Plata el «drama rural» o «pampero». Florencio Sánchez (1875, Montevideo-1910, Milán), periodista y dramaturgo uruguayo de origen italiano modesto, escribió entre 1903 y 1909 veinte obras de teatro[117]. Tuvieron un gran éxito coetáneo en Uruguay y Argentina, pero sólo a partir de 1920, diez años después de su muerte, llegaron a conocerse en el resto del mundo hispanohablante. El teatro de Sánchez combina la tradición costumbrista con los temas y técnicas de los dramas naturalistas de Ibsen, Hauptmann, Giacosa y otros, pero precisamente las dos piezas que se analizan más abajo, *La Gringa* y *Barranca abajo*, carecen de esta muestra naturalista. Reichardt y Gullón detectan trazas de la filosofía de Nietzsche y de las teorías de los anarquistas Bakunin, Kropotkin y Malatesta. Además, Sánchez fue amigo y colega periodista del anarquista Alberto Ghiraldo (*vide infra*). A través de sus obras teatrales, Sánchez luchó contra las injusticias sociales y la explotación de los ignorantes; las tramas trágicas, que no ofrecen escapatoria, contradicen la dominante fe en el progreso. Al contrario de las piezas del teatro gauchesco primitivo, los dramas de Sánchez siguen vigentes en los escenarios rioplatenses, aunque Hermes Villordo (1974: 22) advierte que «el desprestigio ha caído sobre los muchos '¡Canejo!' y '¡Tatita!' del ambiente rural, y no hay director que se anime».

Su primer drama popular, *M'hijo el dotor* (1902), presenta un conflicto de valores: Julio, que ha sido educado en la ciudad, deja embarazada a Jesusa, una criolla analfabeta, vivaz y maternal (por la cual está fascinado el crítico Carlos Roxlo). Julio no quiere casarse con ella para «reparar el daño», como su padre, un viejo gaucho, se lo exige, porque está enamorado de otra mujer. Pero cuando su padre está agonizando, Julio le promete que sí va a casarse con Jesusa, pero ésta, que sabe que él no la quiere de veras, lo rechaza.

---

[117] El siguiente cuadro bio-bibliográfico sigue la presentación de Dieter Reichardt (*ALL*, s.v. «Sánchez, Florencio»), el estudio preliminar a *Barranca abajo* de Hermes Villordo (1974) y la información del *DLEH* (s.v. «Sánchez»).

El drama *La Gringa* (1904)[118] tematiza los conflictos entre los criollos sedentarios y los inmigrantes en el campo (provincia de Santa Fe). Aunque no es un drama propiamente gauchesco, arroja luz sobre la situación de los gauchos en el campo a principios del siglo[119], cuando «el cultivo de las tierras en forma racional había sucedido a la explotación de los campos de pastoreo [y] las colonias agrícolas fueron desplazando a las estancias» (Hermes Villordo 1974: 16).

Don Nicola, uno de los (pocos) inmigrantes italianos que logró el ascenso social, corresponde al estereotipo del italiano tacaño[120] quien teme que el pretendiente de su hija quiera casarse «con la herencia». Su hija, que representa la primera generación de hijos de inmigrantes «naturalizados» en Argentina, se enamora, a pesar de la barrera social, del peón de su padre. El futuro suegro, don Catalicio, es un criollo débil, endeudado por el juego y aficionado a la bebida y por lo tanto responsable de haber derrochado su rancho y su campo. Pero don Catalicio no reconoce su propia culpa, sino que se la echa al italiano enriquecido y a los tiempos modernos y se declara visiblemente en contra de la inmigración: «Te parece cosa linda que de la mañana á la noche, un estrangi del diablo que ni siquiera argentino es, se te presente en la casa en que has nacido [...] y te diga: ¡fuera de acá!», le dice a su hijo. Roxlo (1915: 379) se dirige en un apóstrofe patético a este personaje y con ello a todos los viejos criollos que representa:

> ¡Haces bien en llorar sobre la suerte del criollaje que tú simbolizas, criollaje hecho para las revueltas y para los cuarteles, para la holganza y para la incultura, para que le roben su estancia los extranjeros y para que el comisario le robe la mujer!

En una escena clave, el viejo criollo debe observar cómo los nuevos dueños extranjeros echan todo abajo, incluso un ombú, símbolo de lo autóctono; después se dirige a los peones que trabajan para los nuevos dueños: «Salgan de ahí... desgraciados... todos se han vendido... todos se están volviendo gringos... ¡todos!».

---

[118] Según Roxlo (1915: 374 ss.), se estrenó en 1909; *ALL*, por contra, indica 1904 como fecha de publicación, en *DLEH* no hay indicación temporal.

[119] Ver la acotación «época actual» y *vide supra* acerca de las tensiones entre nativos e inmigrantes.

[120] Ver los retratos denigrantes de los inmigrantes italianos en las novelas naturalistas argentinas (Schlickers 2003: 4.1.1).

Grande es su sorpresa al conocer al hijo de don Nicola, Horacio, que es un ingeniero elegante, «lleno de distinción y desenvoltura [...]; la educación universitaria limó las asperezas del hijo del italiano» (Roxlo 1915: 383). Mientras tanto, la novia queda encinta *pre nupcias*, lo que no le gusta nada al crítico Roxlo[121]. Pero es importante subrayar lo que dice Horacio, obviamente el portavoz del autor implícito, con respecto al futuro bebé de su hermana: «hija de gringos puros... hijo de criollos puros... De ahí va á salir la raza fuerte del porvenir». Repite con ello un tópico de la novela naturalista hispanoamericana que estaba todavía muy candente en este proceso de la (re)formación de la identidad nacional debido a las grandes olas de inmigrantes, pero invierte la típica xenofobia al presentar la raza italiana-criolla como raza del porvenir.

En este contexto, llama la atención el nombre del novio, o sea, el hijo del viejo criollo: Próspero, que es una obvia alusión a *Ariel* (1900), el ensayo político-cultural de gran repercusión de José Enrique Rodó, compatriota de Sánchez. En *Ariel*, el sabio maestro Próspero desarrolla en su discurso de despedida delante de sus alumnos la visión de una América nueva, consciente de sus raíces latinas. *Prospero*, el profeta de la esperanza, se enuncia claramente en contra del utilitarismo de los EE UU[122] y manifiesta un claro hastío hacia el materialismo del fin de siglo. Ambos aspectos caracterizan supuestamente, desde la perspectiva del viejo criollo, a don Nicola, denominado despectivamente «gringo», término que pasó a ser genérico para referirse a los extranjeros en Iberoamérica, pero especialmente a los de habla inglesa e italiana. Próspero es trabajador, bueno, etc., no tiene nada que ver con su padre, lo que Roxlo atribuye al «contacto con los agricultores de origen europeo [que] modificó los pensares y los sentires del hijo del campo ocioso y jugador» (383). No obstante, los papeles de *Ariel* se invierten en *La Gringa*, donde Próspero es el discípulo, mientras que los europeos, sobre todo el ingeniero Horacio, adoptan los papeles de maestros, representantes de la cultura occidental que traen la civilización al campo argentino. La «raza fuerte del porvenir»

---

[121] En vez de analizar en su *Historia crítica de la literatura uruguaya* (1915) las obras singulares, emite mayormente juicios subjetivos y muchas páginas seguidas abarcan extractos textuales.

[122] Habría que subrayar que la recepción vulgar redujo el ensayo a un mensaje anti-imperialista, pero que Rodó alaba en *Ariel*, por el contrario, los logros de Estados Unidos: el federalismo, el aprecio del trabajo y de la iniciativa privada, el sistema educativo, el optimismo... No obstante, EE UU no era para él modelo de imitación, porque carecen de una cultura verdadera arraigada en el pasado. Jurt (1982: 92) advierte que Rodó no conocía los EE UU personalmente, sino sólo a través de los textos de Chevalier, Bourget y otros.

—así reza, por cierto, el mensaje ideológico ni anarquista ni nietzscheano— se está formando con la unión de las dos razas latinas de pura cepa.

Muy distinto es el mensaje de la obra más conocida y «más perfecta en cuanto a estructura» (Hermes Villordo 1974: 15) de Florencio Sánchez, *Barranca abajo* (1905). Este drama en tres actos se desarrolla también en Argentina, en la campaña de Entre Ríos, en el tiempo de su estreno. Transcribe fielmente el lenguaje coloquial-gauchesco, transmitiendo de esta manera los conceptos mentales peculiares de los habitantes del campo[123]. Trata de la familia de don Zoilo, un gaucho flemático que ha perdido su campo y su hacienda. Pero al contrario del viejo criollo de *La Gringa*, don Zoilo perdió todo debido a un fraude. Su esposa Dolores sufre permanentemente de jaquecas y la familia vive en continua estrechez económica, por lo que su hija Prudencia y su hermana Rudecinda tratan de mejorar su situación a través de amoríos con hombres tontos, pero socialmente superiores. Los nombres elocuentes de las dos hijas de Zoilo son retorcidos: su hija predilecta Robustiana es una tísica que se muere pronto. Prudencia es una chica egoísta que —a pesar de tener un novio criollo honrado, Aniceto— se acuesta muy poco prudentemente con don Luis. Éste es el dueño de la hacienda en la que viven y, con ello, el responsable de la miseria familiar, porque es el autor del fraude. El cuadro familiar se completa con la hermana de Zoilo, Rudecinda, que tiene un amorío con el comisario Gutiérrez, un tipo bastante simple. El personaje mejor retratado es el de la comadre Martiniana, una alcahueta vital, astuta y vil.

Zoilo no puede imponerse, las mujeres le hacen la vida imposible, y la única que lo defiende es su hija tísica. La miseria crece, los animales se enferman y Rudecinda propone «carniar ajeno». Luego se desarrolla un idilio amoroso entre Aniceto y la chica tísica. Pero al revés de *La Gringa*, no hay *happy ending* posible en este drama naturalista: Robustiana se muere y la madre se entera de la relación sexual de su hija Prudencia con don Luis. Aniceto intuye que Zoilo quiere

---

[123] «*Ya caíste, matrera*. Don Zoilo no ve sino a través de su experiencia de hombre de campo. Como buen gaucho, habla de *matrera* [...], de *largar el lazo*, arrojarlo para apresar al animal; de *mañeriar a la argolla*, sacudir la lazada [etc.]» (Hermes Villordo 1974: 54, n.). No obstante, Hermes Villordo (21) advierte que Sánchez «no fue un buen observador del fenómeno lingüístico, según lo prueban sus 'descuidos' —modismos, deformaciones, elipsis violentas y otras desviaciones del lenguaje—, [pero] sí lo fue de los ambientes que trató». Y reconoce que «en esta corriente de fidelidad estaba toda la poesía gauchesca, como lo estaría después la novela: que Hernández y Güiraldes o Lynch obrarían de la misma manera».

quitarse la vida, y la escena termina justo antes de que éste salte del banquillo, soga en mano.

Tabaré Freire opina que

> la bancarrota de Zoilo proviene de la crisis de una personalidad aferrada a una tabla de valores (machismo, paternalismo absolutista, caudillismo infuso) incompatibles ya con el orden jurídico del 900. Es *Barranca abajo* una tragedia porque lo que pierde al héroe es su desmesurado orgullo que lo hace incapaz de reconocer su error. No es una víctima de los tiempos, ni de la suerte, sino de sí mismo; y su carácter repercute en la destrucción de su familia, primera etapa del castigo (Tabaré Freire, citado en la edición de Hermes Villordo 1974: 109).

Esta interpretación es demasiado simplista: Zoilo, que no es ningún héroe, tiene efectivamente defectos personales —carece de autoridad, es demasiado blando—, pero es también víctima de un fraude, y de su propia familia egoísta y frívola[124]. En cuanto al final, *DLEH* juzga que «aunque los sociólogos digan que los gauchos no se suicidan y los directores protesten, el suicidio del protagonista es el único final retóricamente coherente»[125]. Martiniano Leguizamón (1908: 240 s.) opinó de modo adverso y explicó detenidamente por qué causas les fue vedado a los gauchos «caer en las cobardías aberrantes del suicidio», resaltando principalmente su «exagerado culto del coraje». Refuerza esta hipótesis recurriendo a las producciones poéticas de Hidalgo, Ascasubi, Del Campo y Hernández y a los escritos de Sarmiento, Azevedo Díaz, Viana y otros. De ahí que le resulte falso el desenlace en *Barranca abajo* y en *Primitivo* de Reyles (*Ibíd.*: 246). No obstante, vimos que don Zoilo tampoco es un gaucho bravo que se defendiera briosamente en casos de fraude y asuntos de honor...

---

[124] Roxlo (1915: 408) compara la obra con la tragedia *King Lear*: «como Lear pierde su cetro, Zoilo pierde su hacienda; también, como Lear, Zoilo vaga á merced de la clemencia de los ajenos; también, como Lear, Zoilo llora la índole de un fruto de su sangre; y también Zoilo abraza, lo mismo que Lear, los despojos sin vida de su hija mejor». Hermes Villordo (1974: 26 s.), por contra, atenúa acertadamente esta comparación: «Zoilo es un ser más ingenuo, menos torpe y soberbio que Lear. Los une un mismo dolor y una misma y patética circunstancia: la de la muerte de sus inocentes hijas [...]. Por otra parte, Sánchez no se propuso el tema de la paternidad, el desamor filial, como Shakespeare».

[125] Hermes Villordo (1974: 31) observa que «originariamente don Zoilo era sorprendido por Aniceto en el momento de ahorcarse y, después de un corto y tenso diálogo, el ahijado permitía que el anciano se suicidara. [Pero] José J. Podestá, que interpretó el papel del protagonista [...], señaló a Sánchez que el comportamiento de Aniceto resultaba inconveniente», por lo que Sánchez cambió la primera versión.

Roxlo (1915: 389 s.) juzga la obra dramática de Florencio Sánchez en sus palabras finales de manera muy negativa, tachándola de grosera e inferior desde el punto de vista estético y técnico. Este juicio sorprende después de los halagadores elogios y comparaciones con Shakespeare que se encuentran al principio de su presentación:

> El teatro de Sánchez [...] paréceme teatro de turba, de multitud, pobre en elevación, y grosero sin necesidad en muchas ocasiones; pero no con las groserías shakesperianas, que son grandezas algunas veces, sino con groserías que me retrotraen al circo en que se iniciaron, con sus gringos bilingües, los Podestá.

Los hermanos Podestá estrenaron *Barranca abajo* efectivamente en 1905 en el Teatro Apolo. Dos años más tarde, Pablo Podestá protagonizó el papel de Cruz en la pieza *Alma gaucha* (1907) de Alberto Ghiraldo, amigo y colega de Florencio Sánchez. Esta pieza antimilitarista trata del gaucho Cruz, nombre que hace referencia al famoso personaje del *Martín Fierro*, y Cruz resulta ser consecuentemente un gaucho rebelde, el contrario absoluto de don Zoilo. Cruz es condenado a servir en el ejército. En la primera escena acaba de tener una disputa con el teniente y cuenta que su padre había peleado «con los indios [...], contra el ejército, ¿sabe? Gaucho alzao y con razón, fué perseguido por la autoridá y entónces ganó la frontera». De él aprendió el odio contra el ejército y la estúpida obediencia. Para no despertar nuevamente el enfado del teniente, Cruz sigue el consejo de un compañero y se declara enfermo, pero un médico confirma tras la insistencia del teniente que está sano. Con motivo de esta mentira se produce un duelo desigual en el que el teniente hiere a Cruz con un revólver en la espalda. En el hospital, Cruz lee la prensa y se entera de que no es un caso singular: los conscriptos se quejan todos de malos tratos, heridas, la escasez de alimentos y de los negocios sucios que los jefes hacen con los proveedores. Cruz teme abrir un proceso contra el teniente porque está seguro de que lo van a condenar por insubordinación, ya que el teniente tiene el respaldo de sus superiores. En esta situación recibe la visita de su novia Alma, a quien el teniente dice que puede llevárselo a Cruz.

El segundo acto está situado en el presidio militar de San Juan, ubicado en una isla. Resulta que el teniente le había tendido una trampa a Cruz, quien está desde hace seis meses en la cárcel, pero acompañado por Alma. Los otros presos, con los que no tiene mucho contacto, lo invitan a participar en una sublevación que acepta enseguida. A pesar del éxito, resulta que las relaciones de poder se perpetúan: los líderes adoptan tonos y ademanes de jefe y se convierten en tiranos crueles, por lo que Cruz mata a uno de ellos. El otro jefe se rinde pronto, pero les advierte que han venido tropas a la isla. Alma se desmaya y Cruz decide quedarse con ella mientras que los demás huyen al monte.

El tercer acto representa un consejo de guerra. El defensor de Cruz explica el asesinato de uno de los jefes como necesidad imperiosa, a lo que sigue una discusión entre el defensor y un espectador del proceso sobre las injustas e implacables leyes militares que se concretizan poco después en la pena de muerte a la que condenan a Cruz. El público desaprueba este juicio. Cruz se despide de su novia embarazada y reniega de la confesión. En la última escena, marcha hacia el sitio de su ejecución.

La sinopsis revela que esta pieza, de una fuerte crítica militar, pertenece sólo tangencialmente a la gauchesca. No obstante, el título, que juega con el nombre de la novia del gaucho, le confiere una connotación positiva al gaucho como ser puro, incorrupto, valiente y fuerte. El anexo de la edición porteña de 1907, que pude consultar en la Biblioteca Nacional, contiene las críticas que aparecieron después del exitoso estreno en el Teatro Argentino. En todas se realza el verismo de la obra, pero salvo Eduardo G. Gilimón (*La Protesta*, *vide infra*) nadie habla de anarquía, aunque sí de términos parecidos como «gran empuje combativo» y «tendencia revolucionaria y propagandista» (Juan Pablo Echagüe, *El País*). La crítica de Echagüe es la única denigrante que se encuentra allí:

> antes que un gaucho prototipo del alma nacional, el señor Ghiraldo ha pintado un rebelde orgánico, [...] un inadaptable al medio social. No es nuestro gaucho como ese personaje hosco y sombrío que se pone en escena. Veinte detalles lo denuncian: su invariable aire sublevado; su irreligiosidad, su intransigencia, su soberbia provocativa y torva.

Gilimón, por contra, presenta al protagonista en términos elogiosos:

> inconscientemente anárquico como es ateo el niño; así es ese Cruz formidablemente rebelde, bravamente hombre. [...] El poderoso engranaje del ejército que estruja y aniquila, tenía que triturar forzosa é ineludiblemente a ese hijo de la Pampa, indómito, [con su] mente tan saturada de libertad.

José de Maturana (*El Tiempo*), subraya la intención de sentido y el aspecto innovador de *Alma gaucha*: «aquellas sensacionales pinturas hacen que el público medite, y entonces, surge la tendencia abiertamente anti-militarista de la obra» que el crítico de *La Razón* califica de «teatro de ideas».

Los representantes analizados del teatro gauchesco primitivo demuestran ciertos aspectos que constituyen el origen del género que se perpetúan luego en los dramas rurales: el personaje del gaucho (malo), las faenas del campo, la jerga gauchesca, la actitud negativa con respecto a indígenas, inmigrantes y sargentos. No obstante, ninguna de las dos corrientes dramáticas forma parte integral de la literatura gauchesca, y parece que el drama gauchesco tampoco tuvo más fortuna y que se agotó ya antes del Centenario. Pero hay que señalar que faltan por completo análisis detenidos de la producción del teatro gauchesco en los tres países fronterizos. Chiappini (2005 a: n. 2) advierte con respecto al teatro gauchesco brasileño que

> entrou em cena pela mão de um escritor português, César de Lacerda, que escreveu o drama *O monarca das coxilhas* (1867). Depois tornou a ficar de fora, mesmo daqueles teatro produzido por contistas gauchescos como Simões Lopes Neto, que escreveu peças mais urbanas.

La investigación del teatro y del sainete gauchescos, del grotesco, del canto (tango y milonga), etc. de este y del período posterior constituye una gran laguna que valdría la pena investigar detenidamente[126].

Después de que el gaucho haya desaparecido nuevamente de las tablas, la literatura gauchesca tomó nuevos rumbos en la narrativa. En adelante, se presentan dos vertientes muy distintas: la gauchi-picaresca y la regionalista-criollista.

4.2.6 Laucha y Chimango: la vertiente gauchi-picaresca

Roberto J. Payró (1867, provincia de Buenos Aires-1928) abrió con *El casamiento de Laucha* (1906) una vertiente de la narrativa gauchesca diametralmente opuesta a la naturalista, pesimista, representada por Eugenio Cambaceres, Javier de Viana, Alcides Maya y posteriormente por Cyro Martins. Esta vertiente podría llamarse gauchi-picaresca, y tal como su famosa precursora de los siglos XVI y XVII, se caracteriza por una fuerte dosis de humor. Con ello retoma la comicidad verbal de la poesía gauchesca, y la enriquece por medio de situaciones cómicas a nivel de la acción. El protagonista de Payró es un paisano-pícaro cuyo

---

[126] En su estudio *La primitiva literatura gauchesca* (1968), Rivera no menciona ni siquiera el primitivo teatro gauchesco.

apodo elocuente lo caracteriza de antemano: la laucha es un ratón, y a nivel figurativo designa a un tipo listo y vivaz, características que comparte con el pícaro de la novela española. Como éste, Laucha tampoco tiene trabajo fijo, sino que se gana la vida en las provincias más pobres de Argentina como bolichero, peón, mercachifle, incluso como maestro de escuela, hasta que resuelve tentar fortuna en la gran Buenos Aires. En el camino, llega a la pulpería de una viuda italiana quien le contrata porque sabe caer bien a las mujeres. Laucha tiene planes de «una vida tranquila y honrada, con una buena mujer», pero pronto comete su primer acto de picardía: para aumentar las ganancias, propone falsificar no sólo las etiquetas, sino también los licores que se venden en la pulpería. Tiene la idea «macanuda» de casarse a solas con la dueña, y hace un truco de falso matrimonio con un avariento y sucio cura napolitano. En este «duelo de rebajas» con respecto al precio entre los dos pícaros, Laucha sale victorioso. Pero pronto sobreviene el primer contratiempo, puesto que Laucha se aburre y mata el tiempo en parrandas con sus amigos, mientras que Carolina trabaja día y noche para recuperar lo que su marido pierde en los juegos de naipes y carreras. Carolina está desconsolada y Laucha le promete mejorar y no apostar más. Reflexiona acto seguido sobre la inconstancia de los hombres, vuelve a los vicios y pierde el campo de Carolina. Cuando ella se entera, Laucha tiene la desfachatez de culparla incluso a ella, acusándola de descuidar el negocio. Estalla una disputa, en la cual Laucha le advierte que no es su esposa. Se marcha con cinismo, despidiéndose de sus narratarios sin revelar ningún sentimiento de culpa.

Según Ara (1994: 7), «Laucha no nos inspira desprecio [...], ni su conducta provoca en él amago de culpa. Esto lo hace, en algún modo, también irresponsable e inocente». A pesar de sus rasgos positivos como ser listo, gracioso y simpático, Laucha es un personaje ambiguo con muchos lados negativos: es vago, astuto, amoral, aprovechador, falso, malo y tramposo. Por otro lado, Williams Alzaga (1955: 215) señala que «no desentona con el medio» donde hay, de hecho, otros pícaros como el cura y el comisario Barraba. Payró denuncia en esta novela gauchi-picaresca, cuya trama se sitúa al principio de los años ochenta, el arribismo, la falta de escrúpulos en los negocios y en la política, el ambiente general de corrupción y trampa. En esta época de modernización, los paisanos podían elegir entre aceptar o rechazar el progreso, o sea, entre «continuar viviendo en un plano libre o de resignarse a una vida de esclavitud» (Garganigo 1967: 304), aunque resulta que «vivir dentro de los confines del alambre de púa» equivale al morir interiormente. No obstante, la decisión de Laucha de continuar su vida picaresca no encaja perfectamente, puesto que él no tenía que vivir como un gaucho enjaulado.

Valga mencionar otro aspecto que aleja el texto de la vertiente narrativa, aunque lo aproxima a las características de la poesía gauchesca: Laucha es un narrador intra-autodiegético que cuenta la historia de su vida a un grupo de narratarios de los que el narrador anónimo del relato de encuadre forma parte[127]. A partir del primer capítulo, esta instancia narrativa extra-heterodiegética reproduce el relato de Laucha de manera tan fiel y con tantas marcas de oralidad, que el narratario se olvida de la situación narrativa, por lo que se produce un relato pseudodiegético que resulta ser una autobiografía fingida, otra característica que *El casamiento de Laucha* comparte con la novela picaresca.

Cabe preguntarse, pues, si este texto pertenece a la literatura gauchesca. De hecho, Laucha dice de sí mismo que es «más pueblero que hombre de campo», y cuando tiene que ejercer alguna faena, como recoger el maíz, está agotado a los dos días. Por otro lado, contiene muchos rasgos de la literatura gauchesca: el doble marco narrativo, la oralidad fingida, la jerga gauchesca, la ubicación de la trama en la pampa, el machismo, los juegos, la pulpería, los caballos. Saco la conclusión de que Payró inaugura con *El casamiento de Laucha* una vertiente gauchi-picaresca que lleva la literatura gauchesca a su contrapunto irónico, abriendo así el campo para las posteriores parodias de Fontanarrosa (*vide supra* y 4.2.8), Filloy y Bolaño (ver 4.2.8).

Para entender mejor la sátira riograndense *Antônio Chimango*, la temática del *coronelismo* o caudillismo se introduce a través de un texto polémico de Florencio Sánchez que se publicó en 1903 en los bonaerenses *Archivos de Psiquiatría* con el título *El caudillaje criminal en Sud América. Ensayo de psicología*. Retrata a un caudillo brasileño, «señor de vidas y haciendas», que comete cualquier abuso en las fronteras riograndenses. No obstante, este «malvado y sanguinario» no es un caso único, sino que «encarna los sentimientos, las pasiones y las modalidades del medio», o sea, es un producto del ambiente y con ello, el texto se inscribe en la vertiente naturalista con el determinismo social. El narrador dice haber «vivido largo tiempo en aquellas regiones», lo que indica que es un extranjero muy apto para opinar sobre este asunto[128]. En lo que sigue, desarrolla

---

[127] Ara (1994: 10) confunde el narrador auto-intradiegético con el autor Payró: «Payró-Laucha son un narrador único pero Laucha empieza contando su historia a un 'señor' Payró». Mas Laucha no se dirige a Payró, sino solamente a un «señor» (22; asimismo en la edición Losada de 1952: 9), narratario singular que se convierte sin transición en un auditorio múltiple: «ya verán...» (23).

[128] Tal vez sea, asimismo, un indicio de ficcionalidad, puesto que no pude averiguar ninguna estadía larga de Sánchez en Rio Grande.

una imagen desoladora, bárbara de la parte sur de Rio Grande, que tiene «un tristísimo aspecto de atraso e incultura». Lo poco que hubo fue destruido con la revolución de 1893: «Tres años de guerra demolieron toda la obra de progreso dejando la simiente regresiva de la antropofagia política». Aunque hay armas de fuego, se practica todavía mucho el degüello[129]. Por eso quedan sólo mujeres y niños; los hombres están en el monte, emigraron a la Banda Oriental, o han sido degollados. El caudillo reina allí como un señor feudal, y la política nacional le interesa poco. Además, cuenta con el sostén incondicional del gobernador de Rio Grande, Julio de Castilhos (el blanco de la sátira *Antônio Chimango* de Juvenal). En el resumen final, el narrador admite no poder hacer una diagnosis cierta de este tipo —el caudillo puede ser, por ejemplo, un megalómano que aspira a tener un imperio—. Pero resulta que su actuación constituye un serio peligro para la civilización. Aunque presenta un caso especial, resulta claro que es representativo. En este contexto llama la atención el título genérico «en Sud América», aunque el caso descrito se refiere tan sólo a un estado-provincia del Brasil donde los caudillos se llaman *coronels*, como lo demuestra la sátira riograndense de Amaro Juvenal que se presenta a continuación.

El famoso poema *Antônio Chimango* (1915) de Amaro Juvenal (seudónimo de Ramiro Barcellos) lleva el subtítulo «sátira política». El autor implícito recurre al típico doble marco de la situación enunciativa, al que corresponden dos modos narrativos: un narrador extra-heterodiegético anónimo, cuya letra se transmite en cursivas, presenta en el relato de encuadre —que introduce cada una de las cinco *rodas*— de modo realista al viejo mulato Lautério[130]. Este narrador intradiegético va a cantar en sextillas octosilábicas, el metro típico de la *poesia gaúcha*, la vida de Antônio Chimango. El relato de la vida de Chimango comienza *ab ovo*: «Nos cerros de Caçapava/ Foi que viu a luz do dia» un bebé extremadamente flaquito y feo, al que una gitana predijo que las apariencias enga-

---

[129] Sin referirse a este texto, Reverbel (1986: 104) presenta las crueldades de la guerra entre liberales y republicanos entre 1893 y 1895 primero como *négligables* —«O caudilhismo degolador de 93 [...], a pesar de ser apresentado a sinistra performance de cerca de mil degolados, torna-se um tanto desenxabido se comparado com a grandes degolas platinas»— para continuar con un concurso abstruso: «Não se pode deixar de reconhecer, entretanto, que em determinados momentos os nossos degoladores estiveram à altura dos maiores mestres da outra banda».

[130] Helena Martins (1980: 79 y 84) confunde en su tesis de doctorado sobre *Antônio Chimango* esta voz extradiegética con la del autor implícito y reconstruye relaciones ontológicas (Lautério = autor-implícito, p. 88) donde se trata de relaciones de concordancia ideológica.

ñan y que iba a ser «grande cousa», profecía cuya verdad el cantor *gaúcho* destaca: «Ansim falou a cigana/ E toda a gente se ria [...]./ Amigos, aquilo tudo/ Tinha de ser algum dia». Chimango no aprende mucho en la escuela porque no es muy inteligente («A cabeça é que era má») y porque «o mestre, um vehlo borracho, [...] pouco ensinava ou nada». En la tercera *roda*, o sea en medio de la sátira, se presenta finalmente la estancia del coronel Prates, quien tiene un don particular para mandar a su gente «campeira, daquela/ Que trabalha e não se aguacha,/ Destorcida e buenacha,/ Não era como a de agora,/ Que só vaia relho e espora,/ lerda como mula guaxa». En estos tiempos felices del pasado[131] —reminiscencia satírica a la presentación idealizada de las relaciones entre estancieros y peones que predomina en los *Contos gauchescos* de Simões Lopes (ver 4.2.3)—, Chimango, saliendo de la escuela, entra al servicio del coronel, cuidando los puercos e informando a su patrón sobre todas las murmuraciones de la gente. Este primer *antigaúcho* riograndense (Martins 1980: 37) se vuelve primero el «mimoso da Estância», luego el capataz del coronel, quien alaba la obediencia ciega de Chimango. El secretario de Prates, un «pardo velho», le da consejos pragmáticos[132] de buen gobierno que constan primordialmente en hacerse respetar por los subalternos, y Chimango va a ser durante mucho tiempo un capataz con autoridad, quien goza de su ascenso social. Cuando muere el coronel, Chimango se apodera de la estancia. Un gaucho astuto y valiente, que había tenido esperanzas de heredar parte de la misma, trata en vano de meterse con Chimango. En las estrofas finales, el cantor *gaúcho* lamenta los tiempos modernos, situados en la República (fundada en 1889), que hacen del *gaúcho rei* un «negro surrado» y cuyo positivismo le vuelve loco al hombre.

Esta «sátira violentísima al todopoderoso de Rio Grande do Sul, Júlio de Castilhos [el coronel Prates], y a su lugarteniente, Borges de Medeiro» (Garate 2000: 542, n. 9), representado por Chimango, el capataz servil y oportunista del coronel Prates, está ubicada en la Estancia de San Pedro (quarta *roda*), el antiguo nombre de la provincia de Rio Grande do Sul. La sátira alude entonces a la sangrienta revolución de los años 1893-1895, en la que los partidos de los caudillos o coroneles provinciales en pugna fueron el Partido Republicano pre-

---

[131] En la actualidad de la situación de enunciación, la modernización ya ha transformado los campos que se caracterizan por «ceras que não tem fim» (quinta *roda*).

[132] Chiappini (2001: 711) compara estos consejos con aquellos del viejo Vizcacha en el *Martín Fierro*.

sidido por Castilhos, y por el otro lado, el Partido Federalista, que sucumbió en la revuelta. Borges llegó a gobernar en Rio Grande, llevando la provincia a la ruina: «E ansim, tudo na Estância/ Vai mermando devagar,/ Tudo de pernas pra o ar,/ Nem tem mais vergonha a gente». La prohibición del poema, que circuló hasta 1922 en ediciones clandestinas (*Historia ilustrada do Rio Grande*, 215), demuestra que los políticos captaron la alegoría, a pesar de la obvia simplificación. El autor tuvo motivos personales para redactarla —Barcellos había sido despojado después de 18 años de su cargo de senador por el presidente Borges (Martins 1980: 38, Núñez 2004: 209)— pero la trascendencia y el éxito del poema[133] no permite reducirlo a la expresión de un resentido.

En vez de resaltar los influjos intertextuales de la gauchesca rioplatense[134], Garate (2000: 543, n. 10) subraya la originalidad del poema, que «yuxtapone dos normas/momentos de la literatura gauchesca que la gauchesca rioplatense no llegó a reunir de modo tan visible: el panfleto político [al estilo de Hidalgo] y el alegato o denuncia social más amplio sobre las condiciones de existencia del campesino [como Hernández]». La gran popularidad de este poema destaca además en sus reescrituras (*cfr.* Garate 2000: 542, n. 9) que surgieron sobre un nuevo trasfondo político: sobre la revolución de 1923 en *Historia de Dom Chimango* (1927), de Hombero Prates, y sobre el gobierno autoritario de Getúlio Vargas en *A volta de Antônio Chimango* (1935), de Dino Dezidério.

4.2.7 Entre tradición y modernización: la vertiente regionalista-criollista

> *Era el pico y la pala del gringo que venía a destruir —construyendo— el campo de su conocimiento. Como la campaña no tenía ya pasos secretos, el baquiano era un ser innecesario.*
>
> (Enrique Amorim, *La carreta*)

Después de la bifurcación poética entre la tradición romántico-realista y naturalista y los primeros representantes de una vertiente gauchi-picaresca, se abre

---

[133] Martins (1980: 33) atenúa, no obstante, al añadir que a pesar del éxito en las primeras décadas del siglo, el «poema é, hoje, uma vaga lembrança, em face da popularidade que teria possuído».

[134] Ver por ejemplo Chiappini (2001: 727): «Chimango é o gaúcho que nunca chega a sê-lo e o Martín Fierro o que não será mais».

camino en los años veinte y treinta una narrativa gauchesca[135] que vuelve a reproducir la jerga gauchesca que había caído en el olvido. Víctor Pérez Petit y Carlos Reyles imitan el habla de los paisanos en *Entre los pastos* (1920) y *El gaucho Florido* (1932). Benito Lynch supera esta imitación en *Romance de un gaucho* (1929-1930), ya que la novela, que tiene más de 500 páginas en letras de pulga, está escrita completamente en jerga gauchesca[136]. Esto es posible porque Lynch, introduciendo un narrador gaucho en primera persona, se aparta de la tradición de separar nítidamente los pasajes del narrador hetero-extradiegético personal de los pasajes de diálogos en los que transcribe fielmente los dialectos de los gauchos y chinas. Lynch termina su prólogo explicando los motivos de la publicación del supuesto manuscrito encontrado:

> Esta es la novela que publico, en el convencimiento de que no tengo derecho a mantener ignorada —en una época que tanto se interesa por todo aquello que se refiere al antiguo habitante de nuestros campos— una obra que no puede ser más genuinamente gaucha, como que fue sentida, pensada y escrita por un gaucho... (9 s.).

Es curioso leer estas palabras nostálgicas —que demuestran una clara escisión con respecto al lenguaje del texto literario mismo— sobre el trasfondo de cierto discurso nacionalista argentino de los años treinta, estoy pensando particularmente en Martínez Estrada y su desoladora *Radiografía de la Pampa* (1933). Después del primer proceso de la vertiginosa modernización, de las olas de inmigración, del Centenario, en el que predominaba «la imagen de Argentina como el cuerno de la abundancia e inacabable granero del mundo» (Olea Franco 1990: 308); después de los primeros movimientos de vanguardia en los años veinte y de la crisis económica de 1929, surgen, entonces, discursos nacionalistas diametralmente opuestos: en el ambiente de restauración conservadora (golpe de estado de Uriburu en 1930), con una apertura cultural, elitista hacia Europa (en 1931 aparece la revista *Sur* de Victoria Ocampo), Martínez Estrada analiza el estado de enfermedad de un país condenado al eterno retorno de la

---

[135] No comparto el juicio de Pablo Rocca (2004), según el cual toda narrativa gauchesca que aparece después del principio del siglo XX sería «narrativa pos-gauchesca», término que debe dar cuenta de las nuevas técnicas literarias vanguardistas desarrolladas a partir de los años veinte y de las transformaciones sociales e históricas. Las novelas gauchescas que se presentan a continuación no recurren a las nuevas pautas de la vanguardia histórica, sino que continúan las técnicas del realismo literario del XIX.

[136] Ver la sinopsis y el estudio de Garganigo (1966: 77-82).

barbarie y del caos[137]. Paralelamente, los hijos de ricos estancieros —Carlos Reyles (*El terruño*, 1916 y *El gaucho Florido*, 1932), Benito Lynch (*Los caranchos de La Florida*, 1916 y *Romance de un gaucho*, 1933), Enrique Larreta (*Zogoibi*, 1926)...— hacen resucitar al gaucho como personaje idealizado y sitúan los mundos narrados de sus novelas en un pasado idílico en el campo, continuando la pastoral de *Don Segundo Sombra*. Mientras tanto, Scalabrini Ortiz describe en *El hombre que está solo y espera* (1931) al hombre nuevo, surgido del congestionante proceso migratorio[138]. Este «hombre de Corrientes y Esmeralda» coincide con la línea de interés del *Evaristo Carriego* (1930) de Borges, la biografía de un poeta popular, mito del «Palermo del cuchillo y la guitarra» con el que «inventa o 'descubre' el criollismo» (Montaldo 1993: 93, *cfr. infra*).

Benito Lynch (1880-1951, La Plata) proviene, como la mayoría de los autores criollistas que se analizan en este capítulo, de una familia acomodada de hacendados, en su caso de ascendencia irlandesa. Pasó muchos años de su niñez en una estancia apartada, y posteriormente tomó poca parte en la vida pública de Argentina. Sus últimos veinte años los pasó completamente retirado del mundo, renegando de todos los precios de honor, de la edición de su obra completa y de la reedición de su obra (ver *ALL*). Su exitosa novela *Los caranchos de La Florida* (1916), aparecida diez años antes que *Don Segundo Sombra*, trata de una tragedia edípica entre padre e hijo. La Florida es la estancia de don Francisco Suárez Oroño, llamado don Paco, oriundo de la capital, que vino treinta años atrás con sus dos hermanos al campo. Le compraron la tierra a un viejo gaucho y establecieron la estancia. Uno de los hermanos fue matado por un peón, hecho que funciona como *mise en abyme* anticipadora del trágico final; el otro hermano se casó con una inglesa frágil que murió dos años después de su llegada. Eduardito es el fruto de este matrimonio. Con ocho años, don Paco lo envía a Buenos Aires, lo que no sirve para nada. Eduardito «amaba la vida gaucha» y es demasiado insolente y libre para hacer buenas migas con su tío, quien lo manda a otra estancia donde se deja estar, llevando la vida de un borrachón generoso. Un peón

[137] Morales Saravia (1986: 162) indica que Martínez Estrada reescribe todas las dicotomías de Sarmiento en equivalencias, al estilo de ciudad = campo, Buenos Aires = pampa, barbarie = verdad, vicios y fallas = prosperidad.
[138] Una tercera vertiente se encuentra en *Historia de una pasión argentina* (1937) de Mallea, quien trata de reevaluar el viejo mito de la civilización desde una perspectiva retrógrada. La desilusión consiguiente lleva a la retirada, al silencio, a la subjetividad (*cfr.* Morales Saravia 1986: 277 ss).

resero enuncia en vista de ello una hipótesis que se confirma en el mundo narrado: los hijos de ricos que vuelven al campo se echan a perder, mientras que los hijos de pobres que van a Buenos Aires hacen allí carrera.

Don Paco está enamorado de Marcelina, una chica ingenua de 16 años que vive en otra estancia vecina. La manda a la escuela y le regala vestidos europeos. El mundo narrado comienza en el momento en que el propio hijo de don Paco —Panchito— vuelve después de seis años de ausencia durante los cuales estudia agronomía en Alemania. Entusiasta, quiere introducir cantidad de reformas en la hacienda, semejante a Ribero, el protagonista de *Beba* (1894) de Carlos Reyles[139]: cultivar alfalfa, darle avena a los caballos, introducir un nuevo ganado vacuno y lanar cruzando la raza nativa con toros y carneros de raza... En suma: modernizar las estructuras tradicionales, acabar con el modo gauchesco e implantar el de Europa.

Panchito tiene dificultades de adaptarse de nuevo a la vida campestre: pierde la orientación y deja hundir su caballo en el barro de un pantano, logrando salvarse dos veces seguidas en el último momento, signo inequívoco de su alienación. Se enfrenta con su padre celoso y se dirige a la casa de su primo Eduardito, bebiendo tres días seguidos. Completamente borracho se dirige a la estancia de Sandalio, donde se enfrenta con su padre y le pega con una llave inglesa. En el momento de darse cuenta de que el golpe fue mortal, Panchito recibe una cuchillada del gaucho Cosme, el hombre de confianza de don Paco. Las palabras de un loco terminan la novela, repitiendo el título.

La representación de los gauchos y peones destaca por su negatividad: don Paco y Panchito los desdeñan; aparecen dos gauchos asesinos; la cocinera gaucha es muy torpe y descuidada: «en el piso de la cocina están los huesos de la comida» (65); la sirvienta de la inglesa se casa con un gaucho «medio neurótico». Eduardo ama la vida gaucha, pero será degenerado por ella; en su estancia se acumulan muchos «gauchos parásitos»[140]. La maestra rural, presentada como baluarte de la civilización en plena barbarie, cuenta que los gauchos haraganes explotan a sus hijos. El gaucho asesino Cosme descuida a su caballo, dejándolo con sed y cubierto de gran sudor. Representa la transformación del antiguo gaucho heroico en un peón malicioso, homicida y huraño. De ahí que no concuerde con Slatta (1985: 330), según el cual Lynch «pintó [en esta novela] al peón domesticado».

---

[139] *Cf.* el análisis en Schlickers (2003: 293-300).

[140] Al igual que en el posterior cuento paródico «El gaucho insufrible», de Roberto Bolaño (ver 4.2.8).

En el otro lado, la civilización de los criollos resulta también degenerada: Panchito se pierde real y metafóricamente y adquiere en el campo malas costumbres. Argentina no tiene ningún futuro positivo, y, leyendo la novela sobre el trasfondo de las teorías raciales todavía vigentes, que concuerdan con el fuerte sustrato naturalista, debe entenderse que sea favorable que los protagonistas mueran antes de poder efectuar la procreación entre viejo latifundista despótico o joven latifundista degenerado y joven china.

El escritor y ensayista Carlos Reyles (1868-1938) fue heredero único del más rico latifundista del Uruguay. En 1888 publicó su primera novela, *Por la vida*. La *Academia Primitivo* (1896) constituye un hipotexto para *El terruño* (1916). «En el experimento literario [de la *Academia*], Primitivo vive la misma historia que su padre burlado; y parecido a Ribero (de *Beba*), Primitivo mata al final desesperadamente sus ovejas» (Schlickers 2003: 335). Pero en *El terruño*, Primitivo no tiene el protagonismo que tiene en la *Academia* que lleva su nombre. En la novela destaca Mamagela, una mujer criolla que vive en el campo, tiene nueve hijos y piensa que es así como debe ser, y no como su hija, que trabaja de maestra y está casada con el orgulloso y arrogante intelectual Temístocles que se levanta al mediodía y es, en el fondo, un fracasado. Sin embargo, se lleva muy bien con su suegra quien le predica siempre la vida natural.

Celedonia es otra hija de Mamagela, una chica hombruna, hosca y poco agraciada, pero muy trabajadora. Mamagela la casó con el primer peón disponible porque se metía con cualquiera en el maizal, elemento diegético que funciona como *mise en abyme* prospectiva porque luego Celedonia se acuesta con el hermano de su marido quien no es otro sino Primitivo. A pesar de este vínculo temático formado por el adulterio, las consecuencias dentro del mundo narrado de la novela serán distintas: aquí, Primitivo descuida después del engaño todo lo que antes amaba con fervor, se vuelve alcohólico, se identifica con el partido de los colorados y sufre de perturbaciones atávicas. Su esposa, en cambio, lo ama porque reconoce que la destrucción de Primitivo es su obra[141] e implora perdón, pero Primitivo es incapaz de otorgárselo.

Temístocles se distancia cada vez más de su mujer y se vuelve escéptico, huraño y solitario. Pero al ser padre, quiere ir a vivir al campo, a luchar y ser útil, y resulta que allí revivirá de veras. No obstante, le toca una época turbulenta, caracterizada por permanentes revoluciones, robos y gauchos matreros que esca-

---

[141] Explicación psicológica algo torcida, pero muy en la línea de Reyles.

pan de las levas. Cuando estalla la revolución, el comentario del narrador hace pensar en los cuentos de *Campo* de Javier de Viana:

> centauros de las epopeyas nacionales, que iban a la guerra como a una *corrida* de avestruces y morían en las cuchillas sin saber por qué ni para qué; gauchos, en fin, educados en los campamentos y la vagancia, sin apego al pellejo ni ley a cosa alguna, habituados a vivir del abigeato en tiempo de paz y del merodeo a mano armada en tiempo de guerra (*El terruño*, 210 s.).

Primitivo vuelve de la guerra y se degüella a sí mismo en un estado de completa demencia. Temístocles es testigo de ello y se vuelve neurasténico. A pesar de ello, lo eligen diputado nacional, pero no acepta el cargo, ni siquiera, cuando Mamagela trata de convencerlo de echar «raíces en tu terruño» (301). Vuelve a Montevideo donde recibe una visita de Mamagela que se le ofrece como madre en una escena muy patética elogiada por Rodó en el prólogo (1916: xxvi). Curado, rompe todos los papeles de antaño, y parece que al fin y al cabo ha vencido la voluntad que aparece también como «volución viril» en *Beba* y *La raza de Caín*.

Mientras Dieter Reichardt califica *El terruño* como la mejor novela de Carlos Reyles (*ALL*, s.v. «Reyles»)[142], Garganigo (1967: 304) critica con razón que con respecto a Primitivo: «Reyles no hace buen uso del personaje que tan bien había desarrollado en el cuento. Pierde éste fuerza dramática en la novela» porque «se ha subyugado a las fuerzas del 'terruño' y al hacerlo ha perdido para siempre la esencia de lo gauchesco convirtiéndose en peón de estancia». Tal vez sería en vano preguntar en qué consta esta «esencia de lo gauchesco», al parecer, Garganigo piensa en cierto comportamiento rebelde, no domesticado. Pero esta cuestión nos lleva al juicio de Rodó (1916: xi s.), quien descarta la novela a pesar de su temática vernácula del nacionalismo literario, «concepto sobrado estrecho, vulgar y candoroso del ideal de nacionalidad en literatura», según él, aunque sí está en favor de la representación de «la vida en nuestros campos» (xiv). Y traza una interesante diferencia con el *Facundo* de Sarmiento:

> la oposición de campo y ciudad forma, en cierto modo, el fondo ideal de la nueva obra de Reyles; sólo que esta vez no aparece representando el núcleo urbano la irradiadora virtud de la civilización, frente a la barbarie de los campos desiertos, sino que es la semicivilización agreste, no bien desprendida de la barbarie original, pero

---

[142] Personalmente creo que *La raza de Caín* merece este título.

guiada por secreto instinto a la labor, al orden, a la claridad del día, la que representa el bien y la salud del organismo social (Rodó 1916: xvii).

La representante del bien de este organismo rural es claramente Mamagela, pero a la vez queda claro que cualquier personaje es reducido a un tipo determinado que carece de la profundidad psicológica de los caracteres de otras novelas de Reyles. Caillava (1945: 204) apunta acertadamente hacia otro aspecto: que las «largas discusiones [...] quizá perjudiquen y tornen lento por demás el desarrollo de la acción».

Dieciséis años más tarde aparece la ya mencionada novela *El gaucho Florido* (1932) de Reyles, que tematiza los cambios que se efectuaron con la modernización en las estancias. Aunque «es más una sucesión de episodios que novela» (Caillava 1945: 204), el protagonista «Florido no es capaz de aceptar el cambio prefiriendo vivir en el pasado» (Garganigo 1967: 304). Efectivamente, al final, Florido dice, después de haber asesinado a un inocente: «Soy ansina, qué le vamos' haser. [...]. Dende aura seré matrero sin má ley qu'ésta» (281). Garganigo prosigue: «Este tratamiento nostálgico del gaucho y del estilo de vida que él representa, se vuelve en una idealización, semejante a *Don Segundo Sombra*». Pero hay que destacar que a nivel de la intención de sentido existe una clara inclinación en favor de la modernización y cierto desprecio con respecto a la simplicidad de los gauchos y peones que destaca también en las otras novelas del autor: el patrón don Fausto, un simpático criollo diestro y sin vicios, logra paulatinamente el ascenso social e introduce reformas, labor que su hijo y posterior heredero Faustito continuará. A pesar de llevar así muchos peones al desempleo, el narrador no lamenta este desarrollo. Constata simplemente que los gauchos no pueden con las máquinas esquiladoras y que son sustituidos por criollos o gringos. Pero a pesar de la modernización tecnológica, la ideología conservadora y patriarcal de los estancieros no ha cambiado mucho: a Mangacha, una china alfabetizada que trabaja como puestera, su condición sexual le impide por ejemplo ser mayordomo.

En el epílogo, situado muchos años después, cuando los gauchos ya no existen, pero sí los adelantos del mundo modernizado como el teléfono y el auto, Florido regresa para visitar a don Fausto, enfermo de cáncer. Florido había estado seis años en el Brasil, siempre viviendo como matrero. Vuelve a ver a su ex amante Micaela, quien se sorprende de que no se haya vuelto un gaucho malo. A Florido, por su parte, «le chocó el buen humor de Pancha y Micaela. Creía, después de saber la existencia monacal que ambas llevaban, verlas melancólicas, afligidas» (302). La novela termina con una explicación del narrador que Sor Juana había formulado de modo mucho más poético en su famoso soneto «Detente, sombra, de mi bien esquivo»: «[Florido] ignoraba que el recuerdo vivo, adobado por la religión, es presencia y posesión más apacible, si no gozosa, que el adueñamiento del mismísimo objeto real» (302 s.)

Víctor Pérez Petit (1871-1947), otro compatriota de Carlos Reyles, es presentado por Oreggioni como «personalidad literaria considerable y respetada, sin que empero ninguna obra en singular, ninguna página memorable, sean capaces de salvarlo del olvido tras la muerte». Fue un escritor bastante productivo: la edición de sus obras completas fue programada en 45 volúmenes, de los que llegaron a publicarse tan sólo 11 (Oreggioni, s.v. «Pérez Petit»). Aparte de ensayos y artículos críticos, Pérez Petit escribió poesía, muchas piezas de teatro, pero sólo dos novelas separadas por quince años: la primera es la novela naturalista *Gil* (1905, ver el estudio de Schlickers 2003: 358 s.); la segunda es *Entre los pastos*, publicada en 1920, que forma parte de la novela criollista. Narra una historia medio aburrida de un amor frustrado: la criada Baudilia está enamorada —sin saberlo— de Juan de Dios, el gaucho que trabaja en la misma estancia como peón. En una gran fiesta que se celebra tradicionalmente después de la esquila, en la que el patrón se comporta de manera generosa y comprensiva (91)[143], Baudilia se mete en brazos del Don Juan local, un capataz. Juan le hace una escena de celos, y la patrona lo echa con las palabras: «En mi casa no quiero Moreiras» (103). No obstante, Juan imita al personaje literario: acecha al rival, los dos se meten en un duelo criollo, interviene la policía, Juan se mete con ella y lo llevan a la cárcel.

La segunda parte está situada cinco años después, cuando Juan de Dios es liberado de la cárcel en la que le estaba prohibido hablar[144]. Se entera del matrimonio de Baudilia con el capataz y de la muerte de sus dos hijos. Juan busca un modo para hablar con ella a solas, planeando de antemano una venganza contra el rival en buena ley y una posterior huida al Brasil. Pero en eso estalla una nueva revolución, que da ocasión para retratar en un cuadro desolador las consecuencias nefastas para el pago, la familia, etc. El esposo de Baudilia es el único colorado que lucha contra la invasión de Aparicio en 1897 desde el Brasil. Todos parti-

---

[143] Esta visión positiva del latifundista es un rasgo común de las novelas gauchi-criollas.

[144] Práctica frecuente, ver asimismo *La Fille Élisa* (1877) de Edmond de Goncourt y *Contra la marea* (1894) de Alberto del Solar.

cipan en esta revolución sostenida intraficcionalmente por el novelista Eduardo Acevedo Díaz, lucha que no se presenta como política, sino como conflicto entre dos civilizaciones o culturas, en concreto como último levantamiento de los gauchos: «protesta de una raza que muere, que va extinguiéndose» (148). Cuando muere el hermano de Aparicio que se había lanzado al combate como un gaucho cualquiera, Aparicio ordena la retirada. El esposo de Baudilia es degollado por un indio que viene en pos de traición al rancho, acompañado de un criollo. Baudilia logra huir. Juan, que tiene en aquel entonces veinte hombres bajo su mando, se acerca solo al pago de Baudilia. Se da cuenta de que los asesinos pertenecían a su bando y busca en vano a Baudilia, mientras que Aparicio hace fusilar al asesino. Un estudiante de medicina le salva la vida a Juan, herido en medio de una batalla. El estudiante escribe un diario del que se transcriben fragmentos que hablan sobre los desencantos de la revolución: el hambre, el frío, la lluvia, la desinformación. Consecuentemente, el final de la novela carece de un *happy ending*. Juan se declara a Baudilia, pero ella lo rechaza porque quiere quedarse sola con sus muertos a cuestas. Juan sale de nuevo a la guerra y muere voluntariamente en un combate, pensando sin parar en el desamor de Baudilia.

Como en las otras novelas criollistas, el habla rural de los peones se imita en los discursos directos, mientras que el narrador extra-heterodiegético refiere el mundo narrado en un estilo elaborado que carece de cualquier indicio de oralidad. No obstante, *Entre los pastos* se distingue de esta vertiente en cuanto que combina el criollismo con ciertas pautas del naturalismo: la trayectoria del protagonista, que representa a los gauchos, sigue un descenso estricto y lineal, previsible desde su enfrentamiento con la policía y el encarcelamiento. Aparte de ello, llama la atención la aparición de malvados brasileños e indígenas, que cometen crímenes atroces como matar a los críos y al marido de una mujer honesta porque ésta se resistió a tener una relación sexual con un indígena.

En la novela *Zogoibi* (1926) de Enrique Larreta (1875-1961), autor argentino más conocido por su novela modernista *La gloria de don Ramiro* (1908)[145], destaca, según Williams Alzaga (1955: 259), un nuevo punto de vista de la campaña: Larreta la presenta «con ojos de propietario rico, de aristocrático hacendado». Como hemos visto, este enfoque destaca también en los textos de este apartado publicados anteriormente. Larreta vivió varios años en España y entre 1910 y 1916 fue embajador argentino en París. Como presidente de varias academias,

---

[145] Ver el estudio de Meyer-Minnemann (1997: 284-295).

fundaciones e instituciones ejercía una gran influencia cultural en Argentina, pero tenía también enemigos empedernidos (ver *ALL*). *Zogoibi*, una novela muy poco estudiada y hoy prácticamente olvidada, apareció en una edición de 30.000 ejemplares y competía en su tiempo con *Don Segundo Sombra* por el Premio Nacional (Bordelois 1999: 155)[146].

Zogoibi es el sobrenombre del protagonista Federico, quien comparte ese apodo con Boabdil, el último rey de Granada. Zogoibi significa «desventuradillo» (75 y 301), aunque esto no corresponde con el personaje de Federico. Es hijo de un hacendado acomodado y se enamora perdidamente de Zita Willburns, una *femme fatale* de origen europeo oscuro, esposa de un rico inglés que trata de explotar una mina de sílice, comprando grandes terrenos. La primera versión de la novela, que consulté para este trabajo, termina con el homicidio involuntario de la novia por parte de Federico. Cuando éste se da cuenta de ello, se apuñala a sí mismo. En la segunda versión revisada por el propio autor, Federico se suicida cuando lo sorprenden *in flagranti* (ver *ALL*)[147].

El tiempo narrado, que abarca tan sólo unos meses, se sitúa primero imprecisamente unos diez años después de que las domas e hierras se hicieran todavía a mano —el afrancesado Domínguez lamenta que «se acaban los gauchos» (169)—, pero se ubica al final explícitamente en 1914. Federico se viste a la manera gauchesca para seguir la moda e impresionar a la Sra. Willburns. Y los forasteros echan de menos la existencia gauchesca, romantizándola.

El padre de Lucía, la novia de Federico, era estanciero y fue apuñalado por un peón al que había castigado. De ahí que ella tema la venganza de otro peón que se siente traicionado por Federico, pero este temor no se confirma[148]. Al contrario: el peón se vuelve peleador y matrero, lo que lleva a pensar que los matreros sobreviven a los gauchos.

---

[146] La tercera edición salió simultáneamente con *Don Segundo Sombra* en 1926. No pude encontrar referencias bibliográficas de las dos primeras ediciones, pero sí anuncios de la novela en la revista *Martín Fierro* del año 1926, por lo que deduzco que salieron tres ediciones dentro de un mismo año, otro dato que comprueba el inmenso éxito de la novela. En *DLEH* se menciona asimismo la primera edición con aparición de 1926.

[147] Garganigo (1966: 75) ignora la existencia de las dos distintas versiones, alabando el final de la primera versión: «Realmente, no podía haber terminado de otra manera».

[148] Como el conflicto entre patrones y peones se reduce a esta escena, no entiendo la interpretación de Bordelois (1999: 155), según la cual esta novela «pone de manifiesto [...], con toda crudeza y claridad, la explotación y el abuso de los gauchos por la clase terrateniente, que es reflejada en todo su decadentismo».

Los hermanos de Lucía son el ejemplo de los distintos modos de ser de los hijos ricos en la campaña: Jacinto, bien conocido en el hipódromo de Buenos Aires, trata de modernizar las estructuras en el campo, introduciendo un nuevo vacuno y trabando amistad con el vecino inglés. El otro hermano, en cambio, es un tipo afeminado que vive retirado del mundo que lo rodea. El caso de Federico es más complicado: constituye al principio un tipo modelo porque a pesar de haber estudiado leyes acaba regresando voluntariamente al campo, los peones lo estiman por sus dones y su capacidad de trabajo y porque tiene el «instinto gauchesco» (53). Pero pierde todas estas cualidades a un ritmo cada día más veloz porque se enamora perdidamente de la forastera Zita, gastando toda su energía y voluntad con esta mujer fría, egoísta y artificial que opina que «el amor es un sentimiento cruel, tenebroso, africano, que rompe toda armonía, ofusca el espíritu y echa a perder el goce. Cupido debe ser un negrillo epiléptico» (207). Le confiesa ya en el primer encuentro que se tiñe el cabello de rubio, lo que forma un vivo contraste con la belleza natural, sana, de la novia criolla de Federico. Pero Zita tampoco pertenece al tipo prerrafaelista, idealizado como Helena en *De sobremesa*[149], sino más bien a un tipo más vulgar de *femme fatale* como la Orloff en la misma novela. Por otro lado, el hecho de que Zita lea *La imitación de Cristo* de Tomás de Kempis, complica su caracterización porque no se llega a saber a ciencia cierta si es de veras devota o —y me inclino por esta segunda hipótesis— si sólo lo lee para impresionar (plan que falla porque a Federico no le gusta nada Kempis). De todos modos, ella finge sólo un gran amor, puesto que es incapaz de sentirlo, y se deja cortejar sin escrúpulos por Cecilio cuando éste hereda una fortuna. Cecilio es un tipo abyecto, un mestizo petiso que luce espuelas para quitárselas clandestinamente antes de subir al caballo. De ahí que pudiera sospecharse que Zita se acuesta —por lo menos al principio— sólo con Federico para que éste venda sus campos a su marido quien los necesita para una mina de sílice.

Federico no se da cuenta de todo eso, sino que se convierte en un ser despreciable. Su novia, que lo ama sinceramente, se entera de la relación y sufre, él le jura no volver nunca más donde la extranjera, pero apenas está solo lamenta la decisión. La fuerte atracción sexual con respecto a la forastera reside en cierto grado en el síndrome de Madame Bovary: Federico lee noveluchas francesas como *Los amores de Felipe* de Boivillers, *Mentiras* de Renato Vincy, *Nuestro Cora-*

---

[149] Novela de fin de siglo de José Asunción Silva, escrita en 1896, publicada póstumamente en 1925, ver para el personaje de Helena el estudio de Meyer-Minnemann (1997: 90 ss.).

zón de Andrés Mariolle y se identifica con los héroes, pensando que sus propios desengaños y sufrimientos son mucho peores. Su novia Lucía, en cambio, lee la «fragante y desgarradora historia de María y Efraín, que la hiciera derramar tantas lágrimas» (57). Dentro del discurso de la identidad nacional, que tuvo en los años veinte su apogeo, esta referencia a la novela romántica *María* (1867) de Jorge Isaacs podría entenderse como indicio de que la literatura autóctona lleva a la identificación, mientras que la literatura europea/extranjera lleva a la enajenación. Esta interpretación concuerda con la representación denigrante de Europa, en concreto de Francia, caracterizada por la decadencia y degeneración: Domínguez, el vecino de Federico que reside casi siempre en París, frecuenta allí fiestas orgiásticas en las que se consume mucho opio. Larreta, «el gran señor criollo aficionado a las letras», estaba «en favor de una clara definición hispánica y un distanciamiento nítido y paternalista entre los criollos fundadores, de estirpe española y católica, y el aluvión inmigrante de finales del siglo XIX» (*DLEH*, s.v. «Larreta», t. 1). El hecho de que el vecino inglés compre el campo para explotarlo con una mina de sílice refuerza intratextualmente la actitud del autor implícito hacia los extranjeros que destruyen el ejercicio de la ganadería. Y la forastera europea destruye al buen criollo rico y trabajador, impidiendo su procreación con la compatriota igualmente buena, católica y sana. Larreta presenta con esta alegoría de la nación argentina una mezcla de la vertiente criollista y posmodernista del naturalismo hispanoamericano (ver Schlickers 2003: cap. 4.3). Los críticos nativistas de su época, en cambio, trataron a Larreta de hidalgo para quien «no existía más que una Literatura de capa y espada» y lo tacharon de literato «de muy mediana calidad» que había elaborado una «trama cursi, en donde [...] ningún personaje siente amor por el campo» (Pereda Valdés 1926: 287). Bernal Herrera (1997: 36 s.) señala motivos estéticos para esta mala recepción de *Zogoibi* en la revista vanguardista *Martín Fierro*[150], arguyendo que ideológicamente no se distingue en nada del conservadurismo político de *Don Segundo Sombra*: la «total omnisciencia narrativa» y la «completa ausencia de ironía en todo lo referente a la voz narrativa», además de «un claro afán por preservar la pureza léxica y el estilo castizo».

Ricardo Güiraldes logró, en cambio, con *Don Segundo Sombra* (1926) al mismo tiempo en Argentina el triunfo que no había alcanzado antes ni con su

---

[150] En la revista *Nosotros,* en cambio, aparecieron tres artículos que celebraron la superioridad de Larreta (Herrera 1997: 39 s.).

poesía modernista ni con sus cuentos criollos (*vide infra*). Desde su publicación en la editorial Proa, fundada en 1924 por los martinfierristas Oliverio Girondo, Evar Méndez y el propio Güiraldes, esta «novela costumbrista de aprendizaje» tuvo mucho éxito de librería y de crítica. Para Marechal, *Don Segundo Sombra* pone fin a la odiada novela gauchesca folletinesca al estilo de Gutiérrez: «me parece la obra más honrada que se haya escrito hasta ahora sobre el asunto. El autor destierra ese tipo de gaucho inepto, sanguinario y vicioso que ha loado una mala literatura popular» (en: *Martín Fierro* 1926, núm. 34). Borges celebró *Don Segundo Sombra* entusiastamente con la exclamación (¿involuntariamente cómica?): «Toda la pampa en un hombre» (citado en *Martín Fierro* 1925, núm. 24). De hecho, la novela de su amigo adquirió pronto en el campo de la narrativa un sitio equivalente al *Martín Fierro* en el de la poesía gauchesca. Pero Güiraldes no había cambiado sólo de género, sino que había invertido además la trayectoria del protagonista: Martín Fierro era feliz al principio («Tuve en mi pago en un tiempo/ hijos, hacienda y mujer», vv. 289 s.) y sólo a cierta edad experimentó las injusticias sociales que lo hicieron sufrir permanentemente[151]. El «guacho» Fabio, en cambio, creció pobremente en casa de sus tías, llegó a conocer al pacífico gaucho don Segundo Sombra, aprendió con él las tareas típicas del campo y se despidió finalmente porque heredó inesperadamente una estancia.

La voz del subalterno de Hernández cambia en la novela de Güiraldes por la voz del estanciero, puesto que Fabio narra su niñez y juventud de gaucho en el campo desde la posición acomodada del adulto culto. Lo que enlaza el texto de Hernández con el de Güiraldes es este recurso a la voz narrativa autodiegética, que había caído en desuso en la novela regionalista-criollista. Con el consiguiente desdoblamiento temporal y social del narrador auto-extradiegético, se introduce, asimismo, el doble marco narrativo, uno de los rasgos genéricos de la poesía gauchesca: el yo narrando (nivel 3) refiere lo que le pasó al yo narrado (nivel 4) e intercala en esta narración cuentos de don Segundo Sombra (nivel 5), en los que aparecen incluso relatos de otros personajes (niveles 6 y 7 en los capítulos XII y XXI)[152]. Fabio dirige su relato implícitamente a un narratario urba-

---

[151] Su toma de consciencia y consiguiente cambio al final de la segunda parte no terminan con ello: cuando se despide de sus hijos para comenzar una nueva vida honesta, queda abierto si lo logrará.

[152] De ahí que discrepe de la opinión de Peris Llorca (1997: 135), según el cual el doble marco existe sólo metafóricamente en *Don Segundo Sombra*.

no que desconoce las faenas del campo[153], de ahí las muchas escenas costumbristas con respecto a una doma (IV), un baile (XI), una riña de gallos (XIII), una feria (XIV), unas carreras (XX), un duelo a cuchillo (XXIII), etc.

El final de la «Vuelta» de *Martín Fierro* y el estoicismo del maestro don Segundo Sombra terminan con la rebeldía de la «Ida» de *Martín Fierro*. En la novela de Güiraldes, esta lección se encuentra ya en el segundo capítulo, en el que Fabio relata su primer encuentro con don Segundo, un gaucho fuerte con rasgos aindiados: se ven en una pulpería, en la que don Segundo entra en busca de trabajo. Un tipo con frente de indio pampa, que ya está tomando su cuarta caña, se pone agresivo y lanza alusiones racistas en dirección a don Segundo, quien se hace el distraído. Pero como el otro vuelve repetidas veces a la carga, dice finalmente con toda tranquilidad «Vea amigo..., vi'a tener que creer que me está provocando [...] soy un hombre muy ocupao y por eso no lo puedo atender ahora. Cuando me quiera peliar, avíseme siquiera con unos tres días de anticipación» (84). El otro paga murmurando y lo acecha cobardemente afuera en la oscuridad, donde don Segundo lo vence y le perdona la vida. Después de esta lección de serenidad es casi imposible concebir que este gaucho haya tenido «en otros tiempos una mala partida con la policía» (80) que terminara con la muerte de un cristiano, vacío semántico que no se concretiza a lo largo de la novela. Mientras que los otros gauchos suelen contar sus vidas pasadas, poco se aprende de don Segundo Sombra, lo que se debe posiblemente al cambio de la perspectiva, porque don Segundo es un gaucho contado por su ex discípulo que no dispone de la focalización interna de su maestro idealizado: «en casa de mi padrino pasábamos los mejores ratos, [...] mientras el grande hombre nos contaba fantasías, relatos o episodios de su vida, con una admirable limpidez y gracia que he tratado de evocar en estos recuerdos» (310). Este pasaje con un matiz metatextual alude al tiempo narrado, el campo de la adolescencia de Fabio, que «aunque hay alguna que otra referencia a gringos y a frigoríficos, [...] está en gran medida todavía sin alambrar y las máquinas agrícolas y el ferrocarril no intervienen para

---

[153] Rodríguez Alcalá defiende la novela de Güiraldes sobre la base de este aprendizaje de la crítica de Borges, según el cual *Don Segundo Sombra* «está maleado por el afán de magnificar las tareas más inocentes. Nadie ignora que su narrador es un gaucho; de ahí lo doblemente injustificado de ese gigantismo teatral» (Borges en una nota titulada «Sobre *The purple Land*», 1960, citado en Rodríguez Alcalá): «Borges no ve que toda la novela *relata la educación de Fabio Cáceres*; que por tanto, todo lo que en su vida de resero tuvo algo que ver con su formación, es algo digno de ser evocado con la emoción suscitada por los grandes recuerdos» (Rodríguez Alcalá 1988: 283).

nada» (Parkinson de Saz 2002: 31). No obstante, la mención del general Roca (202) ubica el mundo narrado en los años ochenta, lo que pasa es que el campo, el paisaje y los personajes no son reales, sino que son símbolos, evocaciones nostálgicas del narrador-estanciero ubicado posiblemente en los años veinte de la redacción real de la novela. Peris Llorca (1997: 130) advierte que en aquel entonces «se había producido la inversión de la dicotomía entre 'civilización' y 'barbarie' en un momento en que el gaucho ya había desaparecido como clase, y eran las consecuencias indeseadas de la civilización las que inquietaban». De hecho, los nuevos bárbaros eran los inmigrantes que constituían gran parte del proletariado urbano; y de ellos se reclutaron los anarquistas y socialistas que habían dirigido ya a finales del siglo XIX muchas huelgas y que habían cobrado bajo la presidencia de Irigoyen mayor fuerza. Proyectado sobre este transfondo del contexto histórico coetáneo, *Don Segundo Sombra* semeja una pastoral[154], un mundo de armonía y justicia fuertemente maniqueísta poblado por personajes buenos (don Segundo Sombra, Fabio, ciertos gauchos y peones, el pulpero...) y malos (los gringos, los mercaderes, los pocos indios que aparecen) o descontables (las mujeres). Peris Llorca (1997: 143) acierta en decir que el único incidente —la detención de Fabio y don Segundo Sombra por haber pasado ante la comisaría al galope— se disuelve en humor, ya que los policías son caricaturizados. El contraste con los enfrentamientos de Martín Fierro, Juan Moreira, Hormiga Negra, etc. salta a la vista, pero no creo como Peris Llorca (1997: 144) que «la narración [remita] al género para parodiarlo», sino que la referencia intertextual cumple la función de revalorizarlo.

Jorge Luis Borges publicó en 1952 en *Sur* un artículo en el que consideró el texto de su antiguo amigo como elegía que llora el pasado perdido. Pero mientras que para Borges «ese carácter nostálgico y elegíaco no permite comparación entre la novela de Güiraldes y el *Martín Fierro* ni con ningún otro gaucho de la literatura o la tradición» (Fernández 1999: 18), el mismo argumento había servido a Leopoldo Lugones en su alabanza en *La Nación* (12.09.1926) para integrar la novela en la *trinitas* de la literatura nacional: «Un libro que [...] realiza la tercera jornada épica de la literatura nacional, cumplidas las otras dos por *Facundo* y por *Martín Fierro*». Rodríguez Alcalá (1988: 284) señala la necesidad de

---

[154] Olea Franco (1993: 241 s.) explica el inmenso éxito coetáneo de la novela en la misma línea: «Güiraldes proporcionó a los lectores de su época soluciones estéticas e ideológicas al acuciante problema de la heterogeneidad de la cultura argentina». Es decir, que a nivel de estilo, ofrece una síntesis de escritura criolla y simbolista/vanguardista, y a nivel ideológico, propone una «vuelta a un utópico mundo rural».

la educación cultural de Fabio no sólo a nivel intratextual, donde aparece como narrador-escritor, sino, además, a nivel extratextual, puesto que «convertido en gaucho sin cultura sería incompleto como símbolo de una Argentina del siglo XX». Conociendo el gusto por la literatura y cultura francesas, y tal vez a sabiendas de que Güiraldes empezó la redacción de *Don Segundo Sombra* en 1919 en París, el tercer grupo de lectores lo tacharon de afrancesamiento, crítica que culminó con los juicios de que a Güiraldes «se le ha olvidado el *smoking* encima del chiripá»[155] y «A don Segundo Sombra sólo le falta hablar francés....»[156].

Mientras la novela lírica *Don Segundo Sombra* carece, desde mi punto de vista, de cualquier aspecto burlón o ambiguo, algunos de los *Cuentos de muerte y de sangre* (escritos entre 1911 y 1912, publicados en 1915) parodian ciertos tópicos de la literatura gauchesca y son mucho menos maniqueístas que la exitosa novela. El primero, «Facundo», es una parodia del famoso personaje de Sarmiento que se revela aquí como jugador inofensivo. «Justo José [Urquiza]» parodia el honor del gaucho, que se hace el fuerte delante de una china. Muy cruel resulta el machismo en «Venganza», donde una cautiva le pone los cuernos a un capitán y éste ordena después a cada uno de sus hombres que la violen. En «El Rescoldo» aparece por primera vez la figura de Don Segundo Sombra cuyo relato se transcribe en jerga gauchesca. Este cuento parodia la superstición que reina en el campo. En «Nocturno» una disputa y amenaza de venganza concluye con un ataque al amenazado quien será asesinado cruelmente en el camino. Pero no sólo los hombres son violentos, ya que al mismo tiempo aparecen mujeres como aquella gaucha quien, al enterrar a uno de sus amantes, no logra meterle la cabeza dentro de la tierra. Acto seguido fabrica una pequeña cruz y se la hunde en el ojo («La donna è mobile»).

Las sinopsis revelan que en contra de la paz que reina en el mundo narrado de *Don Segundo Sombra*, en *Cuentos de muerte y de sangre*, como ya lo indica el título de la colección, estalla muchas veces la violencia y brutalidad de la gente del campo, de manera que estos cuentos presentan otra variante del tópico civilización-barbarie, o simplemente la otra cara del idilio novelesco que, al comenzar y terminar con la percepción de Fabio de que Don Segundo Sombra «era más una idea que un hombre» (314 y *cfr.* p. 79), señala claramente la idealización del gaucho que lleva a cabo.

---

[155] Paul Groussac en: *La Nación*, 19.9.1926, citado en Olea Franco (1993: 243).
[156] Juan Filloy, citado en la entrevista de Ambort (1992: 111).

Enrique Amorim, nacido en 1900 en Salto (Uruguay) y fallecido allí en 1960, fue también hijo de ricos estancieros[157]. Pero a diferencia de los otros escritores regionalistas-criollistas analizados en este estudio, la educación política de Amorim sigue una trayectoria que gira cada vez más hacia la izquierda: vivió gran parte de su vida en Buenos Aires (1916-1950) y formó allí primero parte del grupo de «Boedo». En los años treinta se comprometió contra el fascismo y en 1947 entró en el Partido Comunista (ver Rojas 1991: 85). Los abismos entre su procedencia y su actuación política, entre su vida en la capital de Argentina y su apego al terruño explican, según Reichardt, que Amorim escribiera más de 40 libros, en su mayoría novelas y relatos. Sus libros ofrecen observaciones agudas de la realidad y pasajes de gran intensidad (ver *ALL*, s.v. «Amorim»); Caillava elogia que *El paisano Aguilar* es «interesante, prolijamente escrita, quizá de las mejores que brotaron de la pluma del señor Amorim». No obstante, la novela más famosa de Amorim es *La carreta* (1937), que trata de la vida de un grupo de prostitutas ambulantes. El *DLEH* (t.1, s.v. «Amorim») presenta la obra de Amorim como

> literatura rural en un período de profundos cambios histórico-sociales [que abarca más o menos los años 1925-40]. Aun dentro del canon narrativo realista, empleó la sofisticación del hombre mundano que era (con casa en Buenos Aires y París) para evitar las trampas de una literatura de ingenua y fácil protesta social, como era la dominante en los años treinta en América Latina (*DLEH*).

Y continúa, refiriéndose a la novela que se estudia a continuación:

> En *El paisano Aguilar* su perspectiva fue más inquisitiva y social, fijándose en una figura histórica y cultural que estaba desapareciendo —el gaucho— para advenir en el «paisano», peón o terrateniente sedentario. Esa novela pretendió ser una respuesta a [...] *Don Segundo Sombra*, retrato del gaucho mítico, ofreciendo un rostro más realista y verdadero de un presente que la literatura debía revelar y no disfrazar (*DLEH*).

Anteriormente, Rojas (1978-1979: 190) y Reichardt (*ALL*, s.v. «Amorim») habían constatado de manera parecida que el héroe de Amorim forma una antítesis con respecto a *Don Segundo Sombra*, porque la vida en el campo, que prometía darle libertad y felicidad, se convierte en una cárcel monótona para Aguilar.

---

[157] Su padre tenía ascendencia portuguesa, de ahí el apellido Amorim.

Leyendo la sinopsis de la novela *El paisano Aguilar* (1934) de Caillava (1945: 148), podría pensarse que a mediados de los años treinta, la poética naturalista continuaba en boga: «al volver a la estancia para asumir el cargo de patrón, [Aguilar] es dominado por el medio ambiente en que actúa, y por la herencia atávica, agregaríamos nosotros». Garganigo (1967: 408) perpetúa esa ubicación naturalista, criticando que Amorim «capta un solo aspecto de la vida del hombre de campo: es el artista que elige ver solamente la suciedad y la pobreza que rodea a estos seres»[158]. Al situar el texto dentro de la vertiente regionalista-criollista y al analizar más detenidamente el plano de la expresión, resaltarán, en cambio, aspectos como literariedad y sensibilidad psicológica que superan la poética naturalista.

Como la mayoría de los protagonistas de las novelas criollistas, Aguilar, heredero de la estancia de su padre, trata de hacer carrera en la capital. Pero su educación ha sido distinta, puesto que el padre le había echado, igual que a sus dos hermanos, siendo los tres aún muy jovencitos, de la casa paternal para meterlos junto con los peones en un galpón. Ya en el colegio del pueblo Aguilar recibió el mote de «paisano» por sus marcadas características de hombre de campo. Pero cuando regresa a la estancia, trata de imponerse como patrón y huye de la jerga gauchesca. La estancia está muy solitaria: se necesitan cinco horas en automóvil para llegar a una población mayor. Allí lo aguarda una novia de la que Aguilar no está enamorado; además, existe allí cierta «pensión» en la que trabajan unas mujeres extranjeras y que frecuenta de vez en cuando, hasta padecer en ese lugar un ataque de flojedad que su novia disculpa muy discretamente cuando lo llevan acto seguido a su casa.

La extensión inmensa de la pampa lo agobia. Aguilar no aguanta el silencio y se siente molesto por el rudo trato de su vecino Trinidad. Este viejo verde es el supuesto padre de Malvina, la hija de la criada de Aguilar. Trinidad asecha a Malvina a pesar del incesto que cometería con ello, y se convierte en rival de Aguilar cuando éste comienza una relación amorosa con Malvina, llevándosela a su casa para sustituir a su madre.

---

[158] Las siguientes observaciones de Garganigo se refieren a la obra literaria de Amorim en general, pero no a la novela estudiada aquí: Amorim es «uno de los primeros que presiona abiertamente por una reforma agraria» —en *El paisano Aguilar*, por contra, la reforma agraria no se menciona siquiera— «y por la ruptura con aquellas tradiciones que han causado la desintegración del gaucho desde su estado libre hasta la sumisión completa. En la superficie sus gauchos son fracasados que no tienen ninguna esperanza, pero en el lenguaje poético se encuentra una nota de optimismo que estalla en tono vibrante y surge desde este mundo tan feo para ofrecernos su ayuda» (Garganigo 1967: 305).

Las dificultades de adaptación de Aguilar se resumen en una página: al principio de su llegada se siente «en su rol, identificado con el campo» (51). Unas líneas más abajo, observa atónito que los toros se lanzan «el uno sobre el otro, en un acto sexual perfectamente claro», lo que lo lleva a la ensoñación: «Ahora era un ser extraño, salido de las filas, huido del medio, fugitivo del campo, una vez más» (51). No obstante, el instinto bestial, sexual de los animales se le pega inconscientemente, porque esa misma noche percibe por vez primera «el escote amplio [de su criada que] ofrecía una blancura imprevista» (54).

Aguilar sufre cierto desencanto personal con respecto a la vida en el campo, pero hay también motivos objetivos para este desencanto. Por ejemplo la corrupción política que se revela claramente en la llegada de unos «doctorcitos» de la ciudad para cazar votos. Los paisanos los festejan, sin reconocer que son unos fanfarrones y embusteros. O los hijos bastardos no reconocidos por sus padres. O la modernización de las estructuras en un campo donde «año tras año, disminuían las posibilidades de hallar gauchos» (32) y con ello mano de obra barata. De ahí que Aguilar tenga deudas y que no avance económicamente nada. Al contrario: después de tan sólo dos años y medio, Aguilar se siente completamente desalentado, se descuida a sí mismo, a su novia y la hacienda. Su habla se vuelve incluso más gauchesca que la de sus peones; se transforma, pues, más y más en aquel paisano cuyo mote lleva desde niño.

Hacia el final de la novela, el ritmo narrativo se acelera. Aguilar elogia de pronto el norte, refiriéndose al Brasil del sur o al Paraguay, y planea una huida en una tropa de contrabandistas; si la inmensidad de la pampa lo aplastaba al principio, en este momento el campo ya no le alcanza: quiere dejar salir al nómada que lleva dentro. Tampoco le importa abandonar a Malvina con su hijo. La desprecia tanto como Andrés a su china en *Sin rumbo* (1885) de Cambaceres (ver 4.2.4). Malvina, por su parte, es tan sumisa y pasiva como la Donata de *Sin rumbo* o su propia madre Juliana.

La acción culmina con la escena de una tremenda crecida de agua, en la que se salvan las ovejas, pero muere un peón, el único hombre de confianza para Aguilar, tragado por el torbellino. Aguilar pasa las fiestas de navidad en la capital, pero la ciudad lo perturba. A fines de año vuelve a la estancia, donde Malvina lo espera con el hijo. Se entera de que su novia oficial había pescado a un abogado, noticia que le deja totalmente frío. La desoladora imagen de un tronco petrificado resume el estado anímico y vital de Aguilar después de haber pasado unos cinco o seis años en el campo:

En poco tiempo el tronco de un árbol no se hace piedra por la acción de las aguas, del limo. Se necesita quizás un siglo... Sin embargo, reflexionó [Luciano, un amigo de Aguilar], en qué pocos años, en la intemperie y la bárbara soledad de los campos, un ser humano se convierte en... (196).

El vaivén entre modernización y vida tradicional, además del recurso frecuente del discurso indirecto libre y de la focalización interna del protagonista, que le otorgan cierta literariedad al texto, son rasgos típicos de la novela criollista. Para terminar, presento algunos epígonos y un poema épico tardío con el fin de demostrar la heterogeneidad del género gauchesco.

El Inca de la Florida (1935) de Roberto Fabregat Cúneo pertenece al género de aquellas novelas uruguayas que tratan de gauchos contra las que Marechal sermoneaba ya en 1926 (en: *Martín Fierro*, núm. 34): «Aferrarse a un ayer mezquino como el nuestro es revelación de pobreza y de poca fe en nosotros mismos. En nuestro país, afortunadamente el mal no pasa de síntoma; pero el detestable ejemplo de muchos artistas uruguayos nos deja medir el alcance de tal error». *El Inca de la Florida* no se aferra solamente al pasado, sino que es además una novela bastante mal escrita que trata de unos gauchos que salen sin motivo a la guerra.

En el extraño relato de encuadre, el narrador ubica la situación narrativa primero en una pulpería en Guadalupe/Uruguay, para desechar unos párrafos más adelante esta ficción y caracterizar el relato que sigue como «verdadera historia de la Florida y de su Inca, contada que me fue no recuerdo por quién; apoyada en anécdotas y relaciones cuyo origen también he olvidado». La voz narrativa cambia a partir del segundo capítulo por la de un narrador hetero-extradiegético personal que hace a veces alardes de su cultura, intercalando anacronismos (Rousseau, cubismo, náyades etc.) en el mundo diegético, pero que reproduce la jerga gauchesca en los discursos directos en los que se intercalan a veces cuentos. Hasta aquí, el texto obedece a nivel discursivo las reglas del género. Pero el autor implícito Fabregat recurre a procedimientos metatextuales como notas al pie de la página que llaman la atención a la intertextualidad de cierta escena, jugando con el lector letrado[159], o reflexionando sobre el uso de ciertas expresiones y formas (ver pp. 37 y 49), con las que la ilusión diegética se (inter)rumpe. No obs-

---

[159] Nota 3: «¿De dónde está fusilado este pasaje? Los aficionados a la literatura antigua, o los que estén obligados a estudiarla, lo descubrirán en seguida. A ellos les pido perdón» (*El Inca de La Florida*, 40).

tante, salvo la nota citada de la p. 40, las demás notas no parecen cumplir otra función sino la de demostrar el alto nivel culto del narrador quien actúa de portavoz del autor implícito.

A nivel diegético, todo empieza con un duelo gauchesco y la huida del homicida, acompañado por sus partidarios. De estos prófugos y rebeldes se forma una partida con 300 hombres y luego todo un ejército con 5.000 e incluso 20.000 soldados: «todos habían nacido para la guerra y no para la quietud [...]. El rumor de su paso alborotó los yermos y sacudió las aldehuelas; incluso al oírlo muchos otros, que no sabían ni siquiera de qué se trataba, corrieron presurosos a unírseles» (160). La guerra termina con un combate entre los dos jefes de los ejércitos enfrentados, siguiendo una vieja costumbre. La muerte de ambos hace resaltar lo absurdo de esta lucha siempre renovada y expandida que no se basa en ninguna convicción política. Al contrario, destacan motivos personales de ciertos combatientes como liberarse del cargo o de la esposa durante unos meses. Las mujeres, en cambio, ya no son las chinas sumisas de novelas gauchescas anteriores, sino que se defienden corporal y bastante violentamente de los ataques masculinos, lo que estalla a veces en escenas carnavalescas:

A la señora del capataz, por ejemplo, la apretó contra una mesa el altivo Caronte Antúnez, y la señora le estrelló un vaso en la durísima cabeza. Y el arrogante Antúnez, sin admirarse mayormente, siguió bailando por toda la velada con la roja estrella que la sangre le prendía en la frente. Que no era esa mucha mella para un guapo de treinta y seis cicatrices, montoneras varias y pelo en pecho como cojinillo.

Aunque esta cita apunta hacia el aspecto paródico del texto, la novela no puede considerarse como parodia en su totalidad: sea porque la trama se le escapa una y otra vez de la mano al narrador[160], sea, porque el narrador parece perderse él mismo en las cifras de los soldados que aumentan vertiginosamente; sea porque es imposible determinar contra quién o qué está dirigido el tono burlón de este relato cuyo título se aclara sólo en el patético final: las tropas llegan a un templo incaico en Santiago de los Cobres, donde encuentran a un viejo amigo de uno de ellos transformado en un indio brujo que tiene el comando en la región porque actúa también como caudillo local. Esto es todo. Los gauchos vuel-

---

[160] Como se nota en la secuencia secundaria anunciada al principio, pero que no se retoma, de un gringo que buscó petróleo en Florida (provincia del Uruguay) y del cual se aprende solamente al final que se ha embarcado para Londres.

ven a sus pagos, «habían peleado [...] sin ningún reparo; era así, no más. [...] Traían consigo una crónica y eso era lo principal. [...] La evocarían fielmente hasta que el próximo suceso los levantase de nuevo ¡quién sabe!» (182).

Mientras que este epígono de Fabregat Cúneo carece de cualquier apropiación de la realidad extraliteraria, el poema épico *El Paso de los Libres* (1934) de Arturo Jauretche (1901-1974) relata la montonera radical en esta ciudad argentina que hace de frontera con Uruguaiana en el Brasil. Hoy en día nadie se acuerda y nada hace recordar la sangrienta lucha que tuvo lugar allí en 1933 y en la que el autor participó, continuando, según Jorge Luis Borges (en su breve prólogo a la primera edición) «la tradición de Ascasubi —y del también conspirador José Hernández» de ser a la vez soldado y poeta. Jauretche escribió este poema octosilábico, que consta de tres partes de estrofas variadas (décimas, cuartetas y sextillas) «estando en prisión»[161].

El narrador primero introduce la situación narrativa típica de unos gauchos chupando mate alrededor del fogón. Pero esta voz extra-heterodiegética delega la palabra pronto a un gaucho-payador, quien se autopresenta como cantor «al estilo criollo» y hace alarde de su hombría, la única copla graciosa en todo el poema, que se distingue por la falta de comicidad verbal de sus famosos predecesores: «No quiero andarme con chicas/ y desde ya se los digo:/ no pueden contar conmigo/ para cantos de maricas». El payador Barrientos, por el contrario, quiere cantar la larga lucha de Libres en la que ha participado. Actúa, pues, a nivel intradiegético como cantor cantando y a nivel hipodiegético como cantor cantado: «dije adiós a mi mujer/ y me largué a la frontera...», o sea, atravesó el río Uruguay y se fue al Brasil. Los rebeldes, que provenían «de todos los puntos,/ porteños y provincianos» (21), además de la participación de extranjeros, posiblemente uruguayos (24), se encontraron en una isla en el río entre Corrientes y Brasil.

El narrador primero retoma brevemente la palabra al principio del segundo canto porque Barrientos tiene que hacer una pausa para cuidar a sus caballos, recurso empleado ya por Estanislao del Campo en el *Fausto*. Un viejo se aprovecha de la interrupción, toma la viola y alza la voz para «cantar en broma». Pero lo que sigue no es absolutamente cómico, puesto que apunta un gran número de «patrias vergüenzas» (28): desde la alianza de los militares y de la oligarquía conservadora, que empezó con el golpe militar de «Uriburo» (6.9.1930) y la presi-

---

[161] Borello (1974: 63). Chávez (2004: 383-385) reproduce un fragmento de este poema cuya recomendación agradezco a Dieter Reichardt.

dencia de Justo (1932-1938), época conocida como «Década infame», en la que las estructuras sociales y democráticas de la era de Irigoyen se iban desbarajando[162]. El viejo menciona el «Sufragio e Difuntos», el hambre, el paro, la pobreza, la explotación por parte de oligarcas y gringos, la falta del derecho de huelga... Estos datos sirven para explicar el por qué de la rebelión en Paso de los Libres: «Hasta que un día el paisano/ acabe con este infierno/ y haciendo suyo el gobierno/ con solo esta ley se rija» (34). No obstante, el viejo termina su canto con cierta resignación: «Les he dicho todo esto/ pero pienso que a nada,/ porque a la gente asonzada/ no la curan los consejos:/ cuando muere el zonzo viejo/ queda la zonza preñada» (38). En eso vuelve Barrientos, y el narrador primero le concede en la tercera parte nuevamente la palabra.

Barrientos continúa con la historia de la lucha en Paso de los Libres, dramatizando lo cantado por el empleo del tiempo verbal del presente: los rebeldes embarcan en la madrugada y se dirigen al pueblo, donde caen pronto las primeras víctimas en ambos lados, pero en el lado de los rebeldes se muere heroicamente: «murió Ramón/ jugando a risa la herida:/ siendo grande la ocasión,/ lo de menos es la vida» (43). Los rebeldes más variados —gauchos y maturrangos, jóvenes y viejos, ricos y flacos (ver p. 46)— respetan la propiedad ajena, a pesar del hambre. Luchan incansablemente, pero después caen más y más muertos, mientras que se acerca la victoria del otro bando, más numeroso y protegido por trincheras. No obstante, los montoneros continúan con el grito «¡La libertad o la tumba!» (57), y cuando el coronel ordena volver, «diciendo que él se quedaba/ para cubrir con su cuero/ la tranquila retirada», los demás se solidarizan con él: «¡Nos vamos todos o nadie!» (60). Las crueldades empeoran cuando los del gobierno reciben una orden de no tomar prisioneros, por lo que degüellan rebeldes, heridos y sanos. En total cayeron cincuenta y tres, «sirviendo una causa noble» (65). Barrientos mismo pudo salvar el pellejo, razón por la cual es capaz de relatar la lucha que había presenciado, al igual que el autor Arturo Jauretche.

El narrador primero retoma la palabra en las últimas cuatro estrofas. En su reflexión final se pregunta si todo fue en vano o «si mi raza/ como ese fuego agoniza,/ ¡o si está ardiendo la brasa/ y hay que soplar la ceniza!» (67). Según Romano (1983/2001: 1097), «el desenlace no es conciliatorio, ni se resigna al destino, como en muchos de sus coetáneos, sino lúcido y esperanzado en las fuerzas inalienables de la nacionalidad».

---

[162] Antoniotti (2001: 77) apunta la valoración política e ideológica común entre Jauretche y su prologuista Borges, quien estaba acreditado desde 1927 al anciano caudillo radical Irigoyen.

El poema de Jauretche destaca del corpus de textos estudiados del siglo XX porque reanuda la tradición combativa de la poesía gauchesca, pero parece que a pesar de haber soplado en esta ceniza, la brasa no volvió a arder lo suficiente para crear nuevos poemas dentro de esta línea. Quisiera terminar este capítulo con la presentación de tres epígonos bastante variados que demuestran la continuidad del género dentro del molde realista.

Carlos Alberto Leumann (1886, -1952, Santa Fe) se distingue por su origen social modesto de la mayoría de los escritores de narrativa gauchesca presentados en este capítulo: «fue el penúltimo de los siete hijos [...] de un matrimonio de origen suizo procedente de las corrientes migratorias que se establecieron en el Litoral en el último tercio del siglo XIX» (Requeni 1994: 9). El periodista y novelista conoció en la universidad a Roberto G. Giusti, quien «lo invitó a colaborar en la revista *Nosotros*» (*Ibíd.*: 10); en 1910 entró en *La Nación* y frecuentó los salones de la alta burguesía. *Adriana Zumarán,* su primera novela, tuvo en 1920 un éxito inmenso pero es hoy totalmente olvidada. No obstante, en los años treinta, cuando escribía su cuarta y última novela, *Los gauchos a pie* (1938), sufrió varios momentos de penuria económica.

En esta novela defiende de un modo algo paternalista al gaucho que merodea por la ciudad, desprovisto del elemento vital de su existencia: el caballo, lo que constituye una curiosa coincidencia con la novela *Sem rumo* de Cyro Martins, publicada un año antes (ver 4.2.4). No obstante, la novela de Leumann se distingue por la poética, ya que el autor implícito recurre a un narrador-portavoz autodiegético que se presenta como juez *malgré lui* («sólo porque soy pobre conservaba el cargo», 19) y presenta una novela de tesis con rasgos de novela criminal: sin fijar el tiempo narrado, cuenta primero cómo había conocido nueve años antes en la estancia de un amigo al gaucho Cirilo, uno de los representantes de esta «raza vencida, siempre en guardia contra los puebleros, que los tutean y los tratan con una descortesía sorprendente» (21). El visitante proyectó su imaginario gauchesco en este hombre de unos 28 años: «Usted tiene una verdadera planta de gaucho, mi amigo. De gaucho cantor», pero debe aprender que «en el campo argentino el paisano ha dejado de cantar». Y, peor todavía, que las estancias no toman peones con caballos propios porque los dueños temen que los gauchos trabajen menos porque cuidan constantemente sus pingos. Cirilo cuenta que él también tuvo que abandonar su rosillo, y el visitante revienta casi de indignación contra su amigo estanciero al que cuenta la historia en la sobremesa. Julia, la hermana de la esposa del estanciero, comparte esta reacción. Los dos rompen sus lazos familiares y de amistad con el matrimonio estanciero, se casan y Julia busca en vano con su marido a Cirilo en cuya desventura reconocen el destino de otros gauchos.

Dos años después, el juez recibe el caso de un homicidio cometido por un tal Cirilo Flores quien confiesa ser el asesino. En el torpe interrogatorio no se da cuenta de que se trata del mismo Cirilo, y lo condena a veinte años de presidio. Después reconoce su error, y cree firmemente en la inocencia de Cirilo, al que interroga nuevamente, pero sin obtener ningún resultado: el acusado confirma ser el asesino. Finalmente, Julia le arranca la anhelada confesión a Cirilo: después de haber seducido a una china a la que abandonó acto seguido, ésta se prostituyó y murió joven. Al enterarse de eso, tuvo tantos remordimientos que decidió aprovecharse del homicidio de otro para ser enterrado en vida, decisión que el juez acepta resignadamente porque reconoce que está irremediablemente destruido por la civilización. Esta solución maniqueísta ignora cualquier culpa del gaucho presentado como víctima absolutamente inocente. La culpa reside únicamente en el estanciero malo y en la civilización importada, pero no en el gaucho cobarde que renuncia sin ninguna rebeldía a lo que más quiere en su vida, su bayo, y que abandona sin escrúpulos a una mujer después de haberla dejado encinta.

La gaucha (1953) de Elbio Bernárdez Jacques termina esta presentación de epígonos de los que hay, naturalmente, muchos más. Elegí esta novela de autor desconocido porque trata de un personaje descuidado por el género, reducido por lo general a su papel de china y madre abandonada. El autor advierte en el prefacio este vacío dentro de la «gloriosa epopeya que el Gaucho contribuyó a labrar en América». De ahí que quisiera presentar con «anhelo patriótico» a este noble personaje «cuyo heroísmo, abnegación y sacrificio aún no han sido revelados al juicio y reconocimiento de la historia».

El narrador extra-heterodiegético personal relata a continuación en 39 capítulos breves la trayectoria heroica de una gaucha cuya representatividad se traduce por la falta de un nombre propio. Su hombre muere en una partida, ella cae cautiva de los indios, pero huye pronto, perdiendo a sus dos hijos. Luego destaca por ser la única que actúa en medio de hombres en situaciones peligrosas y por encarnar virtudes masculinas y femeninas. Primero salva a un buey que se ahoga, luego a un hombre amenazado por un toro furioso; apaga un fuego y tiene nervios suficientes para contar después un chiste. Cuando vive en un fortín, teje en invierno incansablemente ropa para los soldados, domina un potro, salva a unas indias a punto de ser violadas por un soldado, pide al comandante que entierre cristianamente a algunos indios muertos para que no se los coman los caranchos y cuida a unos soldados infectados por la viruela. Se contagia y muere lentamente.

Al igual que las antologías gauchescas de Danero que aparecieron en los años cincuenta en la editorial Castellvi, *La gaucha* demuestra el continuo interés popular rioplatense por el género. Lo mismo puede decirse de los cancioneros populares y de la música gauchesca que existen hasta hoy, produciendo canciones gauchi-criollas de protesta social, como, por ejemplo, Chito de Mello: «No soy cantor 'sensiblero'/ Soy cantor de 'meta y ponga'/ Y 'enredáo' en la milonga/ Traigo un cantar [..] Que ante el tirano no afloja» («Mi canto»). «El Chito», también conocido como «El Gaucho Libertario», publicó sus letras «en portuñol» en el cuaderno *Rompidioma* que se vende en los quioscos de Rivera, ciudad fronteriza con Santana do Livramento en Rio Grande, donde había vivido José Hernández. Chito se mofa de la ignorancia de la gente de la capital: «Me han criticado/ En varios 'lado'/ Porque he cantado/ 'Abrasileráo'/ Qu'es 'erejía'/ Pronunciar 'sía'/ O que'n Bahía/ Fuí 'bautizáo'/ Querido hermano/ Montevideano/ No soy 'bayano'/ 'Tás engañáo'/ Soy de Rivera [...]» («Rompidioma»). El repertorio temático abarca los problemas más variados, pero les otorga siempre cierta dignidad a «los de abajo» con los que la voz cantante se identifica. Algunos temas se conocen de la gauchesca, aunque la reacción es distinta: «Sé que algunos no les gusta/ Que cante pa', 'los de abajo'/ Mas 'mi´mporta' 'tres carajo'/ La opinión de 'sos 'dotor'/ Yo soy hijo de'ste pueblo/ Soy: borracho, 'bagayero'» («Y no es por 'me gavá'»), o bien: «Hay unos 'cara' que compran los voto/ Con unas 'chapa' y unos 'ladriyó'/ Despúes que ganan se hacen bien los 'choto'/ Y ni se acuerdan del que los votó» («A sopa náun é 'sôpa'»)

En otra canción titulada «Charrúa» la voz cantante se dirige a este indio pronto eliminado y recuerda su triste historia: «[...] Sin Artigas no quedó/ Aquí quien te defendiera [...]», pero termina con una nota de esperanza y rebeldía: «Pero no has muerto 'del todo'/ Estás 'vivo en la conciencia'/ [...] tu sangre 'caliente'/ Aún 'corre' en nuestras arterias/ Porque tu vida es ejemplo/ Y ha de ser como 'una Téa'/ El día que el URUGUAY/ Tenga 'nueva independencia!'».

En Argentina, la literatura gauchesca toma a partir de los años cincuenta nuevos rumbos que se analizan a continuación.

4.2.8 Del gaucho al guapo: reescrituras y parodias

> *Donde no me alcanza la vigüela me*
> *sobra el cuchillo.*
>
> (*Adán Buenosayres*, libro IV)

En cierto sentido, el gaucho se convierte con el tiempo en guapo[163]. Leopoldo Marechal diagnosticaba en *Martín Fierro* (1926, núm. 34):

Las letras rioplatenses, tras un discutible propósito de nacionalismo literario, están a punto de adquirir dos enfermedades específicas: el gaucho y el arrabal. Nada habría de objetable en ello si se tratara del campesino actual, que monta un potro y maneja un Ford con la misma indiferencia; pero se refieren a ese gaucho estatuable, exaltado por una mala literatura; a ese superhombre de cartón que, abandonando su pobre leyenda, quiere hoy erigirse en arquetipo nuestro. [...] Olvidemos el gaucho.

Ezequiel Martínez Estrada retrataba esta evolución en *Radiografía de la pampa*[164], y el propio Marechal volvió a la carga en *Adán Buenosayres* (libro III, 446 s.):

harto sabido es que la bravura criolla, personificada en aquel gaucho sublime que se llamó Martín Fierro, había evolucionado más tarde hacia el heroísmo semirrural de un Juan Moreira, para concluir en cierta belicosidad de tipo ciudadano, bien sostenida por aquel glorioso linaje de *malevos* que floreció en Buenos Aires a fines del siglo xix y principios del xx.

La conversión del gaucho en guapo no responde solamente a los cambios histórico-sociales, sino que constituye a la vez una parodia de la literatura gauchesca[165].

---

[163] A partir de los años veinte, el compadrito es un símbolo yuxtapuesto al gaucho (ver Bordelois 1999: 72, quien no toma en cuenta la dimensión histórica de esta relación contigua).

[164] Martínez Estrada (1933/1942 t. I, pp. 105 s). Jauretche (1957) polemizaba con Martínez Estrada, a quien se refería como «fotógrafo de barrio», y ponía «en evidencia la continuidad histórica del personaje gauchesco» (nota del editor a la edición *El Paso de los Libres*), como se vio asimismo en 1934 en su poema (*vide supra*), donde el payador Barrientos se defiende de los cantores-compadritos: «Es cosa que no se explica/ que payadores de rango,/ anden llorando en el tango/ sus desgraciados amores».

[165] En *Adán Buenosayres* (primera parte del libro III) se parodia la excursión de unos jóvenes a la pampa (Saavedra) que está en los márgenes de la ciudad: «el que debería ser el baquiano, pierde

Y la parodia es un paso característico en la evolución literaria del género gauchesco en la segunda mitad del siglo XX. Analizando el *Fausto* (ver 4.1.3), ya se mencionó su papel importante como motor del cambio literario. En adelante, se analizan varias parodias y reescrituras del género gauchesco para hacer descriptible su evolución. Empiezo con Jorge Luis Borges, el más famoso teórico de la gauchesca, que es a la vez uno de los autores latinoamericanos internacionalmente más conocidos, estudiados y renombrados —aunque no precisamente por sus relatos gauchi-criollos publicados en los años cuarenta y setenta que analizo a continuación[166].

* * *

> En el Sudamérica *nadie los aprecia [a los gauchos] ni los defiende, salvo Davove que por influencia de Borges quiso ver en esos individuos algo así como una estética —mítica— del supuesto «culto del coraje».*
>
> (Abel Posse: *La reina del Plata*)

En el cuento magistral «El Sur»[167], Borges invierte el camino retrazado por los gauchos reales que se dirigieron a la ciudad después de haber perdido su trabajo en el campo por la introducción del alambrado. Aquí el ciudadano se dirige a la pampa, confrontándose con «El Sur», con mayúsculas, producto de su fantasía y del imaginario colectivo, ambos nutridos por la literatura[168]. Juan Dahlmann, en cuya sangre se mezclan los genes de su abuelo paterno germánico, protestante, y de su abuelo materno argentino, «que murió en la frontera de

---

la huella [...] chocan con animales muertos, caen en un arroyo, y finalmente salen asustados por creer haber encontrado al diablo» (Montaldo 1993: 128).

[166] Sólo en los últimos años aparecieron algunas críticas que se concentran en los cuentos «Biografía de Tadeo Isidoro Cruz...», «El Sur» y «El fin» (ver García Morales 2000, Gotschlich 2000, Klinting 2001, Olea Franco 2006), pero que no se refieren a los demás relatos analizados a continuación (con excepción de escasas menciones de Renaud 1992, quien concluye que Borges dota «el fin de sus agauchados personajes de una amplitud metafísica que burla todo escollo folklorista», p. 214), pero quien no reconoce la honda ironía subyacente).

[167] Escrito en 1953, agregado en 1956 a *Artificios* (1944), recolectado en *Ficciones*.

[168] De ahí también la significación de las *Mil y una noches* en este cuento: mientras que Shahrazad narra durante mil y una noches para salvar su vida, la literatura le cuesta la vida a Dahlmann. Agradezco esta idea a mi alumno Thomas Marder (Universidad de Bremen).

Buenos Aires, lanceado por indios de Catriel» (195), es un modesto secretario de una biblioteca porteña. Debido al imaginario gauchesco, Juan Dahlmann se siente —irónicamente— hondamente argentino. Ha heredado el casco de una estancia en el Sur que no frecuenta nunca, pero que siempre está anhelando visitar. Un día tiene un accidente en la escalera al chocar en la oscuridad con un batiente que le hiere gravemente en la sien. Después de ocho días con fiebre y pesadillas, los médicos lo llevan a un sanatorio donde lo someten a una operación tras la cual se entera que «había estado a punto de morir de una septicemia» (197). Días después, lo mandan a convalecer a la estancia, lo que le parece increíble.

A partir de este momento, el texto desarrolla hábilmente una doble lectura semántica: el lector implícito no llega a saber nunca si todo lo que pasa a continuación pasa «en realidad» (dentro de la ficción, claro) o si se trata de un sueño de Dahlmann que se encuentra narcotizado y a punto de morir en la mesa de operación. La mayoría de los críticos se inclina por la segunda hipótesis[169]; yo prefiero conservar la ambivalencia semántica intencionada, ya que las dos posibles muertes son tan inseparables como los dos linajes que confluyen en el protagonista[170].

El narrador describe primero cómo Dahlmann se dirige temprano a Constitución, viendo «con felicidad y *con un principio de vértigo*» (198) la ciudad en un acto de percepción levemente distinto del común: «unos *segundos antes de que las registraran sus ojos, recordaba* las esquinas, las carteleras». Llega a la estación y se acuerda de un gato enorme de un café de la calle Brasil. Entra en la sala de espera de la estación: «Ahí estaba el gato» (198). El artículo determinado no deja lugar a dudas que se trata del mismo gato, sin que Dahlmann se asombrara siquiera, porque se repite el mecanismo de recordar primero y ver/experimentarlo después. A no ser que se trate de una metempsicosis (palabra que Molly Bloom no entiende en el *Ulysses*), el episodio del gato demuestra que Dahlmann está soñando; la misma sensación de irrealidad se produce al alisar el pelaje del gato: «aquel *contacto* era *ilusorio* y [...] estaban *como separados por un cristal*». Después sube a un vagón casi vacío del tren y saca un tomo de las *Mil y una no-*

---

[169] Olea Franco (2006: 47-63) explora en su análisis la primera hipótesis.

[170] Agradezco esta idea del reflejo diegético linajes-muertes a Herminia Gil (Universidad de Hamburgo), que publicará en 2007 su tesis de doctorado sobre la poética narrativa de Borges. En adelante subrayo aquellos elementos textuales que indican que podría tratarse de un sueño bajo los efectos de la fiebre.

ches, pero Dahlmann, lector empedernido, no logra concentrarse, así que cierra «el libro y se dejaba simplemente vivir» (199). Experimenta cierto desdoblamiento de sí mismo, uno está viajando a la estancia, «[¡] el otro, encarcelado en un sanatorio»! Todo lo que ve a través de la ventana son cosas «casuales, *como sueños* de la llanura» (200). Cuando despierta, el sol está poniéndose y «el *coche era distinto*; no era el que fue en Constitución [...]: la llanura y las horas lo habían atravesado y transfigurado». Un inspector lo saca de sus ensoñaciones y tras mirar su billete le informa «que el tren no lo dejaría en la estación de siempre sino en otra, un poco anterior», comentario extraño ya que Dahlmann no había viajado casi nunca a la aislada estancia. En la estación abandonada le dicen que debe caminar una decena de cuadras para conseguir un vehículo en un almacén. Allí cree reconocer al patrón, pero «luego comprendió que lo había engañado su *parecido con uno de los empleados del sanatorio*» (201). Decide comer en el almacén y al principio no se fija en unos muchachos que beben ruidosamente en una mesa —«dos parecían peones de chacra; otro, de rasgos achinados y torpes, bebía con el chambergo puesto» (202)[171]. Dahlmann observa a un hombre muy viejo que está sentado en el suelo, apoyando la espalda en el mostrador, vestido con poncho, chiripá y botas de potro y se alegra porque opina que «gauchos de ésos ya no quedan más que en el Sur» (202). De pronto, Dahlmann siente «un leve roce en la cara» y se da cuenta que alguien le ha tirado una bolita de miga. Dahlmann no se deja provocar y abre el libro pero, después de unos pocos minutos, le tiran otra bolita y esta vez los peones se ríen. Dahlmann, convaleciente, no quiere meterse en una pelea y decide salir, momento en el cuál el patrón le advierte «con voz alarmada: —Señor Dahlmann, no les haga caso a esos mozos, que están medio alegres».

Involuntariamente, el patrón empeora la situación, porque Dahlmann ya no tiene modo de pretender no haberse enterado de la provocación. Por eso se enfrenta con los muchachos, y el de los rasgos achinados lo insulta y tira un largo cuchillo, desafiándole. El patrón advierte que Dahlmann está desarmado. Y entonces, inesperadamente, el viejo gaucho —«en el que Dahlmann vio una cifra del Sur (del Sur que era suyo)» (203)— le tira desde el suelo una daga. El narrador comenta: «Era como si el Sur hubiera resuelto que Dahlmann aceptara el

---

[171] Olea Franco (2006: 54) apunta una nítida lectura sociológica al ubicar la producción del cuento en plena época del peronismo y al subrayar la inferior posición socioeconómica del muchacho, cuyos «rasgos achinados» remiten a las «cabecitas negras».

duelo» (203)[172]. Y Dahlmann, recogiendo el arma, se da cuenta de los códigos a los que se rinde: acepta con ello el desafío y le da carta blanca al otro para matarlo en buena ley. *«No hubieran permitido en el sanatorio que me pasaran estas cosas,* pensó» (204, cursivas del texto). Pero intuye por otro lado que este duelo de cuchillo a cielo abierto «es la muerte que hubiera elegido *o soñado*» (204) —por medio de la conjunción «o» el libre albedrío se equipara con el sueño y ambas cosas se cifran en el mítico Sur de sus antepasados. Debido a que la narración termina con una *mise en abyme* prospectiva del enunciado, semejante al final del cuento breve «Continuidad de los parques» de Julio Cortázar[173], la muerte inminente del protagonista no se narra. Pero la última frase «Dahlmann empuña con firmeza el cuchillo, que acaso no sabrá manejar, y sale a la llanura» (204) no deja lugar a dudas de que va a morir allí, al igual que su abuelo Florencio Flores, cuyo destino imita en cierta forma (*mise en abyme*). No obstante, la ambigüedad semántica que recorre el texto entero se conserva hasta la última palabra, ya que la llanura puede ser efectivamente la pampa del Sur, o bien una imagen de la eternidad hacia la cual Dahlmann se dirige en cuerpo y espíritu desde la mesa de operaciones. La variante del Sur es mucho más atrayente, porque le otorga a la muerte cierta grandeza, una nostalgia por los valores gauchescos del honor y de la valentía. No obstante, esta grandeza se deconstruye simultáneamente por el motivo banal del duelo que, como vamos a ver, es ridiculizado posteriormente repetidas veces en los cuentos de Borges (*vide infra*).

El cuento «El muerto» (en: *El Aleph*, 1949) es interesante porque ilustra otra trayectoria gauchesca invertida en cuanto que trata de un compadrito de los suburbios porteños que se transforma en un gaucho. Después de haber apuñalado a un hombre, el joven Otálora debe huir de su barrio. Se dirige a Montevideo, donde se ve involucrado por casualidad en un altercado entre troperos. Impide una puñalada baja y salva la vida de Azevedo Bandeira, el jefe fornido de esos hombres, en cuyo rostro, marcado por una cicatriz, hay huellas de judío, negro e indio. Otálora se une a ellos, salen al campo y aprende durante un año las tareas gauchescas en la frontera con Brasil.

---

[172] Según Sarlo (citada en Bordelois 1999: 131), esta escena puede leerse «como cumplimiento de un destino pero también como castigo por su bovarismo, porque el criollismo de Dahlmann es, como el romanticismo de Emma Bovary, un efecto superficial y trágico de la literatura tomada al pie de la letra. Ambos sentidos forman el pliegue de la ironía del relato».

[173] Este cuento de Cortázar salió casi simultáneamente con «El Sur», en *Final del juego*, en 1956.

El narrador extra-heterodiegético, quien ignora «los detalles de su aventura», los resume escuetamente, es decir, sin reproducir los pensamientos y discursos de los personajes, con dos excepciones. En la primera cuenta cómo Otálora está movido más y más por «la ambición y también una oscura fidelidad. *Que el hombre ([Bandeira] piensa) acabe por entender que yo valgo más que todos sus orientales juntos*». Logra ganar la amistad y la ayuda de uno de los hombres de confianza de Bandeira. La segunda reproducción del habla se encuentra al final, después de que Otálora haya logrado todo, apropiándose del mando, de la mujer pelirroja y del caballo de Bandeira. En la última noche de 1894, en la estancia El Suspiro, Bandeira ordena sorpresivamente, dirigiéndose a la mujer: «Ya que vos y el porteño se quieren tanto, ahora mismo le vas a dar un beso a vista de todos». Viendo el revólver de su compañero, «Otálora comprende, antes de morir, que desde el principio lo han traicionado, que ha sido condenado a muerte, que le han permitido el amor, el mando y el triunfo porque ya lo daban por muerto, porque para Bandeira ya estaba muerto»[174].

En 1975, el director Héctor Olivera, conocido por su película sobre la dictadura *La noche de los lápices* (1986), adaptó este cuento breve al cine argentino, con guión de Fernando Ayala supervisado por Juan Carlos Onetti. Lo más sorprendente es que, a pesar de haber tenido que expandir considerablemente el material narrativo que abarca sólo unas pocas páginas, la película de 110 minutos no contiene casi diálogos. Hay frases sueltas enunciadas por los hombres de la tropa, frases acompañadas por acciones que demuestran un mundo machista de tipos valientes y simples que montan a caballo, se dedican al contrabando, duermen en el suelo de la estancia y toman mate junto al fogón. No obstante, se parecen más a *cowboys* que a gauchos, o, para ser más concreto, a los mexicanos que aparecen en los *western*, donde adoptan invariablemente el papel del torpe y simple.

El protagonista Otálora es el más guapo e inteligente de todos, uno que destaca por su origen ciudadano y por cierto aislamiento interior. Pero se transforma rápidamente, no sólo físicamente (se deja crecer el pelo y la barba, cambia los vestidos del compadrito por un poncho), sino que cambia también su modo de hablar, de pronunciación y de actitud, volviéndose desdeñoso y racista. En su

---

[174] Herminia Gil advierte en un comentario que «El muerto» se puede relacionar con el relato «La muerte y la brújula» en cuanto a cómo el autor implícito transforma el modelo genérico (en este caso policial): el perseguidor pasa a ser perseguido. En «El muerto», también se produce esta «vuelta de tuerca».

primera visita a un prostíbulo, le dice por ejemplo a una moza negra: «No estoy de luto». En su relación con la mujer de Bandeira —episodio que se alarga desmesuradamente en la película, añadiendo cierto romanticismo insulso que tiene poco o nada que ver con la trama de Borges— Otálora se comporta como un macho que se apodera de una yegua desdeñosa y arisca. En la escena del primer beso se reproduce el diálogo más largo de toda la película, pero resultan ser más bien interjecciones de su deseo que casi no se entienden porque de fondo suena alta una música sentimental que no concuerda en absoluto ni con la época ni con el ambiente rural.

El Otálora de la película es bastante ingenioso; se apropia del mando de Bandeira y hace negocios propios de contrabando con las tropas enemistadas de los blancos y de los colorados que se encuentran en perpetuas guerras civiles. A diferencia del cuento, donde se gana paulatinamente la amistad de Suárez, en la película Otálora adquiere súbitamente poder sobre este ayudante imprescindible porque se entera de que fracasó en el prostíbulo, y se aprovecha de esta información para tener poder sobre él.

La enfermedad de su contrincante Bandeira es más grave en la película: casi no puede sostenerse en pie y se cae delante de todos cuando quiere subir a su caballo. Pero la gran diferencia con respecto al personaje de Borges reside en su distinción, en su manera caballeresca de vestirse, en el hecho de que se le dirijan con un «don Azevedo», en que sea un criollo en vez del mestizo del cuento y en que hable *portunhol*, al igual que sus hombres. Este coronel o caudillo pierde a lo largo de la película su autoridad. Hasta tal punto que se vuelve un viejo inofensivo y enfermo. De ahí que el final de la película, con la súbita recuperación de Bandeira y su mortal toma de venganza, resulte bastante inverosímil. Al contrario del cuento, donde el mismo final produce otro efecto, porque cabe dentro de su estilo escueto, parco, que refleja adecuadamente el mundo narrado: un mundo machista regido por estrictas leyes de conducta, bravura y honor. El haber roto el código de honor y de respeto le cuesta la vida al compadrito-gaucho, además de por no haber previsto la jugada de Bandeira. Su destino refleja la incompatibilidad de los dos mundos, de la distinción sarmientina entre civilización y barbarie: el porteño puede adaptarse sólo superficialmente al mundo de la pampa, pero carece de la experiencia innata, de los códigos internalizados de los gauchos, peones y matreros. Éstos, en cambio, no son tan bárbaros como parecen, sino que reconocen desde el principio el intento de engaño, se lo transmiten incluso en forma de advertencia, pero Otálora está demasiado seguro de sí mismo para captarla: «alguien aclara que hay un forastero agauchado que está queriendo mandar demasiado. Otálora comprende que es una broma, pero le halaga el hecho de que esa broma sea posible». Como un ratón en un experimento, sigue paso por paso las reglas del juego que el otro le dicta, sin saberlo, sin intuirlo siquiera. Este cinismo del cuento de Borges no se encuentra en la película, que se caracteriza por cierta incompatibilidad de sus códigos visuales, sonoros y musicales, pero el espectador no puede saber a ciencia cierta si esto se debe a la incapacidad artística del director y de su equipo y/o a las circunstancias político-históricas[175] del rodaje. O si se trata, todo lo contrario, de un efecto buscado que, por otro lado, no se explica al ser comparado con el cuento en el que se basa la adaptación cinematográfica.

«Historia del guerrero y de la cautiva» (en: *El Aleph*, 1949) trata de dos historias separadas temporal y espacialmente que se vinculan por el hecho de que ambas presenten actos humanos inesperados e incomprensibles, por lo menos a primera vista. La primera historia trata del guerrero lombardo Droctulft, quien abandonó alrededor del año 500 en el asedio de Ravena, la capital del occidente antiguo tardío, «a los suyos y murió defendiendo la ciudad que antes había atacado». Esto lleva a recordar el acto asombroso del sargento Cruz, quien, en medio de una batalla, se identifica con el hombre contra el que lucha y se solidariza con él (*vide infra*: «Biografía de Tadeo Isidoro Cruz»). El bárbaro Droctulft se identifica con la civilización: «bruscamente lo ciega y lo renueva esa revelación, la Ciudad. [Sabe] que ella vale más que sus dioses» (57). Por eso pelea por Ravena y muere en la batalla. En agradecimiento, los ravenses le graban un epitafio en la sepultura, y el narrador explica: «No fue un traidor (los traidores no suelen inspirar epitafios piadosos); fue un iluminado, un converso».

Esta historia le recuerda otra historia al narrador, quien la había oído a su abuela inglesa. Cuando ella vivía en Junín, donde su marido había sido jefe de las fronteras, conoció en 1872 a una «muchacha india» que resultó ser otra inglesa con trenzas rubias y ojos azules. Ésta le contó en un inglés forzado por falta de costumbre que había perdido a sus padres, unos emigrantes de Yorkshire, en un malón, y que los indios la habían llevado con ellos, casándola con un cacique valiente con el que tenía dos hijos. La abuela inglesa, «movida por la lástima y el escándalo», promete a su compatriota que va a ayudarla y le insta a no

---

[175] En 1975, Argentina es oficialmente una democracia, pero bajo el mando de Isabel Perón se registró cada 19 horas un asesinato político. El crecimiento de la guerrilla y las represiones del gobierno llevaron un año después al golpe militar de Videla.

regresar, pero la otra le contesta que es feliz y vuelve con los suyos al desierto. No aparece más en las pulperías, pero la abuela del narrador vuelve a verla otra vez cuando sale a cazar y ve a un hombre que está degollando una oveja. «Como en un sueño, pasó la india a caballo. Se tiró al suelo y bebió la sangre caliente. No sé si lo hizo porque ya no podía obrar de otro modo, o como un desafío y un signo» (61). Tal vez lo hizo por ambos motivos[176].

La «mujer europea que opta por el desierto» presenta el reverso de la historia del bárbaro que opta por la civilización, invirtiendo, no obstante, en ambos casos las connotaciones negativas, peyorativas de la barbarie. El guerrero hace alarde de un acto deliberado, heroico y consecuente, y la cautiva, que tiene, por primera vez después de aproximadamente quince años gracias al encuentro descrito más arriba, la posibilidad de regresar al seno de la civilización, rechaza esta posibilidad. Resulta que los bárbaros lo son sólo desde la perspectiva externa, supuestamente civilizada, mientras que ella no está solamente superficialmente integrada a la tribu, sino que pertenece de veras a ella. El *tertium comparationis* entre las dos historias separadas por «mil trescientos años y el mar» no reside solamente, como lo supone el narrador, en que a los dos personajes «los arrebató un ímpetu secreto, un ímpetu más hondo que la razón [...] que no hubieran sabido justificar» (61), sino en que ambos cambian irracionalmente el modelo cultural, demostrando la relatividad del mismo.

El siguiente cuento, «Biografía de Tadeo Isidoro Cruz (1829-1874)»[177], es una variación de la historia anterior, en cuanto que explica un acto incomprensible. Se trata de una concretización de un vacío semántico del *Martín Fierro*, la toma de partido del sargento Cruz, quien se solidariza con Martín Fierro en medio de la lucha sangrienta de sus hombres con el protagonista gaucho: «Tal vez en el corazón/ lo tocó un santo bendito/ a un gaucho, que pegó el grito./ Y dijo: 'Cruz no consiente/ que se cometa el delito/ de matar ansí un valiente'.// Y ay no más se me aparió,/ dentrándole a la partida» (*Martín Fierro* I, IX, vv. 1621-1628). En el cuento de Borges, este vacío se explica por la «otredad» y por la aceptación de un destino inexorable: Cruz experimenta «el momento en que un

---

[176] El primer motivo apareció ya en la breve historia intercalada de Navarro (Sarmiento: *Facundo*, 173 s.), un mayor de una distinguida familia de San Juan que se casó con la hija de un cacique con la que vivía santamente, «hasta que en cuatro años, se [hizo] un salvaje hecho y derecho». Vuelto a la «civilización» de las guerras civiles, pero culto y elegante, estos modales no le estorbaban para «que cuando veía caer una res, viniese a beberle la sangre».

[177] 1944 en: *Sur* 122, incorporado en 1949 a *El Aleph*.

hombre sabe para siempre quién es» (65) y se reconoce en el gaucho valiente que no se deja domesticar por el sistema de (in)justicia, rebelándose incluso cuando no tiene ni la más remota posibilidad de vencer porque los otros son muchos y él está solo[178].

Además de esta escena central, la biografía de Cruz consta del relato de su vida *ab ovo*[179], empezando con su procreación en 1829, cuando los montoneros paran en una estancia en la que uno de los hombres se acuesta con una mujer y es asesinado al día siguiente. Este hijo casual de la llanura no llega a conocer nunca «una montaña ni un pico de gas» (63) hasta morir en 1874 de viruela negra, a saber: dos años después de la publicación de la primera parte del *Martín Fierro* que termina con la emigración de los dos matreros a tierra de Indios. La «Biografía...» respeta la cronología diegética del hipotexto, porque en la segunda parte, Martín Fierro cuenta que Cruz murió en esta tierra de Indios después de dos años de separación (canto VI).

En 1849 Cruz apuñala en Buenos Aires a un peón que se había burlado de él porque no se atrevía a salir de una fonda («Biografía...», 64). En el *Martín Fierro*, en cambio, la situación es más dramática: Cruz cuenta que una mujer, a la que había querido mucho, le había sido infiel y que luego un cantor se había burlado públicamente en unas coplas de su deshonor (*Martín Fierro* II, XI). Cruz emprendió entonces la vida errante de un matrero, hasta que un amigo le puso en contacto con un juez quien lo invitó «a servir/ de soldao de polecía» (vv. 2051 s.). En la versión de Borges, en cambio, esta trayectoria sucede en términos más heroicos. Cercado por la policía después de haber tendido al peón de una puñalada, lucha hasta el alba, pero «mareado por la pérdida de sangre», logran desarmarlo y lo mandan a un fortín del Norte donde lucha como «soldado raso» en las guerras civiles. El narrador no logra concretizar los hiatos de la vida de Cruz entre 1856 y 1868, cuando lo sabe «de nuevo en el Pergamino: casado o amancebado, padre de un hijo, dueño de una fracción de campo» («Biografía...», 64 s.). Este dato es otra concretización del hipotexto, puesto que los críticos y lectores se sorprenden hasta hoy en día de la confesión de Cruz en la ago-

---

[178] Esta versión literaria de Borges es mucho más rica que su propia observación ensayística de que la decisión de Cruz «se debe a que en estas tierras el individuo nunca se sintió identificado con el Estado» (Borges 1953/2002: 55).

[179] Este relato es sólo posible porque la biografía de Cruz está referida por un narrador extra-heterodiegético en focalización cero, al contrario de la autobiografía en focalización interna de Martín Fierro.

nía de tener un hijo que encomienda a Fierro. Según Borges (1953/2002: 68), «típico de la rudeza de aquellos hombres es el hecho de no haberle hablado nunca del hijo». En su propia versión de los hechos, delega hábilmente la transmisión de esta información a su narrador, quien no dice cómo llegó a conocer ni éste ni todos los demás datos de la vida de Cruz. Sin aclarar, pues, el cómo o el porqué, constata simplemente: «En 1869 fue nombrado sargento de la policía rural», pero cambia en la siguiente frase la focalización externa por la focalización cero, destacando el autoengaño de Cruz: «en aquel tiempo debió de considerarse feliz, aunque profundamente no lo era» (65). Y anticipa luego la futura «noche en que por fin vio su propia cara», para volver después a finales de junio de 1870, tras recibir la orden de apresar a un desertor que, «en una borrachera, había asesinado a un moreno en un lupanar; en otra, a un vecino del partido de Rojas» (65 s.). Este segundo asesinato no figura, no obstante, en el *Martín Fierro*, como tampoco la concretización espacial del entrevero que tiene lugar en Laguna Colorada, el mismo lugar, pues, en el que Cruz fue engendrado por el hombre que murió al día siguiente. El cuento termina igual que los versos citados del *Martín Fierro*: en la pelea, Cruz

> comprendió su íntimo destino de lobo, no de perro gregario; comprendió que el otro era él. [...] Cruz arrojó por tierra el quepis, gritó que no iba a consentir el delito de que se matara a un valiente y se puso a pelear contra los soldados, junto al desertor Martín Fierro (67).

En «El fin» (1953, en: *La Nación*)[180] Borges presentó, en cambio, una reescritura de un episodio central de la segunda parte del *Martín Fierro*. Refiriéndose a este cuento, Josefina Ludmer (1988: 233) observa: «Borges enfrenta a Hernández consigo mismo; a 'La vuelta' con la lógica de 'La ida'. Allí [en Borges] el negro que perdió la payada mata al héroe Martín Fierro y hace justicia otra vez». Esta lectura es sugerente pero inexacta, ya que el negro del texto de Hernández es apuñalado por Martín Fierro (ver *Martín Fierro* I, canto VII), mientras que es el hermano del negro quien desafía a Martín Fierro en la segunda parte de Hernández y en la versión de Borges. Pero los que asisten a este contrapunto consiguen separarlos después de la victoria de Martín Fierro «y la cosa quedó quieta» (*Martín Fierro* II, canto XXXI, v. 4528). Martín Fierro sube tranquilamente a

---

[180] Al igual que «El Sur», este cuento ha sido agregado posteriormente, en 1956, a *Artificios* y recolectado en *Ficciones*.

su caballo y se va «paso a paso» con los suyos. En la versión de Borges, en cambio, el hermano del negro reconoce al asesino, y logra vengarse y matarlo. Todo esto está referido por un narrador hetero-extradiegético que recurre al testimonio ocular y auricular (focalización interna) de Recabarren, dueño paralítico y mudo de una pulpería en la que tiene lugar el encuentro fatal de los dos hombres[181]. El hermano del negro, un payador muy bueno, estuvo esperando a Martín Fierro mucho tiempo en la pulpería. Finalmente, el «forastero» (léase: Martín Fierro) llegó, sabiendo que el negro lo aguardaba. Fierro cuenta que se había encontrado ese día con sus hijos, que no había querido mostrarse «como un hombre que anda a las puñaladas» (185), y que les había dado buenos consejos, lo que constituye una referencia al final de la segunda parte del hipotexto. Luego, Martín incita al negro: «Deja en paz la guitarra, que hoy te espera otra clase de contrapunto». Al salir, el negro murmura: «Tal vez en éste me vaya tan mal como en el primero» (186), refiriéndose al duelo que su hermano tuvo con Martín Fierro. El negro le pide a su contrincante poner en esta pelea «todo su coraje y toda su maña, como en aquel otro [duelo] de hace siete años», porque no quiere matar simplemente a Fierro, sino vencerlo y triunfar sobre él, lo que es solamente posible si el otro se empeña de veras. Fierro logra marcarle la cara al negro, pero al final el negro lo mata de una puñalada en el vientre. Después «limpió el facón ensangrentado en el pasto y volvió a las casas con lentitud», lo que es una reminiscencia evidente al canto VII: «Limpié el facón en los pastos,/ desaté mi redomón,/ monté despacio y salí/ al tranco pa el cañadón» (vv. 1249 ss.).

«El fin» termina con una reflexión del narrador que revela otro aspecto de la otredad que encontramos ya en «Biografía de Tadeo Isidoro Cruz»: «Cumplida su tarea de justiciero, ahora era nadie. Mejor dicho era el otro: no tenía destino sobre la tierra y había matado a un hombre» (187), adoptando el destino del otro. Con excepción de García Morales (2000: 60), los críticos no ahondaron en este aspecto, sino que interpretaron la muerte de Martín Fierro como muerte del género:

---

[181] Gotschlich (2000: 64) traza un interesante paralelo con «El Sur»: «Su ensoñación [la de Recabarren] —literaria como la de Dahlmann— prefigura la imagen del gaucho que pudo (que quiere) ser la propia. Desde el sueño, Recabarren relee el duelo verbal del poema de Hernández entre Fierro y el Moreno, pero concibe otro fin». García Morales (2000: 57) concreta esta idea simultáneamente: «'El fin' también está escrito con la ambigüedad que 'El Sur' lleva al extremo; también puede leerse como un relato lineal o como un sueño de Recabarren», lo que demuestra por la acumulación de detalles «que dan irrealidad a la escena».

Hernández dio vuelta y puso fin al género gauchesco y Borges dio vuelta y puso 'El fin' a *La vuelta* de Hernández (Ludmer 1988: 228; ver asimismo Schäffauer 1998).

Simbólicamente, Borges ha matado al representante de la identidad argentina. Lo curioso es que Borges siempre ha tenido una opinión positiva de esta obra, y es en este cuento en donde no sólo cuestiona el discurso gauchesco, sino que asume que está muerto (Fernández 1999: 19).

Según la versión de Borges, en cambio, el gaucho sobrevive a pesar de la muerte de su representante máximo, porque hay una suerte de reincarnación: el negro se transforma en el otro, lo que significa que la historia no termina ahí, sino que «El fin» no pone fin ni al género ni al discurso gauchesco[182]. Al contrario: la reescritura de Borges impone un nuevo fin estéticamente más atractivo que el fin aburguesado de la «Vuelta» («Debe el gaucho tener casa/ escuela, iglesia y derechos», *MF* II, XXXII, vv. 4827 s.) y reanima el sustrato mítico del personaje en vez de desmitificarlo como opina Jorgelina Corbatta (1990: 113).

Muy distinta de esta reescritura de Borges es la parodia «Payada con un negro» de Fontanarrosa. El protagonista Inodoro, caricatura del gaucho machista, racista, entra en una pulpería donde el patrón le dice que «ha yegau un payador, Inodoro. Es un mulato [quien] dice que desafía a quien cuadre». Inodoro se pone bravo y exige una guitarra, dirigiéndose con una invectiva racista al negro: «Que yo sepa, a los indios se los conoce por 'infieles', pero a los negros se los conoce por el color, nomaj». En vez de responder, el aludido coge su guitarra y empieza una payada, vengándose del insulto: «[¿] quién puede diferenciar un bidé de un Inodoro?» Al escuchar esto, a Inodoro le brota «un forúnculo telúrico», coge la guitarra y se lamenta de no poder payar con ese instrumento porque «tiene desafinada la prima, rota la caja y las clavijas agusanadas», a lo que el negro contesta: «Vaya con el guitarrero. Protesta por la prima, protesta por la caja, protesta por...», e Inodoro reacciona: «—¿Y qué? ¿Nunca ha sentío hablar de los cantantes de protesta, carajo?» Los «cantantes de protesta» ubican esta escena central del *Martín Fierro* en el ambiente contemporáneo de la publicación, los años setenta del siglo XX, e infieren a esta historieta, aparte de los otros elemen-

---

[182] Refiriéndose a Pedro Luis Barcia, García Morales (2000: 61) apunta asimismo que «'El fin' en realidad no tiene fin», puesto que «un lector-escritor podría seguir imaginando otras venganzas (Fierro dejó hijos)».

tos mencionados, la nota paródica. Además, demuestra una nueva salida del contrapunto: en vez de matarse el uno al otro o de separarse porque los demás interfieran, Inodoro vence al negro por su presencia de ánimo.

Para completar el cuadro de parodias de Fontanarrosa sobre Borges, quisiera mencionar brevemente una que se titula «La pampa de los senderos que se bifurcan». Empezando con la torsión graciosa y sin sentido del título original, «El jardín de los senderos que se bifurcan» (en: *Ficciones*), la relación intertextual se marca explícitamente con el personaje ciego con el que Inodoro se encuentra en medio de la pampa, montando tranquilamente «en su azulejo» y que le pide: «Por favor, señorita, ¿me cruzaría al otro lado de la pampa?», porque teme «que me atropelle el malón de las seis», tan puntual como la lluvia en México (antes del cambio climático). Después de que Inodoro le haya ofrecido generosamente ayuda, el ciego se presenta: «Mi nombre es Jorge Luis, pero puede decirme George», y cuando Inodoro se presenta con nombre y apellido, Jorge Luis recuerda: «fue en Balvanera, en una noche que añoro, que alguien dejó caer el nombre de un tal Pereyra Inodoro», torsionando la famosa milonga «Jacinto Chiclana» de Borges. En adelante, se abre un diálogo de «sordos», que acaba con la sentencia de Jorge Luis: «Es inútil. Somos un símbolo: Civilización y barbarie».

Unos 25 años después de *Ficciones* y *El Aleph,* Borges publicó la colección de narraciones *El informe de Brodie* (1970). En el prólogo, destaca la autonomía literaria: quiere «distraer y conmover», pero no quiere «convencer» con sus cuentos a nadie. Consecuentemente, no ha «permitido que interfieran en [su] obra literaria» sus bien conocidas convicciones políticas: «Me he afiliado al Partido Conservador, lo cual es una forma de escepticismo, y nadie me ha tildado de comunista, de nacionalista, de antisemita, de partidario de Hormiga Negra o de Rosas». La mención del matrero y gaucho malo Hormiga Negra, sumamente popular debido a la novela homónima (1881) de Eduardo Gutiérrez (ver 4.2.2) no es gratuita, sino que insinúa ya cierto aire criollista-gauchesco que se reencuentra de hecho en muchos de los cuentos que siguen y que analizo a continuación.

La actitud soberana y consciente del escritor mayor que, en este momento, «cumplidos los setenta, [cree] haber encontrado [su] voz», destaca del mismo modo en su burla de los filólogos escrupulosos «que ejercen la policía de la pequeñas distracciones. Observan, por ejemplo, que Martín Fierro hubiera hablado de una bolsa de huesos, no de un saco de huesos, y reprueban, acaso con injusticia, el pelaje overo rosado de cierto caballo famoso» (11)[183].

Finalmente, clasifica los cuentos reunidos en este volumen —con excepción del texto que le da el nombre— de realistas y, en pos de autoburla, reconoce que sus argumentos, que debemos de entender como criollistas, le «han hostigado a lo largo del tiempo; soy decididamente monótono» (9). Tal vez podría añadirse en este contexto la afición de recurrir a fuentes apócrifas, como ya en el primer cuento, titulado «La intrusa», que lleva el epígrafe «2 Reyes, I, 26», que se buscaría en vano en el Antiguo Testamento. Trata de dos hermanos criollos de origen irlandés o danés, de «melena rojiza», que están muy apegados. Cuando uno se enamora de la mujer del otro, el hermano le ofrece compartirla y así lo llevan a cabo con una mujer que se caracteriza por su «sumisión bestial» (16)[184]. Pero los dos empiezan a no entenderse, los celos los humillan en su machismo. Deciden venderla a un prostíbulo que queda lejos, pero cada uno la visita allí clandestinamente, hasta que uno dice: «—De seguir así, los vamos a cansar a los pingos» (17), y la llevan de nuevo a su casa, donde poco tiempo después el hermano mayor la mata. Los dos se abrazan y el narrador termina el cuento lacónicamente: «Ahora los ataba otro vínculo: la mujer tristemente sacrificada y la obligación de olvidarla» (18).

Si nos preguntamos por los elementos típicos de la literatura gauchesca que aparecen en este cuento podríamos mencionar las faenas características: los dos «fueron troperos, cuarteadores, cuatreros y alguna vez tahúres» (13 s.). El narrador pretende en el típico relato de encuadre haber oído esta historia en el velorio del hermano mayor «hacia mil ochocientos noventa y tantos», y escribirla porque «en ella se cifra [...] un breve y trágico cristal de la índole de los orilleros antiguos» (12). Esta pista demuestra que la historia refleja, al igual que los demás cuentos que siguen, el declive de los gauchos convertidos en orilleros, en este caso habitantes de un suburbio ubicado en Turdera. Ello concuerda con la indicación del tiempo narrado, puesto que los gauchos argentinos empezaron a llegar hacia 1875-1880 a la ciudad.

---

[183] Creo que alude aquí primero a Eleuterio F. Tiscornia y su obra *La lengua de «Martín Fierro»* (1930), y luego al *Payador* (1916) de Lugones.

[184] Tal vez no sea casual que se llame Juliana, al igual que la china que trabaja en casa del paisano Aguilar (novela homónima de Amorim al que Borges dedica su cuento «Hombre de la esquina rosada», *vide infra*).

En cuanto a la interrelación de la gauchesca rioplatense con la brasileña es interesante mencionar la adaptación cinematográfica de este cuento llevada a cabo en 1980 por el director argentino Carlos Hugo Christensen en Brasil. La adaptación no es sólo libre porque el escueto material del breve cuento tuviera que extenderse a dos horas de filmación, sino que hay también una notable variación del contenido, puesto que el director incluye el incesto en este triángulo amoroso. Cito la presentación de la película sacada de la filmografía *Cinema gaúcho* (Becker 1986):

> Psicanalisando as relações dos irmãos Nilsen, este cineasta argentino há muitos anos trabalhando no Brasil, realizou um filme que, se impressiona pela solidez de sua construção dramática, também não deixa de espantar pelas liberdades tomadas em relação ao texto original de Borges.
>
> Em fins do século XIX dois irmãos de possível origem nórdica levam uma vida de dificuldades e privações no pampa. A solidão cria entre esses dois homens uma solidariedade e um companheirismo que só será rompido pela intromissão de uma mulher, que o mais velho deles traz para viver em sua casa. O mais moço, cujo comportamento neurótico o cineasta tenta reforçar através de risadinhas despropositadas, tenta imitar o irmão trazendo também uma mulher. Nada, porém, substitui em seu pensamento a mulher do irmão. Um *Jules e Jim* às avessas. A *Intrusa* percorre caminhos muito tortuosos para realizar o desejo dos dois irmãos em possuir a mesma mulher e se possuírem um ao outro. A transa sexual a três não tarda em ocorrer [...] numa noite de temporal, com muito vento e muita fúria, segundo os rebuscados esquemas dos mais descabelados melodramas de época. [...] ninguém jamais filmou tão bem o pampa gaúcho quanto este cineasta argentino.

En el siguiente cuento del *Informe de Brodie*, «El indigno», el escenario cambia hacia la ciudad, referencializable como Buenos Aires, más concretamente como San Telmo («Talcahuano»). El narrador homo-extradiegético recuerda melancólicamente el pasado: «El café ha degenerado en bar; el zaguán que nos dejaba entrever los patios y la parra es ahora un borroso corredor con un ascensor en el fondo» (19). Allí estaba ubicada la Librería Buenos Aires, con cuyo dueño judío, el narrador, cliente asiduo de la librería, había mantenido «largos diálogos». En una de estas conversaciones, el librero le «confió un episodio de su vida» que el narrador refiere a continuación, acabando su relato de encuadre.

Concediéndole la palabra al librero, el narrador (que queda anónimo) transcribe en estilo directo regido lo que éste le había contado muchos años antes: «—Voy a revelarle una cosa que no he contado a nadie» (20). Antes de ir al grano, el librero aclara que es entrerriano y aprovecha la ocasión para criticar a Alberto Gerchunoff, que presenta en la colección de cuentos *Los gauchos judíos* (1910) una visión armonizadora de la colonia judía en Entre Ríos (ver Schlickers 2003: 319 s.): «No diré que éramos gauchos judíos; gauchos judíos no hubo nunca. Éramos comerciantes y chacareros» (20).

Después cuenta cómo traicionó en su juventud al compadrito local de un barrio modesto de las orillas. Este héroe de su juventud, Ferrari, planeaba un asalto a una fábrica y el muchacho acomplejado —«la gente me miraba por encima del hombro [...], en aquel tiempo, y sobre todo en aquel medio, era importante ser valiente; yo me sabía cobarde» (23)— recibió el honor de participar como campana. Ferrari lo citó al boliche, donde el muchacho llegó a conocer a los demás hombres de la banda. Es interesante observar cómo el observador judío de origen ruso ubicado en Argentina, que trataba de adaptarse cambiando su nombre Jacobo en Santiago —«pero quedaba el Fischbein»—, describe en esta ocasión a los otros inmigrantes y su mismo afán por identificarse con la cultura nacional: «Pese a los apellidos, en su mayoría italianos, cada cual se sentía (y lo sentían) criollo y aun gaucho». Después cuenta que Ferrari sentía amistad por él, pero que él «no era digno de esa amistad». De hecho, acababa de denunciarlo, a Ferrari y a todos los otros de la barra, revelando el proyecto de asalto a la policía. Los comisarios le aconsejaron participar en el asalto para no despertar sospechas. Siguió el consejo. En el asalto, la policía arrestó a unos cuantos y mató a dos, uno de ellos era Ferrari —el narrador intradiegético supone que la policía había cobrado «una vieja duda», porque los acribillados no tenían armas con las que abrir el fuego, tal como se declaró posteriormente en el sumario—. No obstante de ello, el narrador judío presenta el caso como si le hubiera hecho un favor al muerto: «Días después, me dijeron que Ferrari trató de huir, pero que un balazo bastó. Los diarios, por supuesto, lo convirtieron en el héroe que acaso nunca fue y que yo había soñado» (29).

Podría decirse que el narrador lo convirtió mediante su traición en el héroe que nunca fue, pero que necesitaba ser: «Carlyle ha escrito que los hombres precisan héroes» (21), así introdujo su cuento. Y concluir que no hay héroes, que acaso nunca los hubo, sino que son meras construcciones de la literatura y de los medios masivos, en este caso. De todos modos, trasluce cierta melancolía por parte del autor implícito que hace observar a través del cuento impasible de Santiago Fischbein cómo éste traicionó los viejos códigos (gauchescos) del honor, de la valentía y de la palabra, que seguían existiendo en los compadritos de las orillas: «Ya solos en la calle los dos, le pregunté a Ferrari: —¿Usted me tiene fe?

—Sí —me contestó—. —Sé que te portarás como un hombre» (26). Fischbein se había portado como un judas, vilmente, y ni siquiera tenía sentimientos de culpa: «sentí el alivio de estar en el día definitivo y el remordimiento de no sentir remordimiento alguno» (28)[185].

El cuento que sigue, «Historia de Rosendo Juárez», no puede apreciarse en su totalidad de sentido si no se coteja con un cuento sumamente popular de Borges aparecido ya a mediados de los años treinta; estoy refiriéndome a «Hombre de la esquina rosada»[186]. El propio Borges se ha burlado muchas veces de este hipotexto, «reprochándole su excesivo *color local* y su casi inextricable vocabulario» (Barnatán 1984: 79, n. 44), porque, de hecho, está escrito en el lenguaje arrabalero del compadrito que se caracteriza por la transcripción de la fonética oral («acreditao») y la inserción de ciertas expresiones del lunfardo («Sabía llegar de lo más paquete al quilombo»). Cabe mencionar que está dedicado a Enrique Amorim, autor uruguayo cuya novela criollista *El paisano Aguilar* había aparecido un año antes, en 1934 (ver 4.2.7), y de que existe una *suite* de este cuento de Astor Piazzolla, lo que demuestra el vínculo mencionado entre literatura gauchesca y tango.

En el hipertexto «Historia de Rosendo Juárez» la alusión al hipotexto destaca ya al principio: En el relato de encuadre, el narrador entra en un bar ubicable en San Telmo: «Serían las once la noche, yo había entrado en el almacén, que ahora es un bar, en Bolívar y Venezuela». Allí encuentra a Rosendo Juárez, quien

---

[185] No hay que caer en la trampa y echarle en cara una actitud antisemita a Borges, quien se había pronunciado siempre en contra del antisemitismo: «Quienes recomiendan su empleo suelen culpar a los judíos, a todos, de la crucifixión de Jesús. Olvidan que su propia fe ha declarado que la cruz operó nuestra redención. Olvidan que inculpar a los judíos equivale a inculpar a los vertebrados, o aun a los mamíferos. Olvidan cuando Jesucristo quiso ser hombre, prefirió ser judío, y que NO eligió ser francés ni siquiera porteño [...]»(Borges en: *Mundo Israelita* 27.8.1932 en ocasión de una de las múltiples organizaciones nacionalistas fuertemente autoritarias que proliferaron en la Argentina desde el golpe militar de 1930).

[186] 1935, en: *Historia Universal de la Infamia*, en adelante: «Hombre...». Basándose en Beatriz Sarlo y Noemí Ulla, Schäffauer (1998: 277 ss.) analiza el hipotexto de esta narración que Borges publicó en 1927 bajo el título «Leyenda policial» en la revista *Martín Fierro* (nº 38). A diferencia del hipertexto «Hombre...», el hipotexto fue escrito en tercera persona. El cambio a la primera persona en «Hombre...» es interpretado por Schäffauer como indicio de que Borges quiso competir con el *Martín Fierro*, creando un «sujeto martinferrense» de las orillas que presenta sus «hazañas» en su propio lenguaje.

se presenta diciéndole: «Usted no me conoce más que de mentas, pero usted me es conocido, señor. Soy Rosendo Juárez. El finado Paredes le habrá hablado de mí» (31). Rosendo, como está indicado en el pretexto, «era uno de los hombres de D. Nicolás Paredes» («Hombre», 69). Y Juárez prosigue: «le voy a contar lo que de veras ocurrió aquella noche. La noche que lo mataron al Corralero. Usted, señor, ha puesto el sucedido en una novela, que yo no estoy capacitado para apreciar» («Historia», 31). Rosendo se refiere de hecho al cuento, pero podemos achacar este error denominativo a su ignorancia en el campo de las letras, error que, de hecho, es voluntario y conscientemente puesto por parte del autor implícito a modo de guiño al lector que sabe que Borges se mofaba siempre de «Hombre de la esquina rosada» y que no escribió nunca una novela. A la vez, Borges parece estar sumergido en la historia[187], aunque Rosendo no lo nombra. Curiosamente, aparece también al final de «Hombre de la esquina rosada», pero con la diferencia de que allí sí se le nombra: «Entonces, Borges, volví a sacar el cuchillo corto» («Hombre», 78), le dice el narrador que se autodetecta al final como el asesino del forastero corajudo que es el objeto de su narración[188]. Releyendo el cuento, los indicios y pistas saltan, claro, a la vista: el narrador autodiegético cuenta primero que había tratado al finado Francisco Real tres veces en una misma noche, pero en el relato que sigue, describe sólo dos veces: primero el encuentro siniestro en el baile, donde el forastero lo lastima al entrar, hiriéndolo en su honor aunque no había sido nada más que un descuido al que el narrador-personaje sobrerreacciona:

---

[187] Pero no hay que caer en la trampa de identificar al autor real, extratextual, Jorge Luis Borges con este «Borges» intratextual, sino que se trata de un Borges ficcionalizado, al igual que en «El Aleph», «El Zahir», «El otro», «La forma de la espada» (ver la próxima nota) y en varios otros cuentos.

[188] Encontramos un procedimiento similar en el cuento «La forma de la espada» (en: *Ficciones*), donde el narrador habla también de sí mismo en primera persona sobre otra persona, en este caso un irlandés de nombre John Vincent Moon. Se habían conocido en las luchas de independencia de Irlanda, donde Moon demostró pronto ser un cobarde. El primer indicio que alude al final inesperado se encuentra en la frase «Me abochornaba ese hombre con miedo, como si yo fuera el cobarde» (138). Unos días después, el narrador autodiegético sorprende a Moon en el acto de traicionarlo. Lo persigue por la casa laberíntica y le marca la cara con una herida que tiene la forma de una espada. El narrador termina su relato con un apóstrofe dirigido a su narratario intradiegético: «Borges: a usted que es un desconocido, le he hecho esta confesión. No me duele tanto su menosprecio» (139). El narratario Borges entiende paulatinamente, al igual que el lector enfocado, que el narrador acaba de contarle su propia historia, o sea que él mismo es el cobarde traidor Vincent Moon.

Me golpeó la hoja de la puerta al abrirse. De puro atolondrado me le juí encima y le encajé la zurda en la facha, mientras con la derecha sacaba el cuchillo filoso [...]. El hombre, para afirmarse, estiró los brazos y me hizo a un lado, como despidiéndose de un estorbo («Hombre», 71 s.).

La segunda vez lo trató en el mismo sitio, al que el forastero volvió agonizando después de que alguien le hubiera apuñalado en las afueras. Esta segunda vez resulta ser en realidad la tercera vez, porque en la segunda vez se efectuó el asesinato en las afueras, crimen que no se narra y que forma por lo tanto una elipsis.

Faltan por aclarar los motivos del narrador-asesino cuya identidad no se revela nunca. Ya mencioné el primer atropello en el cual sacó el arma mortal; luego hay que ahondar en la admiración y fascinación que el narrador siente con respecto a la Lujanera. Es codiciada por todos los hombres, pero «era la mujer de Rosendo» («Hombre», 71). Cuando éste no acepta el desafío del forastero, la Lujanera «se jué a su hombre y le metió la mano en el pecho y le sacó el cuchillo desenvainado y se lo dio con estas palabras: —Rosendo, creo que lo estarás precisando» (74), pero Rosendo lo tira hacia atrás. Entonces ella lo menosprecia y lo insulta y echa los brazos al cuello del otro, y los dos salen bailando un tango «sien con sien». El narrador, testigo de esta escena, se pone colorado de vergüenza, da «unas vueltitas con alguna mujer y la plant[a] de golpe» («Hombre», 74). Sale a la noche, contempla las cosas de siempre, la basura del barrio, se siente como un yuyo más y concluye finalmente: «el barrio cuanto más aporriao, más obligación de ser guapo» (75). Trata de olvidarse del asunto, pero «la cobardía de Rosendo y el coraje insufrible del forastero no me querían dejar» (75). Luego se pregunta por la Lujanera y el hombre: «Sabe Dios qué lado agarraron. Muy lejos no podían estar. A lo mejor ya se estaban empleando los dos, en cualesquier cuneta». Y prosigue: «Cuando alcacé [*sic*] a volver, seguía como si tal cosa el bailongo» («Hombre», 75). Entre estas dos últimas frases destaca la elipsis, o sea un vacío o blanco semántico, local y temporal que abarca el asesinato.

«Historia de Rosendo Juárez» ofrece unos 40 años más tarde una perspectiva adicional, la del valiente Rosendo que perdió inexplicablemente en el desafío con el forastero su coraje, transformándose en un cobarde. Revelando parte de la prehistoria de la vida de Rosendo, este cuento se parece un poco a la «Biografía de Tadeo Isidoro Cruz» (*vide supra*), que concretiza el momento crucial en el cual el sargento Cruz decide ayudar al desertor Martín Fierro. Pero en el caso de «Historia de Rosendo Juárez» es el mismo protagonista el que cuenta en el modo autodiegético y en focalización interna la historia de su vida. Siendo una reescritura de otro cuento (en este caso incluso del mismo autor), «Historia de Rosendo Juárez» constituye un caso poco frecuente en la literatura de ficción, pero no así en la literatura de Borges (piénsense en «Pierre Ménard, autor del Quijote»), y menos en los cuentos gauchi-criollos borgianos. No obstante, el hipertexto carece de la pasión, de la sangre, de la fuerza, de la tensión y de la ambientación local del hipotexto. Primero, porque carece del lenguaje arrabalero. Segundo, porque presenta a un Rosendo viejo, inofensivo y feliz que no se arrepintió nunca de haber reaccionado tan cobardemente. Al contrario, recontando su pasado deconstruye el mito legendario del «gaucho guapo» prototípico: de bajo origen social se crió en el barrio del Maldonado. En su juventud fue buscado una noche en el almacén por un mozo mayor. Los dos salieron a las afueras, Rosendo supo que el otro «iba a achurarme» (32). De ahí que aprovechara un tropiezo del mozo para venírsele encima y apuñalarlo. Para entender el posterior desarrollo de Rosendo hace falta resaltar estas circunstancias de su primer homicidio: no había querido pelearse («me empezó a buscar un mozo Garmendia. Yo me hice el sordo», 32); y aceptando el desafío sin querer, logró vencer sólo porque el otro tropezó y cayó y él se le fue encima; es decir, que no lo mató «en buena ley». Con este primer muerto a cuestas, acorralado por la autoridad, no le quedó más remedio que aceptar el trabajo sucio de un tal Paredes, ayudando en las elecciones en la época de Alem. Se convirtió en guardaespaldas y matón de comité. Gracias a la mención de Alem, la historia puede ubicarse temporalmente: Leandro Alem había sido el líder del primer partido político verdadero, la Unión Cívica Radical (UCR), que se fundó después de la revolución del noventa y «que reunía las más distintas capas sociales, pero sobre todo a la burguesía urbana que quería reducir el poder y los privilegios de la oligarquía» (Schlickers 2003: 194). Pero Rosendo estaba en contra de la UCR: «Nunca los pude ver a los radicales, que siguen viviendo prendidos a las barbas de Alem» (35). Rosendo, respetado por todos, se apoderó de los elementos indispensables del guapo: «Me agencié una mujer, la Lujanera, y un alazán dorado de linda pinta. Durante años me hice el Moreira, que a lo mejor se habrá hecho en su tiempo algún otro gaucho de circo. Me di a los naipes y al ajenjo» (35).

No obstante, Rosendo refiere después una pequeña historia intercalada de un amigo cuya mujer lo había abandonado para irse con otro, y el amigo quiso tomar venganza. Rosendo le aconsejó repetidas veces renunciar a ello: «Si la Casilda te ha dejado, es porque lo quiere a Rufino y vos no le importás. —Y la gente ¿qué va a decir? ¿Que soy un cobarde? —Mi consejo es que no te metás en historias por lo que la gente pueda decir y por una mujer que ya no te quiere» (36); «¿vas a jugar tu tranquilidad por un desconocido y por una mujer que ya no querés?» (37). Este racionamiento demuestra a modo de una *mise en abyme* de nuevo que Rosendo no acepta ciegamente los códigos de honor, que es distinto y que opta por otra vida. De ahí que otro añadido simbólico sea también congruente: cuenta cómo le dan asco las riñas de gallos.

Cuando llega al final de su historia resume en media frase el destino del forastero sin revelar tampoco quién es el autor del crimen: «Uno, que le decían el Corralero y que lo mataron a traición esa misma noche» (38). Cuenta que el Corralero tomaba mucha ginebra, «acaso para darse coraje, y al fin me convidó a pelear». En este momento crucial del desafío, «sucedió entonces lo que nadie quiere entender. En ese botarate provocador me vi como en un espejo y me dio vergüenza. No sentí miedo [...]; me quedé como si tal cosa». Reconociéndose, pues, en el otro mequetrefe que le había desafiado, sintió vergüenza (una inversión de la anagnórisis experimentada por Cruz en «Biografía de Tadeo Isidoro Cruz»). No sintió nada más, ni ganas de acabar con el otro, ni miedo. Al revés, reaccionó de una manera tranquila y superior cuando el otro le gritó que era un cobarde. Observó como enajenado cómo la Lujanera le puso el cuchillo y dijo «Rosendo, creo que lo estás precisando». Soltó simplemente el cuchillo y salió «sin apuro». Luego llevó una vida pacífica, trabajó de carrero en la «República Oriental» y regresó finalmente al barrio San Telmo, donde se encuentra con su narratario Borges.

El escueto relato de Rosendo borra el color local del hipotexto, presenta los datos de una manera precisa a la manera de un esbozo rápido y no repite las descripciones y exclamaciones del hipotexto. Esta variación a nivel de la expresión corresponde al contenido del hipertexto que desmitifica la hombría, el código de honor, la valentía que se alaba a pesar de la «matanza en mala ley» que se había efectuado ya en el hipotexto.

La historia de «El otro duelo» le fue referida al narrador argentino por «Carlos Reyles, hijo del novelista» (78), quien la había escuchado a un capataz de su padre, por lo que el típico doble marco narrativo se triplica como en algunos *contos* de Simões Lopes. Pero como el narrador refiere sólo la historia escuchada por Reyles, que a su vez la había escuchado del capataz, sin otorgarles la palabra a los últimos, este triple marco no se concretiza en el relato. Trata de dos gauchos uruguayos que se odiaban siempre por algunos animales sin marcar, o por una carrera a costilla, o por una trucada de la que uno salió sin un cobre. A pesar de este profundo odio, los dos gauchos no llegaron a pelear nunca. En 1870 ambos fueron arreados en una leva durante la revolución de Aparacio Saravia. Viéndose obligados a luchar juntos, no intercambiaron nunca una sola palabra. Cuando perdieron los blancos, para los que luchaban, se le ocurrió una idea brutal al capitán de los colorados, que «había ganado fama de valiente, de bromista y de pícaro» (78). En vez de ordenar simplemente la ejecución de los prisioneros, se dirige a los dos: «antes que se entre el sol van a poder mostrar cuál es el más toro. Los voy a hacer degollar de parado y después correrán una carrera» (82 s.). Organiza una apuesta entre sus hombres y se realiza un degüelle simultáneo, de parado: «De las gargantas brotó el chorro de sangre; los hombres dieron unos pasos y cayeron de bruces. Cardoso, en la caída, estiró los brazos. Había ganado y tal vez no lo supo nunca» (85). Valga decir que los duelos de por sí no tienen nunca sentido, pero éste es el colmo de lo absurdo[189].

El penúltimo cuento es «El Evangelio según Marcos» y se desarrolla, al igual que la historia de la cautiva, en Junín, pero unos cincuenta años después, en 1928. Baltasar Espinosa, un estudiante de medicina de Buenos Aires veranea allí en una estancia grande, algo abandonada. En una casa vecina vive el capataz Gutre con su hijo tosco y una muchacha; «eran altos, fuertes, huesudos, de pelo que tiraba a rojizo y de caras aindiadas» (101). El comienzo de fuertes lluvias impide el regreso previsto a la capital y, como la casa del capataz no resiste las goteras, los Gutre se mudan a la case grande. A partir de este momento comen juntos. Baltasar encuentra en la estancia «una novela reciente: *Don Segundo Sombra*» (103) y «unos cuantos relatos eróticos o policiales», como si fuera lo mismo, pero para el ingenuo Baltasar no importa que sean cuentos eróticos o policiales, pertenecen a un mundo ajeno, distinto del suyo. Para matar el tiempo de la sobremesa lee algunos capítulos de la novela de Güiraldes a los Gutre, que son analfabetos. Pero como el capataz había sido antes tropero, no se interesa por la trayectoria de don Segundo Sombra. Otro día, Baltasar encuentra una Biblia en inglés que contiene en las páginas finales la historia de los antepasados de los Gutre, oriundos de Inverness, que se habían cruzado con los indios a principios del siglo XIX. El narrador resume que «carecían de fe, pero en su sangre perduraban, como rastros oscuros, el duro fanatismo del calvinista, y las supersticiones

---

[189] Este cuento hace recordar la leyenda medieval hamburguesa del famoso pirata Klaus Störtebeker, el cual, una vez capturado consigue que acepten poner en libertad a tantos piratas de su bando como él consiga adelantar en sus pasos finales una vez ya degollado.

del pampa» (104). Baltasar traduce para ellos el *Evangelio según Marcos*, y esta
vez lo escuchan atentamente. Baltasar carece de instrucción religiosa, «se ponía
en pie para *predicar* las parábolas» (105, mi cursiva). Luego cura milagrosamen-
te —según el punto de vista de los Gutre— a un cordero lastimado y se extraña
tanto de la gratitud de ellos como del hecho de que siempre fueran detrás de él,
persiguiéndolo por toda la casa «como si anduvieran perdidos». Además, recibe
por la noche la visita de la muchacha, ya desnuda, que se acuesta a su lado. «Era
la primera vez que conocía a un hombre» (106); valga subrayar el uso hábil del
lenguaje bíblico, donde lo de «y se conocieron» debe descifrarse como «e hicieron el amor». Al día siguiente nadie le habla de ello, pero el padre le pregunta «si
Cristo se dejó matar para salvar a todos los hombres», a lo que Baltasar contesta
que sí, «para salvar a todos del infierno». El padre sigue preguntando si se salva-
ron también los que le clavaron los clavos, lo que Baltasar, «cuya teleología era
incierta» (107), afirma[190], algo que pagará con su vida. Porque después de la siesta, repiten el ritual descrito por Marcos: le piden la bendición y después «lo mal-
dijeron, lo escupieron y lo empujaron hasta el fondo», donde le esperaba del
otro lado de la puerta la cruz. A estas alturas es fácil reconocer el nombre elocuente del protagonista: el apellido Espinosa alude a la corona de espinas de Jesús, y el pacífico Baltasar tiene la edad de Cristo, cuando lo crucifican a los 33
años.

«El Evangelio según Marcos» forma parte integral de la colección *El informe
de Brodie* en cuanto que es también una reescritura, aunque no de la literatura
gauchesca o criollista, sino de una parte del Nuevo Testamento, transferida a la
pampa argentina. Ilustra, en cierto modo, el viejo tema de la literatura argentina del choque entre civilización y barbarie, centro y periferia, que se produce
tantas veces cuando alguien de la ciudad se dirige hacia el campo. Además, este
último cuento contiene otro elemento recurrente en casi todos los relatos gauchi-criollos de Borges analizados hasta aquí: la irracionalidad que determina la
conducta de los personajes simples, sean rurales u orilleros, y que marca una diferencia con los relatos «cosmopolitas», sofisticados, filosóficos de Borges, en los
que todo está calculado por la razón y lo lúdico. Ahora bien: mirando los cuentos gauchi-criollos uno por uno como acabo de hacerlo, se nota que las cosas no

---

[190] Encontramos aquí otro juego con el saber teológico del narratario y a través de éste con el
lector enfocado: En el *Evangelio según Marcos* no se menciona nada de eso. Según Pablo, en cambio, la doctrina de la gracia se aplica efectivamente a todos los hombres, los buenos y los malvados,
e implica por lo tanto aquellos que le clavaron a Jesús en la cruz.

son tan simples como parecen ser a primera vista. Dentro de lo irracional destaca cierto razonamiento, o por lo menos cierta razón. La barbarie no es solamente salvaje, la civilización tiene muchos lados oscuros. Y se atraen mutuamente. Tal vez sea éste un nuevo modo para entender la isotopía temática de la otredad que aparece también constantemente en los cuentos «cosmopolitas» de Borges y que une las dos poéticas aparentemente tan dispares. El hecho de que las líneas divisorias se borren, que las poéticas criollista y cosmopolita se influyan hasta cierto grado mutuamente se nota además por su co-existencia dentro de una misma colección como *El Aleph* y *Ficciones*. De ahí que pudiéramos concluir que la dicotomía criollismo-cosmopolitismo es una pseudodicotomía, al igual que aquella otra, tópica, de civilización-barbarie[191], y que se trata en realidad en ambos casos de una relación dialéctica.

Este punto de vista se refuerza si nos preguntamos por la intención de sentido del autor implícito Borges. Schäffauer (1998: 273 ss.) trata de demostrar que Borges intentaba en su obra juvenil criollista (hasta «Hombre de la esquina rosada») producir una obra equivalente al *Martín Fierro*, símbolo de la pampa, en relación a Buenos Aires, cuya encarnación arrabalera sería *Evaristo Carriego*. Pero Schäffauer no toma en cuenta que Borges trataba de producir una obra equivalente a otra contemporánea muy exitosa: «De la riqueza infatigable del mundo, sólo nos pertenecen el arrabal y la pampa. Ricardo Güiraldes, primer decoro de nuestras letras, le está rezando al llano; yo [...] voy a cantarlo al arrabal por tercera vez» (Borges 1926/2000: 30). Y tampoco menciona el aspecto paródico de la biografía ficcional sobre el poeta callejero Carriego[192]. El juego literario, intertextual, irónico, irrespetuoso hasta consigo mismo puede rastrearse, pues, desde los comienzos de su carrera. Esto nos lleva a un segundo aspecto que concierne a la actitud de Borges hacia el *Martín Fierro* como alegoría nacional. En la posdata (1974) a su prólogo del *Martín Fierro*, Borges escribe:

El *Martín Fierro* es un libro muy bien escrito y muy mal leído. Hernández lo escribió para mostrar que el Ministerio de la Guerra —uso la nomenclatura de la épo-

---

[191] Fue malentendida desde el principio como dicotomía ya que el título original de Sarmiento reza *Civilización y barbarie: Vida de Juan Facundo Quiroga*, o sea, utiliza la conjunción «y» y no «o» con valor disyuntivo.

[192] Olea Franco (1993: 221) subraya asimismo que «la posición de Borges no deja [...] de ser ambigua, ya que si bien alaba a Carriego por ser el cantor del barrio, manifiesta un profundo rechazo por su estética».

ca— hacía del gaucho un desertor y un traidor; Lugones exaltó ese desventurado a paladín y lo propuso como arquetipo. Ahora padecemos las consecuencias (Borges, *O.C.* IV, 93).

Y aclara cuáles son estas consecuencias en otra posdata al prólogo de *Recuerdos de Provincia,* también de 1974:

Sarmiento sigue formulando la alternativa: civilización o barbarie. Ya se sabe la elección de los argentinos. Si en lugar de canonizar el *Martín Fierro*, hubiéramos canonizado el *Facundo*, otra sería nuestra historia y mejor (Borges, *O.C.* IV, 124).

Cotejando esta exclamación tardía, hastiada con respecto a la política de su país, con otra de mediados de los años veinte, en la que trasluce todavía la actitud elitista y criollista de la oligarquía bonaerense del XIX, que desdeñaba al autodidacta Sarmiento, su valor informativo se relativa, no obstante: «Sarmiento (norteamericanizado indio bravo, gran odiador y desentendedor de lo criollo) nos europeizó con su fe de hombre recién venido a la cultura y que espera milagros de ella»[193]. Ya no hay remedio. La historia tomó el curso que tomó, uno mucho peor incluso poco tiempo después de haber escrito las posdatas, pero queda en pie la pregunta de por qué Borges vuelve al criollismo en el setenta con *El informe de Brodie*, a saber: después de haberse dedicado a la literatura fantástica, a las cosmologías del setecientos, a los laberintos y espejos, las paradojas, la filosofía de Spinoza y Leibniz, etc. Podemos suponer que en la primera etapa, en los años cuarenta[194] y cincuenta, abrió un diálogo ensayístico y literario con su propia tradición: el *Martín Fierro* de Hernández, la lectura del mismo por Leopoldo Lugones como *epos* nacional en *El Payador* (*vide supra*), la poesía modernista encabezada por Lugones y la poesía sencillista. ¿Y qué pasó en el setenta, después de haber experimentado el peronismo (que era muy aficionado a lo gau-

---

[193] Borges: *El tamaño de mi esperanza* (1926/2000: 14). Podría citarse otra afirmación de los años cincuenta que relativiza, asimismo, el poder alegórico del poema de Hernández: «Si no condenamos a Martín Fierro es porque sabemos que los actos suelen calumniar a los hombres. Alguien puede robar y no ser ladrón, matar y no ser asesino» (Borges 1953/2002: 102).

[194] Fernández (1999: 21) reconstruye para los años cuarenta un cambio ideológico de Borges que «lo hace renegar de su ideario de juventud al renunciar al catolicismo, a la gauchesca, al criollismo, a Yrigoyen y al populismo». Los cuentos gauchi-criollos de *Ficciones* y *El Aleph*, que dialogan nostálgicamente con la poesía gauchesca, demuestran, por el contrario, que no había renegado de la gauchesca y del criollismo.

chesco[195]), la dictadura de Onganía, la consiguiente fuga de cerebros, el cordo-
bazo? ¿Qué pasa a la avanzada edad de setenta años? Borges vuelve a sus propios
orígenes literarios y culturales. Y nos da la clave en el prólogo al *Informe de Brodie*, refiriéndose a *otro*, al adorado Kipling, que experimentó, al parecer, una
evolución literaria parecida a la suya:

> Los últimos relatos de Kipling fueron [...] breves, escritos de manera directa. [...] son
> lacónicas obras maestras; alguna vez pensé que lo que ha concebido y ejecutado un
> muchacho genial puede ser imitado sin inmodestia por un hombre en los lindes de
> la vejez, que conoce el oficio. El fruto de esa reflexión es este volumen (Borges: «Pró-
> logo» al *Informe de Brodie*, 7).

Según Montaldo (1993: 92), «Lugones y Rojas legitimaron con sus textos
una versión de la cultura argentina tomando un género literario como verdad
histórica, Borges seculariza al gaucho, lo devuelve a la literatura y de este modo
repolitiza el género», pero no veo en qué sentido «repolitiza» el género con una
figura anacrónica, legendaria y por lo tanto inexistente. Diría que remitifica en
la primera etapa de *Ficciones* y *El Aleph* al gaucho a través de sus reescrituras de
textos claves del patrimonio nacional, y en una segunda época, en *El informe de
Brodi* y *El libro de arena*, a través de un gauchismo que se acerca más al género
«tradicional» con la reaparición del machismo[196] y la irracionalidad. A pesar de
cierta ironía, todos estos cuentos se distinguen de las narraciones paródicas de
Juan Filloy y de la reescritura paródica de «El Sur» que Roberto Bolaño efectúa
en «El gaucho insufrible» que se estudian a continuación.

En los años setenta, un autor argentino muy original y desmerecidamente
ignorado por la historiografía literaria, Juan Filloy[197], escribe con la saga *Los
Ochoa* (1972) no una parodia, sino más bien un palimpsesto paródico-picaresco

---

[195] Al editar en 1955 una antología de la poesía gauchesca que desmitificaba a Hernández y re-
valorizaba a Ascasubi, Borges y Bioy Casares habían luchado en contra del nacionalismo peronista
que se identificaba con el *Martín Fierro* y con Rosas (ver el estudio de Demaria 1994). Sería interesante estudiar más detenidamente la labor de Borges como antólogo y crítico en relación a la gauchesca, y con ello su papel como canonizador del género.

[196] Ver su reescritura de Juan Moreira en «La noche de los dones» en *El libro de arena*.

[197] Agradezco a Dieter Reichardt el conocimiento de este autor excepcional, que publicó sólo
una mínima parte de su obra literaria en vida. En el *DLEH* (1993) ni siquiera se menciona. Iniesta Cámara (1997) aporta unos datos escuetos: Filloy, nacido en 1894 en Córdoba, vivió desde

de la gauchesca, reanudando en cierto modo el camino trazado por Payró. En el prólogo firmado, Juan Filloy ubica su saga en un «pasado reciente de 150 años atrás», es decir que el mundo narrado, una «arcadia chúcara por falta de civilización», empieza en los años veinte del siglo XIX y termina en los años setenta del siglo XX (el último Ochoa nace en 1963)[198]. El cinismo del autor destaca desde el principio: «Tras la Campaña del Desierto, los ferrocarriles y la inmigración aparejaron para nuestra patria evidencias verdaderamente promisorias» (6) que los Ochoa van a desmentir sólidamente. Porque «antes de finalizar el siglo XIX», los Ochoa «pululaban sin hacer nada en la campaña», «mientras sus mujeres, flacas de hambres y penurias, se sacrificaban trabajando» (7). Siguiendo el ejemplo de otros, migraron alrededor de 1910 «hacia centros más poblados», donde algunos triunfaron como oficinistas e uno incluso como secretario en un Juzgado Civil.

El primer cuento, «El Juido (El Patriarca)», es el más gauchesco e hipertextual de todos. En este relato autodiegético, Proto Orosimbo, un gaucho-pícaro de Santa Fe, cuenta en jerga gauchesca cómo cayó víctima de una leva que lo obligó a trabajar durante tres años bajo las órdenes de un coronel y cómo sirvió luego para un general: «murió gente que daba gusto. Sesenta muertos en la lucha de la cevilización (*sic*) contra la barbarie» (9). Se lamenta del hambre y de los piojos que tuvo que sufrir, prefiriendo «la mugre gorda de la toldería», por lo que huyó dos veces «al pago de Mariano Rosas», dando por garantizado que su destinatario anónimo sabe que se refiere al cacique ranquel que Mansilla había descrito en su *Excursión a los indios ranqueles* (ver 4.1.5). Hace recordar que repitió nomás el ejemplo de Martín Fierro, del que cita unos versos, pero traslada-

---

1921 en Río Cuarto, donde era juez. Publicó 20 libros y 10.000 palíndromas (6.000 según Reichardt en *ALL*, s.v. «Filloy») y escribió 35 libros que todavía no están publicados: no hay ediciones entre 1939 y 1968 ni entre 1982 y 1988.

[198] Puesto que es difícil reconstruir «el lugar y la fecha de nacimiento» de la familia Ochoa, Filloy presenta una lista con nombre y fecha de nacimiento de cada uno de sus miembros. Comparando estos datos con las fechas reconstruibles en los cuentos que siguen, destacan, no obstante, errores fundamentales: según el autor, Primo 8A nació en 1842 (8), pero según el mismo personaje, nació «pol 90» (46). De modo parecido, la lista presenta a los gemelos Octavo y Noveno, pero en el cuento-poema se dice que Octavo mató a su hermano mellizo Once (72 s.). Según la lista, Segunda habría nacido en 1843, sin embargo, en el relato aparece como hija de Primo que la tendría que haber engendrado entonces a la tierna edad de un año, etc. Los ejemplos demuestran que los errores están allí a propósito, supongo que para burlarse de los lectores meticulosos y de los aficionados a los árboles genealógicos.

dos a la tercera persona: «Anduvo siempre juyendo [...]» (10). Tiene envidia de los militares que cobran sueldos y tienen otros privilegios, por lo que no les cuesta nada ejercer el patriotismo, mientras que para él no hay sino alzarse y juntarse con los indios que desprecia profundamente. En una disputa que tuvo con un alférez porteño por «la pavada de tocarl'el culo a una fortinera de su'amistá» (11), le corta una oreja y escapa. Los testigos no dicen nada, haciendo lo convenido en esos casos: «Hoy por mí, mañana por vos. Naide se priesta a joder a naide en ese juego de cepo» (12). Un niño medio indio resulta ser hijo de una cautiva que conoce y que visita acto seguido en su rancho, donde vive con los indios y cantidad de perros hambrientos. Asombrado, mira el botín de los malones: cosas brillantes pero completamente inútiles en el desierto. Total, lo pasa mejor allí que de gaucho matrero y «hasta» se acuesta dos veces con ella. Los indios ranqueles «con las chaquetiya y los kepise que les regala el gobierno, rotos y mugrientos sobre las greña» (14), lo aceptan y lo tratan muy bien. Encuentra trabajo en la escolta de Mariano Rosas. Al contrario de las descripciones de Mansilla, quien alabó el alto grado de civilización de los ranqueles, Proto no se cansa de destacar su hediondez: «Jede una barbaridá» (15), pero aguanta dos años, haciendo lo que hacen ellos: «rascars'en las toldería y pasar a degüeyo en los malones. Robar hacienda y adiestrar cabayos. Y cuando les suebra el tiempo, chupar y pintarrajearse» (*Ibíd.*). La llegada del general Mansilla cambia su situación: un fraile del pelotón que quiere cristianizar a los indios lo toma como traductor y Proto aprovecha para lograr el perdón de Mansilla e irse con la tropa de carga. Quiere llevarse a la cautiva, pero ésta no quiere abandonar a su hijo. «Yorando mocosamente se me prendió al pescuezo» (19), después corre y vuelve con un cáliz de plata de recuerdo y entonces (pero no antes) él también llora. Quince años después refiere esta historia desde su «soledad bichoca» que es «tan verdá como que [se llama] Proto Orosimbo Ochoa» (20), nombre que suena a indio, al igual que los perros con nombres pampa que se llaman: Chandi, Tromén, Carubé, Pichi...

En vista de que se trata de un hombre solitario y viejo, con una trayectoria parecida a la del gaucho más famoso, surge la pregunta acerca de la estirpe que encabeza, ya que no se menciona en el relato de su vida. No obstante, el siguiente Ochoa, nacido en 1842, o sea 21 años después de Proto, debería ser entonces su hijo. Este criollo protagoniza el siguiente cuento «As de espadas». A diferencia del cuento inaugural, éste y los demás relatos son referidos por un narrador hetero-extradiegético quien no recurre a la jerga gauchesca. El 9 de julio

de 1916, importante día de conmemoración, Primo Ochoa, un criollo que goza
la vida a sus anchas, viene para asistir a la fiesta en compañía de su hosca mujer
que trabaja de sol a sol y a la que deja en manos de Dapertutti, el cual le había
pedido ayuda. A pesar de sus esfuerzos, ella no logra mejorar la miseria que afec-
ta sobre todo a Tércer, su paliducho hijo menor. Olvidándose de sus hijos, Primo se encuentra pronto involucrado en una partida de truco que el narrador
presenta como si fuese un comentarista de un juego deportivo transmitido en
directo, dirigiéndose a los narratarios: «Por favor, véanlos a Cuquejo y Pablo
Cremer haciéndose señas. [...] Observen ahora a sus contrincantes» (28). Primo
y su compañero de juego pierden más y más, la tensión crece, el ánimo baja. De
pronto, Primo tiene una inspiración canallesca: saca una garrapata de un perro
descuidado y la mete en el plato de porotos que su contrincante mastica distraí-
damente. Al morderla, éste lanza «un grito espeluznante. Una sangre negra y vis-
cosa [llenó] su boca de asco» (32). Asqueado, Cuqueja se da pronto cuenta de
quién ha sido el culpable y lo arremete con su daga, hiriéndolo levemente, pero
se enreda en su impulso homicida entre las mesas y Primo, súbito, «imposible de
detener, como un rayo trágico», reacciona agarrando un sifón con cuyo golpe
«lo [deja] seco». La nimiedad del motivo y la sobrerreacción tanto del desafiador
como del desafiado, el hecho de que no se defienda con un arma blanca, sino
con un artículo de uso común cuyo efecto es mortal, el tono burlón del narrador y el final sarcástico —«las pupilas [del muerto], fijas en el borde superior de
sus ojos en blanco, hacían la seña del as de espadas» (32)— apuntan hacia una
parodia del duelo gauchesco, acto sacrosanto en los textos gauchescos «serios».

En el siguiente relato, cruel y conmovedor, titulado «Carbunclo», el mismo
gaucho Primo Ochoa, ya viejo y siempre ebrio, suele orinar en cualquier lado,
feliz de poder hacerlo de nuevo después de una operación[199]. Cuando lo hace
delante de un almacén, justo en el momento en el que pasa el veterinario con su
esposa que se escandaliza mucho cuando lo ve, Primo contesta impertinente-
mente: «Pero, doutor; ¡usted tan luego me dice eso! Acaso no lo veo en la caba-
ña a cada rato acomodando la verga del toro campeón en la concha de las vacas»
(37), lo que provoca una carcajada unánime y mortificante de los presentes,

---

[199] La publicidad alemana jugaba posteriormente con esta imagen de potencia masculina, también juego favorito de niños, mostrando a un hombre orinando un número larguísimo de un teléfono móvil en la nieve, comentando en *off*: «los hombres son así» (era un anuncio para una revista
de hombres).

pero no del veterinario quien lo denuncia en la comisaría. Primo se mofa de la acusación y de la ley: «Güena yegua la ley. ¡Cuando una yegua se acostumbra con los burros, nu'hay potro que la monte!»[200]. Lo encarcelan por diez días en los que no puede tomar nada, sufriendo mucho de la abstinencia. El juez le hace recordar sus procesos, incluso el homicidio (ver el cuento anterior) y advierte que «se han acabado los gauchos matreros» (42). No obstante, la inteligente actitud sumisa de Primo, más la afición folclorista del juez, que pertenece «a dos centros nativistas», surgen efecto. El juez lo libera, pero falta un documento y Primo tiene que quedarse unos días más. Prosigue la escena y le cuenta a la autoridad judicial la historia de su encarcelamiento debido al homicidio y las consecuencias nefastas para su vida: «todito se me vino barranca abajo: perdí una hijita y cincuenta chanchos; mi mujer estuvo en las últimas [...] y la chacra qu'era un contento se golvió una desolación» (43). Este pequeño relato intercalado, que hace recordar el destino de Martín Fierro, ofrece, al igual que los siguientes cuentos autobiográficos de Primo delante de los otros presos, la típica variante genérica del doble marco.

En la cárcel, Primo se entera de que su hijo Tércer se está muriendo por una infección no curada a tiempo, que se había transformado en carbunclo. Y que el veterinario, que se encontraba por casualidad cerca, había huido a la ciudad en vez de prestarle ayuda al moribundo. Liberan a Primo y cuando éste ve la cara llena de pus de su hijo muerto se desdobla por el dolor. En el velorio comienzan a circular bebidas y Primo bebe después de tres semanas de abstinencia y se vuelve grosero. Finalmente, le acerca la botella al cadáver. Una vieja observa la escena pero no dice nada cuando a continuación Primo les ofrece la botella a tres hombres que cumplen con el ritual de terminarla en honor del difunto. Al día siguiente los tres están muertos, infectados por la botella que Primo había metido antes en la boca de Tércer. Cuando el médico dicta fríamente el diagnóstico, el patrón no reacciona y le ofrece frívolamente un «whiskey macanudo».

Este cuento es interesante porque presenta primero un punto de vista positivo, indulgente, superior con respecto al viejo gaucho obsceno y vulgar, pero divertido, que se convierte primero en víctima de la venganza cruel y desmedida del veterinario y luego él mismo inconscientemente en el verdugo de tres compañeros inocentes. Los de abajo, así parece rezar el mensaje, no tienen ninguna posibilidad de cambiar su destino. De ahí que el siguiente cuento lírico, «Ala-

---

[200] Sabiendo que el autor había sido durante muchos años juez en Río Cuarto, estas palabras transmiten más allá de su vulgaridad un sentido crítico bastante serio.

triste», presente otra historia trágica: Noveno Ochoa mató a su hermano Once, tuvo un amor no correspondido, se convirtió en alcohólico y murió de tristeza y de sufrimiento.

«Alias 'Hurguete'» retoma el tema del duelo gauchesco, variándolo notablemente. Un patrón y su capataz brasileño se encuentran en la fonda de la estación con Octavo Ochoa, el hermano gemelo de Noveno, un chuparrón de 28 años, víctima de la herencia alcohólica que debilitó su varonía, por lo que ya no frecuenta los burdeles, sino que manosea a cualquiera. De ahí su apodo «Hurguete», que lo embrutece cuando lo escucha. Al presenciar los exabruptos de Octavo, el capataz y su patrón quieren marcharse, pero Octavo saca primero una daga y luego un revólver con el que juega amenazadoramente. Viendo el peligro, el capataz se apodera del revólver y lo desafía; poco después, los dos luchan cuerpo a cuerpo, hasta que el capataz «le [hunde] en forma brutal dos veces el caño del revólver en el trasero» (89), poniendo fin al machismo de Octavo. El cuento termina con un informe médico que registra dos lesiones peligrosas que produjeron una fuerte hemorragia, y con una requisitoria del fiscal de Cámara que informa que absolvieron al capataz por haber actuado en legítima defensa propia.

Salto los dos siguientes cuentos titulados «Zoraida» y «El dedo de Dios» por no pertenecer a los cuentos con ambiente gauchesco, y presento brevemente el último, que lleva el título de «Cristanto Funes, domador». Nadie quiere en la estancia al nuevo mayordomo quien introduce allí el orden, la higiene y otras reformas civilizadoras. Antes de la tradicional doma, informa a la peonada que en vez de «cachiquengue y chupandinas» habrá permanentemente «una ambulancia con médico y veterinario» para curar posibles accidentes en el acto. Poco antes de empezar, el presidente de la Compañía de Tierras lanza un discurso en el que les recuerda la historia patria que se hizo a caballo, y prosigue:

En materia de doma de potros, los salvajes somos nosotros, no los mapuches chilenos que ocuparon hasta 1879 la mitad de la Argentina. Los indios de referencia —puelches, huiliches, picunches, ranqueles, etc...— no domaban al bagual, lo amansaban. [...] Ya no hay indios en nuestra tierra ni gauchos errantes en ella. Porque, ni bien el gaucho se apeó y se sentó ante una mesa y comió con cuchara y tenedor, se hizo peón. Es decir, obrero rural. Es decir, ciudadano argentino (151).

Esta inversión de la dicotomía civilización-barbarie pone un punto final al gaucho, pero no a la literatura gauchesca[201]. El final del cuento refuerza la victoria de la civilización: Crisanto gana el primer premio por haber domado dos caballos sin violencia, pero no se alegra porque le han tocado dos potros medio mansos y se siente herido en su amor propio. Pero cuando recibe al día siguiente el premio —«16 prendas de un auténtico recado criollo» (157)— queda tan impresionado que tacha unos días después en presencia del mayordomo una infamia escrita en la letrina en contra del mismo. La historia del domador domado, tataranieto de La Nona, termina la saga funesta de *Los Ochoa* con un final inesperadamente feliz, y, por lo tanto, sospechoso.

Un año después, Filloy publicó la novela *La Potra (Estancia «Los Capitanejos»)* (1973), que valga mencionar brevemente porque presenta otro aspecto de la civilización en la pampa argentina y porque se vincula intertextualmente a *Los Ochoa*. Trata de Verenna Briggs, una inglesa rica y atractiva de treinta años —sí, la referencia a Balzac no es gratuita—, nacida en Argentina, que se caracteriza por cierta flema. Dirige con habilidad una estancia moderna y tiene un *affaire* clandestino con Quinto Ochoa, el domador de potros. Su hermano Stanley y su padre viven en Buenos Aires, al igual que su novio Daniel. Éste había participado como soldado en la Segunda Guerra Mundial, experiencia que le trastornó psíquicamente, mientras que Stanley, debido a su alta posición social, había tenido que hacer sólo cosas fáciles en terreno seguro. Posteriormente, los dos tienen un accidente de avión al que sobreviven, pero quedan gravemente heridos. Daniel sufre más: tienen que amputarle sus testículos y el pene. Sucumbiendo más y más a fuertes depresiones, termina suicidándose. Verenna mantiene la *conténance* y su furiosa relación sexual con Quinto, quien no se ocupa de ella sino que termina por dejar encinta a una sirvienta algo boba. Stanley habita durante su convalecencia en la estancia y se entera así de la relación de su hermana. Le hace una escena de reproches que rebota contra una pared de mujer emancipada y libre. En una noche con insomnios escucha ruidos provenientes del cuarto de Verenna, toma su arma y dispara dos veces al tipo que sale. Quinto muere en el acto. Al día siguiente, Verenna se dirige a un abogado para denunciarlo. El abogado resulta ser el padre de Fernán Filloy, un amigo de Verenna —con esta metalepsis de autor Juan Filloy se inscribe en la novela sin que esta adquiera por

---

[201] Por otro lado, la famosa trilogía del *Gaucho a pé* en los años treinta de Cyro Martins (ver 4.2.4) tampoco acabó con la literatura gauchesca, sino que le dio un nuevo giro.

ello rasgos autobiográficos—. *La Potra* demuestra que la civilización produce entes miserables, como el cobarde Stanley, pero también mujeres admirables de armas tomar, fuertes, enérgicas, capaces de dirigir una estancia moderna y de conservar la imagen que corresponde a las expectativas de la sociedad, sin perder por ello el deseo ni la capacidad de cambiar de papel para dejarse dom(in)ar durante ciertas horas. Otro aspecto interesante concierne a la ironización de la orientación anglosajona que destaca en alianzas de criollas con capitalistas ingleses en la novela romántica del xix y en planes reformadores provenientes de Inglaterra en la novela criollista del xx. Demostrando el lado oscuro pero profundamente humano de los representantes supuestamente superiores de la cultura anglosajona, el autor implícito Juan Filloy se burla de esta creencia ampliamente difundida hasta hoy en día.

El cuento «Treinta Treinta» (1963) de Dalmiro Sáenz (Buenos Aires, 1926*) presenta una versión peculiar del tópico enfrentamiento de civilización y barbarie. Refiriendo primero la génesis del relato, Sáenz se acuerda de la llegada de un forastero a un pueblo en la Patagonia (donde él mismo había vivido muchos años criando ovejas), que le había impresionado mucho por simbolizar «una arbitraria y cruel hombría contenida en un mundo esclavo de miedos y costumbres» (1984: 13). Luce espuelas y una daga y no dice nada, tan sólo una frase: al dar a una chica del pago, sin consultarla antes, unas costillas de cordero, ella protesta que no le gustan. «—Éstas le van a gustar —le [contestó] el forastero, y ella [bajó] entonces su cabeza sobre el plato». Sáenz supone que «tal vez al ver juntos al forastero y a Margarita, como dos sanos y cobrizos animales, sin más diálogo que esa bárbara lógica de la atracción» (14), le surgió la inspiración para escribir el cuento que sigue.

La llegada del forastero dista de la versión referida, puesto que el gaucho, que recibe el apodo Treinta Treinta por el Winchester 3030 que lleva siempre, mata sin misericordia y razón alguna. La acción está ubicada en 1894, en un pueblo de agricultores pobres de la Patagonia, del que se apodera completamente, porque «esa tierra demasiado seca les había absorbido sus sueños, su hombría, sus cosechas, su dignidad» (17). Los habitantes se reúnen clandestinamente para encontrar una solución, pero son demasiado cobardes para tomar una decisión suprema. Mary, la chica en cuyo jardín está pastando el boyo del forastero, comiendo la «alfa» de sus pollos, se indigna. Un día, el «dueño del pueblo» chista a Mary y le pregunta si no quisiera sembrar algo, pero ella contesta que el agua no alcanzaría. A partir de esta escueta conversación los dos se enamoran y se encuentran clandestinamente. Paralelamente, el pueblo se da cuenta que Treinta Treinta es un criminal buscado, y que el que lo mate tiene derecho a veinte mil pesos, lo que llega al absurdo de que cada uno cuida en delante de su vida «para poder tener después la exclusividad de su muerte» (33).

Cuando Mary lo invita a su casa, le quita al entrar el Winchester. Su padre aprovecha la situación, apuntándole con una vieja escopeta, pero Treinta Treinta logra defenderse con su cuchillo. Sale después de la casa, «sin armas, sin caballo, como un Cristo dejado abandonado en la mitad de la calle» (35), y en ese momento es el pueblo entero el que se aprovecha, «precipitándose como hienas hambrientas sobre un león herido». Lo linchan con palos, cuchillos y piedras, hasta que un disparo de Mary los interrumpe. Pero es demasiado tarde, Treinta Treinta está muerto. Finalmente, es el lector el que tiene que decidir si es posible disculpar éticamente al asesino impasible, enamorado (*ALL*, s.v. «Sáenz»), mezcla que tiene algo fascinante y enternecedor, o si el pueblo cobarde, codicioso, animalesco merece a tal verdugo.

* * *

> *Inventei um novo canto,*
> *quando o canto já morreu*
>
> (Martim Fera)

Unos veinte años más tarde apareció, después de una larga pausa literaria, a finales de los años ochenta en Rio Grande do Sul, el poema *Martim Fera. História de cordel* (1984) de Donaldo Schüler. Hace revivir la tradición de la gauchesca «quando o canto já morreu», como reconoce el yo lírico auto-extradiegético en el segundo verso, señalando ya al principio la consciencia metatextual que encontramos al final de la segunda parte del *Martín Fierro*.

En el momento de empezar el canto, el narrador-protagonista es un ser acabado: «Já pisaram tanto em mim,/ que me quebraram os osos. / O que hoje vês de mim/ são apenas os destroços» (I, p. 22). En el segundo canto, titulado «La partida», empieza la gran analepsis que termina sólo en el penúltimo canto. Martim Fera quería casarse con Zeferina, de la que estaba tan enamorado que estaba incluso dispuesto a renunciar a una cama y una casa, pero no así Zeferina: «Quero marido direito/ homem bom e respeitado» (III, p. 30). El padre de Zeferina se muestra muy escéptico ante las promesas vanas de Martim —«Faço força e, enquanto isso,/ mulher minha pinta unha» (IV, p. 32)— y quiere ver el cerco y las reses, a lo que Martim contesta desocupadamente: «Cercadinho? O que é isso?/ Conheço terras sem dono/ [...] Tenho minhas relações,/ sou amigo do prefeito» (IV, p. 33). El padre reconoce que este hombre va a desgraciar a Zeferina, pero ya no puede evitarlo porque ella está «apaixonada» y lo quiere justamente por ser tan loco como es. Los dos huyen en un caballo y en el siguiente canto Martim se refiere a su «fazenda» sin aclarar cómo se hizo dueño de ella. Un día llega un tipo gordo con aire de rico que trata de apoderarse de la estancia, mostrando unos papeles posiblemente falsificados y Martim se pone bravo, haciendo honor a su nombre[202].

En el sexto canto, situado en la mitad del poema, Martim relata la catástrofe: el tipo atacó con su gente la estancia y la quemó, y mataron a mucha gente, entre ellos a Zeferina, lo que le rompe el corazón. Invoca al Negrinho do Pastoreio y ve, de golpe, como en «El Aleph», y acercándose intertextualmente a Las venas abiertas de América Latina de Eduardo Galeano y al Canto general de Neruda[203], todas las heridas de América (Potosí, Bolivia, Haití) y toma la decisión de luchar.

En el canto VIII, «Vingança», cambian la voz narrativa y el narratario en las dos primeras estrofas, puesto que una voz no identificada se dirige al yo lírico, diciéndole: «Eras bom, eras honesto/ eu te vi trabalhador», pero ya al final de la segunda estrofa, Martim Fera retoma su lugar y continúa el relato de su vida que transgrede a partir de entonces los límites espaciales y temporales: «Me larguei por este mundo/ pra atacar a injustiça», y se convierte en un luchador omnipresente en cualquier lugar del mundo desde la antigüedad hasta el presente. En las pampas argentinas encuentra «o amigo Fierro»: «eu trovei e sentei praça,/ Fera e Fierro, coisa fina./ Fomos presos e trancados/ eu e ele na latrina» (VIII, p. 59). El refugio en Canudos y la mención de Lampião ubica la acción en el Sertão y enlaza la historia con el subtítulo História de cordel. La voz anónima, extradiegética del canto VIII retoma la palabra en el canto X, «Balanço», dirigiéndose nuevamente al protagonista que conoce («amigo velho»), al que le pide una explica-

---

[202] En sentido figurado, la fera es una «pessoa cruel e sanguinária», pero también «muito severa, irascible» o «de grandes conhecimentos, esp. em determinada matéria» (Aurélio, s.v. «fera»). Chiappini añade en su comentario que «fera é também uma gíria que quer dizer bom, o tal. Eu sou fera, eu sou muito bom (nesse caso, macho, bravo, sei lutar, etc...)». Además, el nombre del protagonista alude a la primera parte del Martín Fierro (ver asimismo Núñez 2004: 210): cuando el protagonista vuelve de la frontera, y encuentra su rancho destruido y abandonado, exclama «¡Yo juré en esa ocasión/ Ser más malo que una fiera!» (I, vv. 1013 s.).

[203] Cfr. también un poco más adelante: «Era pedra sobre pedra» (canto VII, p. 48).

ción de su transformación de «cara directo» en un desgraciado. Martim contesta en la segunda estrofa que le habían «negado» y que tenía que luchar para conservar la dignidad: «Para não virar um rato/ levantei e disse não». Siguen unos pensamientos generales, en los que la voz anónima lo provoca: «Mas o que é que conseguiste/ com todo teu trabalho? [...] O sucesso é pros ricos,/ para os pobres resta o malho». Martim contesta serenamente: «Neste jogo não se perde, eu ganhei o que vivi» (X, p. 69).

Chiappini (2001: 728) interpreta este poema como «paródia bem humorada mas séria do *Martín Fierro*», pero el propio autor concibe la parodia según criterios más estrechos: «a paródia confina com a ironia, com o cômico. Tomei o *Martim Fera* a sério. Vivi com ele, sofri com ele» (Schüler 1989: 11). En cuanto a la intención de sentido seria, Schüler tiene seguramente razón, porque presenta, al igual que Hernández, a un paria[204] que lucha contra las injusticias sociales. Y aún más, es, según Chiappini (2001: 729), un «clásico terceiromundista: entre duas culturas, a culta e a popular, a escrita e a oral». Pero no en cuanto al lado humorístico del poema, que destaca tanto en el plano de la expresión —«Martim Fero me chamaram,/ fui Ferinha pra mamãe./ Ai de mim! Estou perdido,/ eu não sei trovar em ãe» (I, p. 19)— como en el del contenido y en el del plano metatextual que juega con la norma de verosimilitud: «O que não aconteceu/ podia ter acontecido./ O ocorrido não foi este,/ mas foi muito parecido» (IX, p. 62). Además, hay que considerar la ambigüedad inherente al concepto de la parodia y su función como motor de la evolución del género (ver 4.1.3). Schüler reconoce este último aspecto: cuando le preguntan en una entrevista por qué retomó el poema de Hernández, contesta: «Aí é que entra o gênero. Gênero, para ser gênero, tem que ser inesgotável. O gênero não se deixa legislar. [...] O gênero se regenera» (Schüler 1989: 13). Tal vez podríamos decir que Schüler internacionaliza al personaje del poema nacional argentino, dejándolo correr por el mundo y el tiempo, haciendo del héroe argentino un «herói universal» (*Ibíd.*: 15). Con ello aporta su grano a la renovación continua del género de la gauchesca que no murió nunca, pero que sí cambió, trasladándose desde finales del siglo XIX paulatinamente a la narrativa. El último texto analizado en este libro es también un texto en prosa que reactualiza otro famoso representante de un no menos famoso autor y crítico de la gauchesca. Me estoy refiriendo a «El Sur», en

---

[204] Schüler (1989: 14) asocia «a primeira sílaba de 'Martim' a mar, a margem, a marginalidade».

el que Borges juega con el imaginario gauchesco (*vide supra*). Este último ejemplo ilustra muy bien el desarrollo del género en el modo de la hipertextualidad: el género se nutre constantemente de sí mismo, introduciendo con cada texto una variación que provoca a su vez una nueva reescritura o parodia.

El autor chileno Roberto Bolaño (1953-2003) invierte en su cuento largo «El gaucho insufrible» (2003) los tópicos de la literatura gauchesca. Este texto gracioso y serio a la vez es uno de los últimos de Bolaño, que murió prematuramente a la edad de cincuenta años. «El gaucho insufrible» trata del abogado Héctor Pereda, cuidadoso y tierno padre de familia, viudo joven, quien llevaba una vida feliz en Buenos Aires, pero que había envejecido prematuramente y buscaba en viejos libros «algo que ni él mismo sabía qué era». Parece ser uno de los tantos personajes de Bolaño cuya vida es afectada por la literatura. Dejó de ducharse diariamente y, cuando estalla la gran crisis económica-social en 2001, decide irse al campo, aunque él mismo no sufre mucho por ella. Al llegar, nota algo raro en el campo: no hay vacas en la pampa, sino sólo conejos, que se enzarzan entre ellos hasta despedazarse. La estación solitaria le hace pensar en el cuento «El Sur» de J. L. Borges, el hipotexto más importante de este cuento que el narrador cita explícitamente. Después de haber dormido largamente en la estación, se apodera de su viejo rancho deteriorado y se compra un caballo. De poco a poco, experimenta un proceso de «agauchamiento». Llegando un día a una pulpería, piensa de nuevo en el destino de Dahlmann. Para no sufrir el mismo desplante, invierte la situación: entra montado en su caballo y ofende a los paisanos inofensivos que toman allí su trago:

> sostenía disimuladamente el rebenque, ya que aún no se había comprado un facón, que era lo que la tradición mandaba. Al marcharse, [...] mientras pasaba junto a los gauchos jóvenes, para reafirmar su autoridad, les pidió que se hicieran a un lado, que él iba a escupir. El gargajo, virulento, salió casi de inmediato disparado de sus labios y los gauchos, asustados y sin entender nada, sólo alcanzaron a dar un salto (30).

Pone el nombre «José Bianco» a su caballo, una alusión al autor de *Las ratas* (1943), que fue durante decenios director de redacción de la famosa revista *Sur*, cuyo nombre alude a Argentina (Buenos Aires) vista desde el norte (Europa) y a la orientación europea de la revista fundada en 1931 por Victoria Ocampo, y al mismo tiempo alude al cuento ya mencionado de Borges.

La degeneración de los gauchos corre parejas con el progresivo agauchamiento de Pereda, quien inventa historias que cuenta en largas tertulias o en el fogón de su estancia, mientras que aprende que los gauchos de verdad se dedican a la caza de conejos con trampas, lo que le desagrada sinceramente. No obstante, a la larga no le queda otro remedio para sobrevivir. Y mientras que él monta a José Bianco, los gauchos montan su yegua —lo que, según Martín Fierro, sería una gran vergüenza—[205], porque «habían vendido sus propios caballos al matadero y ahora andaban a pie o en bicicleta o pedían autostop» (36). Y al contrario de la gente pacífica del campo, a Pereda le entran de vez en cuando enormes ganas de armar una pelea. Proyectando este deseo en sus invitados, les advierte en una fiesta en su casa que no quiere peleas y piensa en la posibilidad de depositar todas sus armas blancas, o sea, cuchillos y facas, en un cuarto particular.

Al contratar a un par de gauchos para arreglar el techo de su estancia, se da cuenta de que «él no sabía nada de carpintería y los gauchos menos». Pero los que sí saben son los pintores, «sabían mucho más de carpintería y albañilería que el gauchaje que solía mosconear todo el día alrededor de Álamo Negro» (41). Con ello, el autor implícito contradice el *dictum* de Scalabrini Ortiz (1931: 39), según el cual el «Hombre de Corrientes y Esmeralda» tiene «facilidad para salir de apuros, encontrar recursos en sí mismo», porque heredó del gaucho la costumbre de «resolverlo todo en plena pampa». La única persona capaz y eficiente en el universo de Pereda resulta ser una mujer, una china que «no hablaba mucho pero sin duda trabajaba más que los seis gauchos que para entones Pereda tenía en nómina». Los gauchos, por su parte, «añoraban al general Perón». Escuchando eso, Pereda saca su cuchillo, pero los gauchos retroceden temerosos y Pereda piensa que «la culpa argentina o la culpa latinoamericana los había transformado en gatos» (45).

Pereda considera su salvajismo como metonimia y metáfora del estado del país, la Argentina de la gran crisis de 2001. Pero tenemos también un ejemplo paródico de la famosa barbarie de la pampa: la visita de un representante de la civilización, un editor, termina casi con su muerte porque «un conejo le saltó al cuello y le mordió». Careciendo de un médico, Pereda lo cura con un cuchillo calentado con el que le cauteriza la herida.

Después de tres años, Pereda viaja por primera vez a la capital. Allí busca a su hijo, y lo encuentra en compañía de otros escritores en un café, esnifando co-

---

[205] Reverel (1986: 70) advierte que ningún gaucho o *gaúcho* montaba en una yegua, suponiendo que «teria origem na literatura medieval espanhola e aparece nas crônicas e documentos dos anos iniciais da conquista. Remotamente, seria uma herança cultural árabe».

caína. Pereda mira a través de la ventana y sus ojos se encuentran con uno de los escritores, la típica situación de desafío. El escritor sale hacia la calle y lo increpa: «¿Qué mirás, viejo insolente?» (50). Esto basta para que Pereda empuñe el cuchillo y se lo clave en la ingle, hiriéndolo mortalmente sin ninguna misericordia: «Me parece que precisás una compresa, añadió todavía Pereda, con voz clara y firme, indicando la entrepierna tinta en sangre del cocainita» (51). Después, Pereda duda entre quedarse o volverse: «¿me quedo en Buenos Aires y me convierto en un campeón de la justicia, o me vuelvo a la pampa, de la que nada sé, y procuro hacer algo de provecho, no sé, tal vez con los conejos, tal vez con la gente, esos pobres gauchos que me aceptan y me sufren sin protestar?» (51). Decide volver al campo. La ironía metaliteraria destaca sobre todo en este final en el que el ciudadano se comporta como un gaucho de la literatura, saliéndose, además, con la suya.

El análisis de las reescrituras y parodias de Borges, Fontanarrosa, Filloy, Sáenz y Bolaño demuestra la trayectoria del gaucho al guapo, de la pulpería al café, de la pampa al barrio porteño y, finalmente, el camino inverso del ciudadano que se dirige a la pampa, agauchándose. No obstante, estos textos literarios narrativos hacen surgir la cuestión de si es dable incluirlos en el género gauchesco: todos transgreden los límites del canon al introducir a nivel del contenido elementos nuevos, sorprendentes, extraordinarios y carecen incluso del personaje arquetípico del gaucho, sustituyéndolo por el compadrito, guapo o ciudadano agauchado. No obstante, siempre conservan algunos rasgos característicos del gaucho: el honor, la valentía, la maña, el orgullo, el machismo... Y muchos respetan el doble marco narrativo, introduciendo relatos intercalados. Por esto concluyo que forman parte integral del género, demostrando su vigencia por revelar la existencia de un imaginario gauchesco que no es estático, sino variable, dinámico y siempre extendible.

5. Conclusión

El análisis de los textos dramáticos, líricos y narrativos de la literatura gauchesca de los tres países fronterizos demuestra la vigencia del modelo descriptivo desarrollado. A nivel discursivo, el doble marco narrativo se ha revelado como variable del género gauchesco en su totalidad, y como constante de la poesía gauchesca. A nivel del contenido, destacan ciertas características típicas de la figura y trayectoria del gaucho: el solitario centauro de la pampa, su valentía, el rígido código de honor, la rebeldía y el infortunio, el machismo y cierta actitud xenófoba... Pero la gran variabilidad de las características del gaucho —y del género gauchesco— en los textos literarios singulares obedece a cierto orden histórico e ideológico e impide sistematizar los rasgos rigurosamente. Mientras que la poesía gauchesca transmite por lo general el punto de vista del gaucho como personaje y narrador/payador, la novela criollista adopta la perspectiva del estanciero y carece de la comicidad, que es otro rasgo característico del género gauchesco que destaca tanto en los precursores del teatro primitivo como en la poesía, la vertiente gauchi-picaresca y en las reescrituras y parodias.

La evolución del género, que se desarrolla en el modo de la hipertextualidad, puede resumirse como sigue: los antecedentes de la literatura gauchesca se encuentran en el teatro gauchesco primitivo, pero sólo a principios del siglo xix el género echa raíces en el Río de la Plata con los cielitos y diálogos de Hidalgo y los poemas de Luis Pérez y de Ascasubi, produce textos cómicos como la *Carta de Anastasio el Pollo* y el *Fausto* y textos serios como *Los tres gauchos orientales* y su continuación y llega finalmente a la obra cumbre de la poesía gauchesca, el *Martín Fierro*. El gaucho ficcional toma en estos textos la palabra para presentarse a sí mismo y a sus compañeros como carne de cañón y posteriormente como víctima del progreso. Debido a su particular historia colonial, la literatura riograndense carece tanto del teatro primitivo gauchesco como de cierta tendencia épica en el campo de la poesía. En cambio, en la lírica riograndense destacan en el siglo xx poemas satíricos que recurren al modelo gauchesco para burlarse de políticos y de otros asuntos. En el género narrativo se encontraron

representantes brasileños de las vertientes romántica, pre-modernista y natura-
lista-realista. Estos textos gauchescos se caracterizan por un alto grado de color
local al que pertenece asimismo el uso del *portunhol* transcrito en los diálogos de
los paisanos. Refuerzan el nacionalismo que se observa también en los representantes de la poesía gauchesca rioplatense desde principios del siglo xix e incluso
en el primitivo teatro gauchesco en el último tercio del siglo xviii, y que adquirió nuevos matices con la inmigración masiva en los tres países fronterizos.

La narrativa gauchesca empieza con los exitosos folletines de Eduardo Gutiérrez en Argentina y las novelas histórico-románticas de Acevedo Díaz en Uruguay, en el Brasil con la novela *O gaúcho* de Alencar y los cuentos gauchescos de
Simões Lopes, y pasa en los tres países por textos naturalistas gauchescos que presentan una visión muy negativa del gaucho degenerado y del campo. Pero después podemos constatar diferencias: en el Río de la Plata, sobre todo en el Uruguay, se abre una nueva vertiente, la novela criollista que adopta la perspectiva y
el lenguaje culto del estanciero para presentar los cambios que se efectuaron con
la modernización y la llegada de europeos. En el Rio Grande do Sul, en cambio,
la literatura gauchesca parece estancarse o difundirse en los textos histórico-re-
gionalistas de mayor envergadura de Érico Veríssimo, hasta que Donaldo Schüler
reanima la poesía gauchesca riograndense con su *Martim Fera*.

A pesar de ciertas diferencias, el desarrollo genérico-literario en los tres países fronterizos comparte la importante similitud de que el gaucho, muerto en la
realidad extratextual ya en el último tercio del siglo xix, renace continuamente y
sigue muy vivo hoy en día en la literatura popular, en reescrituras y en parodias.
¿Cómo explicar este anhelo nostálgico hacia el centauro de la pampa? Pudimos
constatar que la idealización del gaucho corre pareja con el progreso económico-
social en la fase de modernización y que configura su otra cara: según esta concepción, la literatura/el arte complementa o compensa aquellas expectativas que
quedaron irrealizadas o desilusionadas en el proceso de la modernización. Esta
función conciliadora y regeneradora del arte sirve para estabilizar y afianzar la
modernidad de la esfera racional-tecnológica (ver Schlickers 2003: 112 s.). De
ahí que la dimensión mítica del gaucho pueda reconstruirse incluso desde el
principio de su nacimiento literario, recuérdese que Vicente Fidel López adujo
ya en 1883 en su *Historia de la República Argentina* (Tomo III, 124) que el gaucho «es para nosotros una leyenda de ahora setenta años». «El 'antes', pues, es
tan remoto que acaso abarque el tiempo inmemorial, esa obligada residencia,
que en definitiva, forja la única, la sabia cronología de los mitos» (Goloboff
1996: 58). En la dirección inversa, futura, el mito gauchesco continúa estando

vigente, por lo que me gustaría despedirme con las palabras prometedoras de
Martín Fierro:

> Con mi deber he cumplido
> y ya he salido del paso;
> pero diré, por si acaso,
> pa que me entiendan los criollos:
> todavía me quedan rollos
> por si se ofrece dar lazo.
>
> Y con esto me despido
> sin espresar hasta cuándo
> (*Martín Fierro* II, XXXIII).

6. Bibliografía

6.1 TEXTOS

ACEVEDO DÍAZ, Eduardo
1888   *Ismael*, Montevideo: Centro Editor, 1968.
1890   *Nativa*, Montevideo: Biblioteca Artigas, Vol. 53, 1964.
1894   *Soledad. Tradición del pago*, Buenos Aires: Barreira y Ramos.

AIRA, César
1981   *Ema la cautiva*, Barcelona: Mondadori, 1997.

ALENCAR, José de
1870   *O gaúcho*, Rio de Janeiro: Organização Simões, 1954.

AMORIM, Enrique
1934   *El paisano Aguilar*, Buenos Aires: Losada.
1952   *La carreta*, Buenos Aires: Losada, 1969.

ASCASUBI, Hilario
1853   «La Refalosa» (1853), en: *Santos Vega y otros poemas*, Buenos Aires: Centro
        Editor de América Latina (Biblioteca argentina fundamental, 15), 1967.
1872   *Paulino Lucero* (1839-1851), Paris: Dupont, reproducido en Biblioteca vir-
        tual Miguel de Cervantes.
1872   *Santos Vega o Los mellizos de «La Flor». Rasgos dramáticos de la vida del gaucho
        en las campañas y praderas de la República Argentina (1778-1808)*, Paris: Du-
        pont.

BENEDETTI, Mario
1982   *Primavera con una esquina rota*, México, D. F.: Nueva Imagen.

BERNÁRDEZ JACQUES, Elbio
1953   *La gaucha*, Buenos Aires: Ciordia & Rodríguez.

BIANCO, José
1943   *Las ratas*, Buenos Aires: Cámara Argentina del Libro, 2001.

BOLAÑO, Roberto
1997   «Sensini», en: *Llamadas telefónicas*, Barcelona: Anagrama, pp. 13-29.
2003   «El gaucho insufrible», en: *El gaucho insufrible*, Barcelona: Anagrama, pp. 15-51.

BORGES, Jorge Luis
1935   «Hombre de la esquina rosada», en: *Narraciones*, Madrid: Cátedra (Letras Hispánicas, 123), 1984.
1944   «El fin» y «El sur», en: *Ficciones*, Madrid: Alianza, 1989.
1949   «El muerto», «Historia del guerrero y de la cautiva», «Biografía de Tadeo Isidoro Cruz», en: *El Aleph*, Madrid: Alianza, 2003.
1930   *Evaristo Carriego*, Buenos Aires: Emecé, 1995.
1969   «Los gauchos», en: *Elogio de la sombra*, Buenos Aires: Emecé, pp. 99-103.
1970   *El informe de Brodie*, Madrid: Alianza, 2002.
1975   «La noche de los dones», en: *El libro de arena*, Madrid: Alianza, 2001, pp. 72-79.

CAMBACERES, Eugenio
1885   *Sin rumbo. Estudio*, ed. de R. Gnutzmann, Bilbao: Universidad del País Vasco, 1993.
1887   *En la sangre*, en: *O. C.*, ed. de E. M. S. Danero, Santa Fe: Castellví, 1956.

CAMPO, Estanislao del
1857   *Carta de Anastasio el Pollo sobre el Beneficio de la Sra. La Grúa*, en: *Los Debates* (Buenos Aires), reproducido en:<www.clarin.com/pdba/gauchesca/lagrua/lagrua.htm>.
1866   *Fausto*, Buenos Aires: Centro Editor de América Latina (Biblioteca argentina fundamental, 15), 1967.
1870   «Gobierno gaucho», reproducido en Rodríguez Molas, 1968, pp. 377-380.

CARPENTIER, Alejo
1979   *El arpa y la sombra*, Madrid: Alianza, 1998.

CHITO DE MELLO
2005   *Rompidioma*, Rivera: Impresora Aragón.

CONCOLOCORVO [Alonso Carrió de la Vandera]
1773   *El Lazarillo de ciegos caminantes*, ed. de Emilio Carilla, Barcelona: Labor, 1973.

CORTÁZAR, Julio
1956	*Final del juego*, Madrid: Alfaguara Bolsillo, 1993.

CULEBRA, Anastasio
1885?	*El gaucho Juan Acero. Emulo de Martín Fierro*, Montevideo: La Tribuna Popular, 1901[3].

CUNHA, Euclides da
1902	*Os sertões (Campanha de Canudos)*, São Paulo: Claret, 2005.

DANERO, E. M. S. (ed.)
1953	*Antología gaucha*, Santa Fe: Castellví.
1956	*Antología gaucha (cuentos)*, Santa Fe: Castellví.

ECHEVERRÍA, Esteban
1837	*La cautiva*, Madrid: Cátedra (Letras Hispánicas, 251), 2003.
1839/1871	«El matadero», Madrid: Cátedra (Letras Hispánicas, 251), 2003.

ELOY MARTÍNEZ, Tomás
2004	*El cantor de tango*, Madrid: Alfaguara.

FABREGAT CÚNEO, Roberto
1935	*El Inca de la Florida*, Montevideo: Alfa, 1967.

FILLOY, Juan
1972	*Los Ochoa*, Buenos Aires: Interzona latinoamericana, 2003.
1973	*La Potra (Estancia «Los Capitanejos»)*, Buenos Aires: Paidós.

FONTANARROSA
1974	*Las aventuras de Inodoro Pereyra. ¡El renegau!*, Buenos Aires: Ediciones de La Flor.

GALLEGO, Rómulo
1929	*Doña Bárbara*, Madrid: Espasa Calpe, 1995.

GÁLVEZ, Manuel
1931	*El gaucho de los cerrillos*, Buenos Aires: Austral, 1950.

El gaucho de la frontera (anónimo)
1905	Buenos Aires: Biblioteca Lehmann-Nitsche.

GERCHUNOFF, Alberto
1910   *Los gauchos judíos*, prólogo de M. Leguizamón, Buenos Aires: Sudamericana, 1957.

GHIANO, Juan Carlos (ed.)
1957   *Teatro gauchesco primitivo (El amor de la estanciera, El Detalle de la Acción de Maipú, Las Bodas de Chivico y Pancha, Juan Moreira)*, Buenos Aires: Losange.

GHIRALDO, Alberto
1907   *Alma gaucha. Drama en 3 actos y 6 cuadros*, Buenos Aires: Pistrítto y Malena.

GONCOURT, Edmond de
1877   *La Fille Élisa*, Paris: Flammarion/Fasquelle, s. f.

GRANDMONTAGNE, F.
1896   *Teodoro Foronda (Evoluciones de la sociedad argentina)*, 2 Vols., Buenos Aires: La Vasconia.

GÜIRALDES, Ricardo
1911-12   *Cuentos de muerte y de sangre. Aventuras grotescas. Trilogía cristiana*, Buenos Aires: Losada 1978.
1926   *Don Segundo Sombra*, ed. de Sara Parkinson de Saz, Madrid: Cátedra (Letras Hispánicas, 82), 2002.

GUTIÉRREZ, Eduardo
1881   *Hormiga negra*, Buenos Aires: Conjunta, 1977.

GUTIÉRREZ, Juan María
1869   *Poesías*, Buenos Aires: s. e.

HERNÁNDEZ, José
1872 y 1879 *Martín Fierro*, Madrid: Cátedra (Letras Hispánicas, 99), 1997.
1872 y 1879 *Martín Fierro*, edición crítica a cargo de Élida Lois y Ángel Núñez, Madrid et al.: Colección Archivos (51), 2001.

HIDALGO, Bartolomé
1971   *Cielitos y diálogos patrióticos*, Montevideo: Marcha.

IPARRAGUIRRE, Silvia
1998   *La Tierra del Fuego*, Buenos Aires: Punto de Lectura, 2001.

ISAACS, Jorge
1867   *María*, México, D. F.: Rei (Letras Hispánicas, 248), 1988.

JAURETCHE, Arturo
1934   *El Paso de los Libres*, Buenos Aires: Ediciones Coyoacán, 1960.

JUVENAL, Amaro [seudónimo de Ramiro Barcellos]
1915   *Antônio Chimango. Sátira política*, Porto Alegre: Martins, 1998.

LARRETA, Enrique
1926³   *Zogoibi*, Buenos Aires: Roldán.

Lazarillo de Tormes (anónimo)
1554   ed. de Francisco Rico, Madrid: Cátedra (Letras Hispánicas, 44), 1992.

LEGUIZAMÓN, Martiniano
1896   *Calandria. Costumbres campestres en diez escenas*, en: *Teatro rioplatense (1886-1930)*, Caracas: Biblioteca Ayacucho, 1977, pp. 24-59.
1901   *Calandria* [poema], Buenos Aires: Casa Editora de Salvador Matera.

LEUMANN, Carlos A.
1938   *Los gauchos a pie*, Buenos Aires: Secretaría de Cultura de la Nación, 1994.

LIMA, Félix
1910   «Qui Moreira qu'istás, Abraham!», en: *Caras y Caretas* 616, 23 de julio.

LOPES NETO, João Simões
1912   *Contos gauchescos*, ed. crítica de Ligia Chiappini, Rio de Janeiro: Presença Edições, 1988; ed. de Aldyr Schlee, Porto Alegre: Leitura XXI, 2000; São Paulo: Claret, 2002.
1914   *Casos do Romualdo*, ed. crítica de Ligia Chiappini, Rio de Janeiro: Presença Edições, 1988.

LUGONES, Leopoldo
1905   *La guerra gaucha*, México, D. F.: Consejo Nacional para la Cultura y las Artes, 1995.

LUSSICH, Antonio Dionisio
1872   *Los tres gauchos orientales* [ed. enmendada de 1877], introducción de Ángel Rama, Montevideo: Marcha, 1972.
1873   *El matrero Luciano Santos*, en: *Poesia gauchesca II*, México, D. F./Buenos Aires: Fondo de Cultura Económica, 1955, pp. 412-534.

1883　　　*Cantalicio Quirós y Miterio Castro en el Club Uruguay*, en: *Poesía gauchesca II*, México, D. F./Buenos Aires: Fondo de Cultura Económica, 1955, pp. 535-570.

LYNCH, Benito
1916　　　*Los caranchos de La Florida*, Buenos Aires: Ibérica, 1926.
1933　　　*Romance de un gaucho* [1929-30 en: *La Nación*], Buenos Aires: Kraft, 1961.

MANSILLA, Lucio V.
1870　　　*Una excursión a los indios ranqueles*, Buenos Aires: s. e. Reproducido en: Biblioteca Virtual Miguel de Cervantes.

MANSILLA DE GARCÍA, Eduarda
1869　　　*Pablo, ou la vie dans les pampas*, Paris: Lachaud.

MARECHAL, Leopoldo
1948　　　*Adán Buenosayres*, Madrid: Castalia (Clásicos Castalia, 210), 1994.

MARTÍNEZ PAYVA, Claudio
1927　　　*El gaucho negro* (Pieza campera en un acto), Buenos Aires: Ediciones del Carro de Tespis, 1966.

MARTINS, Cyro
1937　　　*Sem rumo*, Porto Alegre: Movimento.
1984　　　*Gaúchos no obelisco*, Porto Alegre: Movimento.

MAYA, Alcides
1910　　　*Ruínas vivas*, Porto Alegre: Movimento, 2002.

MELLO, Chito de
2005　　　*Rompidioma*, Rivera: Impresora Aragón.

OBLIGADO, Rafael
1885　　　*Santos Vega*, Buenos Aires: s. e. Reproducido en Biblioteca Virtual Miguel de Cervantes.

OLASCOAGA, Manuel J.
1874　　　*Juan Cuello. La historia de un argentino*, Buenos Aires: s. e.

PAYRÓ, Roberto J.
1906　　　*El casamiento de Laucha*, Buenos Aires: Losada, 1994.

PÉREZ, Luis
1830   «Poesía biográfica de Rosas titulada *El Gaucho*», en: *El Gaucho* (Buenos Aires), 27.10.

PÉREZ PETIT, Víctor
1920   *Entre los pastos,* Montevideo: Barreiro y Ramos.

PIÑERO DEL CAMPO, Luis
1891   *El último gaucho,* Montevideo: Dornaleche y Reyes

POSSE, Abel
1988   *La reina del Plata,* Buenos Aires: Emecé.

REYLES, Carlos
1894   *Beba,* Montevideo: Dornaleche y Reyes.
1895   «Mansilla», en: *Buenos Aires* I/6 y 7, pp. 12 y 17-19.
1896   «Primitivo», en: *«Academias» y otros "ensayos»,* Montevideo: García & Cía, s. f. (1940), pp. 37-63.
1900   *La raza de Caín,* Paris: Ollendorff, 1927.
1916   *El terruño,* prólogo de J. E. Rodó, Madrid: Sociedad General Española de Librería Ferraz, 1927 (edición retocada y definitiva).
1932   *El gaucho Florido. La novela de la estancia cimarrona y del gaucho crudo,* Montevideo: Impresora uruguaya, s. f. [1937?].

RUAS, Tabajara
2001   *Netto perde sua alma,* Rio de Janeiro: Record.

SÁENZ, Dalmiro
1963   «Treinta Treinta», reproducido en: *Acordate de olvidar,* Buenos Aires: Torres Aguero, 1984, pp. 15-37

SÁNCHEZ, Florencio
1902   *M'hijo el dotor,* Buenos Aires: Kapelusz, 1988.
1903   *El caudillaje criminal en Sud América (Ensayo de psicología),* Buenos Aires: Editorial Universitaria.
1904   *La Gringa,* Biblioteca Virtual Miguel de Cervantes.
1905   *Barranca abajo,* ed. de Óscar Hermes Villordo, Buenos Aires: Kapelusz, 1974.

SARMIENTO, Domingo Faustino
1845   *Civilización y barbarie: Vida de Juan Facundo Quiroga,* Buenos Aires: Santillana, 1997.

244   Sabine Schlickers

SCALABRINI ORTIZ, Raúl
1931   *El hombre que esta solo y espera*, Buenos Aires: Plus Ultra, 1991.

SCHÜLER, Donaldo
1984   *Martim Fera. História de cordel*, Porto Alegre: Movimento, 2001.

SILVA, José Asunción
1896   *De sobremesa*, Bogotá: Ancora, 1993.

SOLAR, Alberto del
1894   *Contra la marea*, en: *O. C.*, Vol. III, Paris: Garnier Hermanos, 1910.

UGARTE, Manuel
1903   *Cuentos de la pampa*, Madrid: Mignon.

VEGA, Garcilaso de la
1609   *Comentarios reales de los Incas*, Primera parte, Madrid: Ed. de Cultura Hispá-
          nica, 2002.

VIANA, Javier de
1896   *Campo. Escenas de la vida de los campos de América*, Madrid: América, s. f.
1899/1901 *Gaucha*, Montevideo: Artigas, 1956.
1901   *Gurí y otros cuentos*, Madrid: América, s. f.

WIERZCHOWSKI, Leticia
2002 *A casa das sete mulheres*, Porto Alegre: Ambar.

YUPANQUI, Atahualpa
1965   *El canto del viento*,<http://www.fundacionyupanqui.org.ar/espanol/
          ay_mis_leyenda.htm>.

ZORRILA DE SAN MARTÍN, Juan
1888   *Tabaré*, Montevideo: Elite,1967.

6.2 ESTUDIOS

AÍNSA, Fernando
1991   «*Los tres Gauchos orientales*», en: C. Goic (ed.): *Historia y crítica de la literatu-
          ra hispanoamericana*, Barcelona: Crítica, pp. 257-260.

ALBARRACÍN SARMIENTO, Carlos
1991   «Estructura del *Martín Fierro*: Los narradores», en: C. Goic (ed.): *Historia y crítica de la literatura hispanoamericana*, Barcelona: Crítica, pp. 237-247.

ALONSO, Carlos J.
1990   *The Spanish American Regional Novel. Modernity and Autochthony*, Cambridge: Cambridge University Press.

AMBORT, Mónica
1992   *Juan Filloy: el escritor escondido*. Entrevista, Córdoba: Op Oloop; reproducido en: <http://www.literatura.org/Filloy/jfR3.html>.

ANDERMANN, Jens
2000   «La vuelta de *Martín Fierro*: la gauchesca en el fin de siglo», en: *Iberoromania* 52, pp. 30-45.
2003   «Crónica de un genocidio: últimas instantáneas de la frontera», en: Schvartzman, pp. 355-381.

ANDERSON, Benedict
1983   *Imagined Communities: Reflections on the Origin and Spread of Nationalism*, London: Verso.

ANDERSON IMBERT, E.
1991   «Análisis del *Fausto*», en: C. Goic (ed.): *Historia y crítica de la literatura hispanoamericana*, Barcelona: Crítica, pp. 232-237.

ANSOLABEHERE, Pablo
1997   «Estudio de *Facundo* de Domingo Faustino Sarmiento», en: Domingo Faustino Sarmiento: *Civilización y barbarie: Vida de Juan Facundo Quiroga*, Buenos Aires: Santillana, pp. 267-294.
1998   «Cuentos de la Pampa. Los casos de Alberto Ghiraldo y Benito Lynch», en: *Anales de Literatura Hispanoamericana: el cuento criollista y otros estudios* 27, pp. 89-109.

ANTONIOTTI, Daniel
2001   *Las muchas voces de Arturo Jauretche. Polifonía y oralidad en una obra polémica*, Buenos Aires: Corregidor.

ARA, Guillermo
1979   «Nota crítica», en: L. Lugones: *El Payador*, Caracas: Biblioteca Ayacucho, pp. 3-6.

1994   «Prólogo», en: R. J. Payró: *El casamiento de Laucha*, Buenos Aires: Losada, pp. 7-13.

ARRIGUCCI Jr., David
1987   «De fama e da infâmia (Borges no contexto literário latinoamericano)», en: Id.: *Enigma e comentário*, São Paulo: Schwarcz.

ASSUNÇÃO, Fernando O.
1978   «Transfiguración y muerte del gaucho», en: Id.: *El gaucho. Estudio socio-cultural*, 2 Vols., Vol. 1, Montevideo: Universidad Mayor de la República Oriental del Uruguay, pp. 425-457

AZAMBUJA, Darcy
1926   «Contos gauchescos», en: *Correio do Povo* (Porto Alegre, 29.8.1926), reimpreso en Lopes Neto 2002, pp. 145-147.

BAGNOULS, Lourdes Franco
1995   «Prólogo», en: L. Lugones: *La guerra gaucha*, México, D. F.: Consejo Nacional para la Cultura y las Artes, pp. 9-25.

BARNATÁN, Marcos Ricardo
1984   «Introducción» y notas a J. L. Borges: *Narraciones*, Madrid: Cátedra (Letras Hispánicas, 123).

BECCO, H. J.
1963   «Introducción», en: B. Hidalgo: *Cielitos y diálogos patrióticos*, Buenos Aires: Huemul, pp. 5-30.
1972   (ed.): *Antología de la poesía gauchesca*, Madrid: Aguilar.

BECCO, H. J.; WEINBERG, F.; BORELLO, R. A.; PRIETO, A.
1974   *Trayectoria de la poesía gauchesca*, Buenos Aires: Plus Ultra.

BECKER, Túlio
1986   *Cinema Gaúcho. Uma breve história*, Porto Alegre: Movimento.

BENÍTEZ-ROJO, Antonio
1996   «The nineteenth-century Spanish American novel», en: R. González Echevarría/E. Pupo-Walker (eds.): *The Cambridge History of Latin American Literature*, Vol. I, Cambridge: Cambridge University Press, pp. 417-489.

BERNECKER, Walther L.; BUVE, Raymond A.; FISCHER, John R.; PIETSCHMANN, Horst;
TOBLER, Hans Werner
1992-1996 *Handbuch der Geschichte Lateinamerikas [HGL]*. 3 Vols., Stuttgart: Klett.

BORDELOIS, Ivone
1999   *Un triángulo crucial. Borges, Güiraldes y Lugones*, Buenos Aires: Eudeba.

BORELLO, Rodolfo A.
1971   «Ascasubi: *Santos Vega*», en: *Revista de Literaturas modernas* (Mendoza) 10,
          pp. 77-111
1974   «Introducción a la poesía gauchesca», en: Becco *et al.*, pp. 37-80.
1991   «Hernández y Ascasubi", en: C. Goic (ed.): *Historia y crítica de la literatura
          hispanoamericana*, Barcelona: Crítica, pp. 222-228.
2000   *La Poesía Gauchesca. Una perspectiva diferente*, Mendoza: Ediunc.

BORGES, Jorge Luis
1926   *El tamaño de mi esperanza*, Madrid: Alianza, 2000.
1932   «Los tres gauchos orientales», en: Id. *et al.*: *Homenaje a Lussich*, Montevideo:
          Biblioteca Nacional, 1973, pp. 9-16.
1934   «Prólogo», en: A. Jauretche: *El Paso de los Libres*, en: *Salto oriental* (22.11.),
          reimpreso en Arturo Jauretche: *El Paso de los Libres*, Buenos Aires: Coyoacán,
          1960, pp. 7 s.
1950   *Aspectos de la literatura gauchesca*, Montevideo: Número, (reimpreso bajo el
          título «La poesía gauchesca» en: *OC*, Buenos Aires: Emecé, 1974, 179-197).
1951   «El escritor argentino y la tradición», en: *OC*, Buenos Aires: Emecé, 1974,
          pp. 267-274.
1953   *El Martín Fierro*, Madrid/Buenos Aires: Alianza/Emecé, 2002.
1968   «Prólogo», en: J. Hernández: *Martín Fierro*, en: *OC*, Vol. IV, Buenos Aires:
          Emecé, 1974, pp. 84-93.
1972   *El matrero*, Buenos Aires: Barros Merino.
1975   *Prólogos con un prólogo de prólogos*, Madrid: Alianza, 2002.
1979   «Prólogo», en: L. Lugones: *El Payador*, Caracas: Biblioteca Ayacucho, pp. ix-
          xxxvii.
1996   *Obras Completas*, Buenos Aires: Emecé.

BORGES, Jorge Luis; BIOY CASARES, Adolfo (eds.)
1955   *Poesía gauchesca*, 2 Vols., México, D. F./Buenos Aires: Fondo de Cultura
          Económica.

BORGES, J. L. *et al.*
1973   *Homenaje a Lussich*, Montevideo: Biblioteca Nacional.

BUNGE, Carlos Octavio
1910   *Nuestra patria. Libro de lectura para la educación nacional*, Buenos Aires: A.
          Estrada y Cía.

CAILLAVA, Domingo
1945   *Historia de la literatura gauchesca en el Uruguay*, Montevideo: García y Cía.

CAILLET-BOIS, Julio
1960   *La novela rural de Benito Lynch*, La Plata: Universidad Nacional de La Plata.

CAMPO, Estanislao del
1866   «Carta a Juan Carlos Gómez», en:<http://www.clarin.com/pbda/gauchesca/
          fausto/fausto_delcampo.htm> (20.07.2005).

CARRETERO, Andrés M.
2002   *El gaucho argentino. Pasado y presente*, Buenos Aires: Sudamericana.

CHÁVEZ, Fermín
2004   *Historia y Antología de la Poesía Gauchesca*, Buenos Aires: Margas.

CHIAPPINI, Ligia
1978   *Regionalismo e Modernismo*, São Paulo: Ática.
1988   *No entretanto dos tempos: literatura e história em João Simões Lopes Neto*, São
          Paulo: Martins Fontes.
1995   «Do Beco ao Belo: dez teses sobre o regionalismo na literatura», en: *Estudos
          históricos* (Rio de Janeiro) 8/15, pp. 153-157.
1998   «Ficção brasileira pós-Guimarães Rosa e o mundo rural», en: *Actas do quinto
          congresso da Associação Internacional de Lusitanistas*, Oxford: Associaçao_ In-
          ternacional de Lusitanistas, pp. 551-558.
2000   «De *Fausto* a *Fausto*. O Gaúcho na ópera como signo da modernidade», en:
          Luiza Lobo (comp.): *Modernidad y Modernización. Cultura y Literatura en
          Latinoamérica*, Quito: Abya-Yala, pp. 47-80.
2001   «*Martín Fierro* e a cultura gaúcha do Brasil», en: Lois/Núñez, pp. 691-730.
2004   «Grenzkultur des Mercosur: die Macht der Machtlosen» [manuscrito inédi-
          to].
2005a   «Relações e tensões nos países do Mercosul: o lugar ambíguo da gauchesca
          brasileira» [manuscrito inédito].
2005b   «João Simões Lopes Neto e Javier e Viana: 2 escritores fronteiriços e um diá-
          logo hipotético», en: «Cone Sul: fluxos, representações e percepções» [ma-
          nuscrito inédito].

2005c   «Ficción, fronteras y humor en la comarca pampeana» [manuscrito inédito; presentado en la ponencia en un congreso de la ADLAF, 17-19.11.2005, sección 4: «Regiones fronterizas y transgresión de fronteras»].

CHIAPPINI, Ligia; MARTINS, Maria Helena; PESAVENTO, Sandra Jatahy (eds.)
2004   *Pampa e cultura. De Fierro a Netto*, Porto Alegre: Universidade Federal do Rio Grande do Sul.

CHOVIÉ, Omar; ORTIZ, Mario
1996   «Lectura metacrítica de la crítica literaria argentina de la reciente década del '80», en: *CELEHIS* (Mar del Plata) 5 (6-8), pp. 225-232.

CONI, Emilio A.
1945   *El gaucho. Argentina-Brasil-Uruguay*, Buenos Aires: Sudamericana.

CORBATTA, Jorgelina
1990   «Jorge Luis Borges, autor del *Martín Fierro*», en: *Hispanic Journal* 11/2, pp. 107-118.

CORDERO, Héctor Adolfo
1971   *Valoración del Martín Fierro*, Buenos Aires: Claridad.

CORTÁZAR, Augusto Raúl
1969   *Poesía gauchesca argentina. Interpretada con el aporte de la teoría folclórica*, Buenos Aires: Guadalupe.

CYMERMAN, Claude
1997   «Gauchophiles et gauchophobes», en: *Cahiers du C.R.I.A.R.* 16, pp. 195-210.

DELLEPIANE, Ángela B.
1981   «Algunas consideraciones críticas acerca de la literatura gauchesca», en: Catherine Vera, George-R. McMurray (eds.): *In Honor of Boyd G. Carter: A Collection of Essays*. Laramie: Dept. of Mod. & Classical Langs, Univ. of Wyoming, pp. 7-16.

DEMARÍA, Laura
1994   «Borges y Bioy Casares, 1995 y la *Poesía gauchesca* como paradójica rebeldía», en: *Latin American Literary Review* 22, 44, pp. 20-30.

250   Sabine Schlickers

DILL, Hans-Otto
1994   «Antecedentes dieciochescos y período comprendido entre 1800 y 1860»,
         en: Dill *et al.* (eds.), pp. 27-46.
1994   «Domingo Faustino Sarmiento: *Facundo*», en: Dill *et al.*, pp. 62-74.

DILL, H.-O. *et al.* (eds.)
1994   *Apropiaciones de realidad en la novela hispanoamericana de los siglos XIX y XX,*
         Madrid/Frankfurt am Main: Iberoamericana/Vervuert.

FERNÁNDEZ, Christian
1999   «El tamaño de la influencia: Gauchesca, criollismo y nación: Sarmiento y
         Güiraldes leídos por Borges», en: *Inti*, 49-50, pp. 9-25.

FERNÁNDEZ LATOUR DE BOTAS, Olga
1973   «Poesía popular impresa de la colección Lehmann-Nitsche: La Biblioteca
         criolla», 3 Vols., en: *Cuadernos del Instituto Nacional de Antropología* (Buenos
         Aires), pp. 214 ss.

FREYRE, Gilberto
1926   *Manifesto Regionalista*, Recife: Região, 1952.

FURGÓN DE FRITZSCHE, Teresita
1963   *El gaucho en el proceso social, histórico y cultural del país*, Buenos Aires: Uni-
         versidad de Buenos Aires.

FURT, Jorge M.
1929   *Lo gauchesco en «La Literatura Argentina» de Ricardo Rojas*, Buenos Aires:
         Coni.

GÁRATE, Miriam
2000   «Atracción y repulsión: en torno a la gauchesca de *gaúchos* y de gauchos», en:
         Revista Iberoamericana LXVI/192, julio-sept., pp. 533-544.

GARCÍA JIMÉNEZ, Francisco
1958   «El *Santos Vega* de Ascasubi», en: *Revista de Educación* (La Plata) III/9, pp.
         591-595.

GARCÍA MORALES, Alfonso
2000   «Jorge Luis Borges, autor del *Martín Fierro*», en: *Variaciones Borges* 10, pp.
         29-64.

GARGANIGO, John Frank
1966   *El perfil del gaucho en algunas novelas de Argentina y Uruguay,* Montevideo:
          Síntesis.
1967   «La narrativa», en: Id./Rela, 301-306.

GARGANIGO, John Frank; RELA, Walter (eds.)
1967   *Antología de la literatura gauchesca y criollista,* Montevideo: Delta.

GARSCHA, Karsten
1978   «Abhängigkeit und Befreiung. Zur Geschichte der lateinamerikanischen Li-
          teratur. Teil 2: Von der Unabhängigkeit bis zur Gegenwart», en: *Iberoameri-
          cana* 2, pp. 18-37.

GENETTE, Gérard
2004   «Récit fictionnel, récit factuel», en Id.: *Fiction et diction* (1991), Paris: Seuil,
          pp. 91-118.

GHIANO, Juan Carlos
1957   «Introducción», en: *Teatro gauchesco primitivo,* Buenos Aires: Losange, pp. 5-
          17.
1991   «*Don Segundo Sombra*», en: C. Goic (ed.): *Historia y crítica de la literatura
          hispanoamericana,* Barcelona: Crítica, pp. 590-690.

GOIC, C. (ed.)
1991   *Historia y crítica de la literatura hispanoamericana,* Barcelona: Crítica.

GOLOBOFF, Mario
1996   «Gauchos eran los de antes», en: *Hispamérica* 25/74, pp. 57-61.

GÓMEZ, Juan Carlos
1866   «Carta a Estanislao del Campo», en: <http://www.clarin.com/pbda/gau-
          chesca/fausto/fausto_gomez.htm> (20.07.2005).

GONZÁLEZ ACOSTA, Alejandro
1994   «La figura del gaucho como elemento de la identidad nacional en *Radiogra-
          fía de la Pampa* de Ezequiel Martínez-Estrada», en: *Revista de historia de Amé-
          rica* (México) 117, pp. 23-39.

GOTSCHLICH, Guillermo
2000   «Lectura borgeana de la literatura gauchesca. Ensayos y cuentos», en: *Revista
          Chilena de Literatura* 57, pp. 41-68.

GRAMUGLIO, María Teresa; SARLO, Beatriz
1980   *Martín Fierro y su crítica*, Buenos Aires: CEAL.

GROUSSAC, Paul
1904   «Calandria», en: Jorge Luis Borges: *El matrero*, 1972, pp. 1-7.

GRÜNDLER, Carola
1994   «Apropiaciones de realidad en la novela hispanoamericana entre 1914 y
          1940», en: Dill *et al.*, pp. 171-183.

GUARNIERI, Juan Carlos
1967   *El Gaucho a través de testimonios de su tiempo*, Montevideo: Florensa & La-
          fón.
1972   «En el centenario de *Los tres gauchos orientales*», Montevideo: Marcha, pp.
          41-58.

GUAZZELI, César Augusto Barcellos
2002   «Matrero, guerreiro e peão campeiro: Aspectos da construção literária do ga-
          úcho», en: Martins, pp. 107-125.

GUIDO Y SPANO, Carlos
1866   «Carta a Estanislao del Campo», en:<http://www.clarin.com/pbda/gauches-
          ca/fausto/fausto_spano.htm> (20.07.2005).

GUTIÉRREZ, Ricardo
1866   «Carta a Estanislao del Campo», en:<http://www.clarin.com/pbda/gauches-
          ca/fausto/fausto_gutierrez.htm> (20.07.2005).

HERMANNS, Ute
2005   «A imagem desconhece fronteiras: será que o berço do cinema latino-ameri-
          cano é situado no pampa?», en: Tito Carlos Machado de Oliveira (ed.): *Te-
          rritório sem limites. Estudos sobre fronteiras*, Campo Grande: UFMS, pp. 623-
          636.

HERMES VILLORDO, Óscar
1974   Estudio preliminar y notas en: Florencio Sánchez: *Barranca abajo*, Buenos
          Aires: Kapelusz.

HERRERA, Bernal
1997   *Arlt, Borges y Cía: narrativa rioplatense de vanguardia*, San José: Editorial de
          la Universidad de Costa Rica.

História ilustrada do Rio Grande do Sul
2004   Porto Alegre: RBS

INCHAUSPE, Pedro
1955   *Diccionario del* Martín Fierro *con un apéndice complementario*, Buenos Aires: Dupont Farré.

INIESTA CÁMARA, Amalia
1997   «Aproximación a Juan Filloy», en: Noé Jitrik (ed.): *Atípicos en la literatura latinoamericana*, Buenos Aires, pp. 75-82.

ISAACSON, José
1986   *Martín Fierro: cien años de crítica*, Buenos Aires: Plus Ultra.

JANIK, Dieter
2004   «Novelas transnacionales de escritores hispanoamericanos en la segunda mitad del siglo XX», en: S. M. Steckbauer/G. Maihold (eds.): *Literatura-Historia-Política. Articulando las relaciones entre Europa y América Latina*, Madrid/Frankfurt am Main: Iberoamericana/Vervuert, pp. 215-221.

JAURETCHE, Arturo
1957   «El caudillo: sindicato del gaucho», [fragmento de *Los profetas del odio*], en: A. Jauretche: *El Paso de los Libres*, 1960, pp. 68-79.

JUBANY, Miguel
2003   *Tango. Un lugar en el mundo para nuestra cultura*, Rosario: UNR.

JURT, Joseph
1982   «Literatur und Identitätsfindung in Lateinamerika: J.E. Rodó: 'Ariel'», en: *Romanistische Zeitschrift für Literaturgeschichte* 6, pp. 68-93.

KAHMANN, Andrea Cristiane
2004   «Martín Fierro, Blau Nunes y la connotación política por detrás del retrato de la Pampa», en: *Espéculo. Revista de estudios literarios*, <http://www.ucm.es/info/especulo/numero26/pampa.html> (10.06.2005).

KLINTING, Hanne
2001   «Procedimientos de re-escritura en 'Bibliografía de Tadeo Isidoro Cruz (1829-1874)' de J. L. Borges», en: *Variaciones Borges* 11, pp. 187-248.

LAROCQUE TINKER, Edward
1952 *Los jinetes de las Américas y la literatura por ellos inspirada*, Buenos Aires: Kraft.

LEGUIZAMÓN, Martiniano
1908 *De cepa criolla*, La Plata: Joaquín Sesé.
1935 *La cuna del gaucho*, Buenos Aires: Peuser.

LEHMANN-NITSCHE, Robert
1917 *Santos Vega*, Buenos Aires: Coni.

LEUMANN, Carlos Alberto
1953 *La literatura gauchesca y la poesía gaucha*, Buenos Aires: Raigal.

Liceo digital, el
s. f. <http://www.liceodigital.com/literatura/obrgauch.htm> (15.2.2005).

LOIS, Élida; NÚÑEZ, Ángel
2001 Edición crítica de *Martin Fierro* de José Hernández, Madrid *et al.*: Colección Archivos (51).

LÓPEZ, Vicente Fidel
1883-1893 *Historia de la República Argentina*, 10 Vols., Buenos Aires: Casavalle.

LOZADA GUIDO, Alejandro
1967 *Martín Fierro. Gaucho-Héroe-Mito*, Buenos Aires: Plus Ultra.

LUCERO, Nicolás
2003 «La guerra gauchipolítica», en: Schvartzman, pp. 17-38.

LUDMER, Josefina
1988 *El género gauchesco. Un tratado sobre la patria*, Buenos Aires: Sudamericana.
1996 «The gaucho genre», en: González Echeverría y Pupo Walker (eds.): *The Cambridge History of Latinamerican Literature*, pp. 608-631.
s. f. «Entretien avec Josefina Ludmer", par Annick Louis», en:<www.vox-poetica.org/entretiens/intludmer.html> (20.05.2006).

LUGONES, Leopoldo
1916 *El Payador*, ed. de G. Ara, Caracas: Biblioteca Ayacucho, 1979.

MARIZ, Antonio de [pseudónimo de José Paulo Ribeiro]
1913   «Fortuna crítica. Primeiros textos Contos gauchescos», en: *A Opinião Pública* (17.11.1914), reproducido en Lopes Neto: *Contos gauchescos*, 2002: 132-135.

MARTÍNEZ ESTRADA, Ezequiel
1933   *Radiografía de la pampa*, 2 Vols., Buenos Aires: Losada, 1942.
1948   *Muerte y transfiguración de Martín Fierro. Ensayo de interpretación de la vida argentina*, 2 Vols., 2ª ed. corregida de 1958, México, D. F./Buenos Aires: Fondo de Cultura Económica; Vol. I, pp. 54-58 y 113-138; Vol. II, pp. 439-453, reproducidos en Lois/Núñez 2001: 924-948

MARTINS, Cyro
1944   «Visão crítica do regionalismo», en: *Sem rumo*, Porto Alegre: Movimento, pp. 14-30.
2002   «Prefácio», en: *Ruínas vivas* de A. Maya, Porto Alegre: Movimento, pp. 11-16.

MARTINS, Maria Helena
1980   *Agonia do heroísmo (contexto e trajetória de Antônio Chimango)*, Porto Alegre: URGS.
2002   «Pagos, passagens,incertezas... o drama da ronteira», en: Id. (coord.), pp. 233-251

MARTINS, Maria Helena (coord.)
2002   *Fronteiras culturais. Brasil, Argentina, Uruguai*, São Paulo: Ateliê.

MASINA, Léa
1998   *Alcides Maya: um sátiro na terra do Currupira*, Porto Alegre: Instituto Estadual do Livro.
2002   «A gauchesca brasileira: revisão crítica do regionalismo», en: M. H. Martins (coord.), pp. 93-105.
2004   «Alcides Maya, Cyro Martins e Sergio Faraco: tradição e representações do regional na literatura gaúcha de fronteiras», en: Chiappini/Martins/Pesavento: *Pampa e cultura*, pp. 95-107.
2005   *A leitura partilhada*, Porto Alegre: Movimento.

MEDEIROS, Carlos Túlio da Silva
2006   «Sílvio Júlio de albuquerque Lima», en: <http://silviojulio.blogspot.com>.

MEYER, Augusto
1943   *Prosa dos Pagos*, São Paulo: Martins Editora.

MEYER-MINNEMANN, Klaus
1986   «Lateinamerikanische Literatur-Dependenz und Emanzipation», en: *Iberoamericana* 28/29, pp. 3-17.
1994   «Mundo novelesco, efecto de lo real y literariedad en *María* de Jorge Isaacs», en: Dill *et al.* (eds.), pp.126-137.
1997   *La novela hispanoamericana de fin de siglo* (1991[1]), México, D. F.: Fondo de Cultura Económica.
2005   «Un procédé narratif qui 'produit un effet de bizarrerie': la métalepse littéraire», en: Pier/Schaeffer, pp. 133-150.

MEYER-MINNEMANN, Klaus; SCHLICKERS, Sabine
2004   «La mise en abyme en narratologie», en:<http://www.vox-poetica.org/t/menabyme.html>.

MONTAIGNE, Michel Eyquem Seigneur de
1580   «Des cannibales», en: *Les essais*, t. 1, Paris: Bonnot, 1972, pp. 288-307.

MONTALDO, Graciela
1993   *De pronto, el campo. Literatura argentina y tradición rural*, Buenos Aires: Beatriz Viterbo.

MORALES-SARAVIA, José
1986   *El discurso argentinista en los años treinta: Scalabrini Ortiz, Martínez Estrada, Mallea*, Berlin: Freie Universität.

MUÑIZ, Francisco Javier
1845   *Voces usadas con generalidad en las Repúblicas del Plata, la Argentina la Oriental del Uruguay*, prólogo, ed. y notas de Ángel Núñez, reproducido en: Chávez, pp. 611-642.

NIEMEYER, Katharina
2004   *Subway de los sueños, alucinamiento, libro abierto. La novela vanguardista hispanoamericana*, Madrid/Frankfurt am Main: Iberoamericana/Vervuert.

NÚÑEZ, Ángel
1992   «La comunidad cultural de pampas y cuchillas», en: Fermín Chávez(director): *500 Años de la lengua en tierra argentina*. Con la colaboración de A. M. Caballero, A. Núñez y J. B. Rivera, Buenos Aires: Secretaría de Cultura de la Nación, pp. 100-109.
2001   «La heroicidad de Martín Fierro y del pueblo gaucho», en: Lois/Núñez, pp. 783-822.

2004   «Revisión de los gauchescos», en: Chávez, pp. 175-211.
2006   «Por una ética gaucha. Tratado sobre los Consejos de Martín Fierro a sus hijos», en: *Idea Viva* (Buenos Aires), n° 23, segundo semestre, pp. 20 s., 76 y 78.

OCAMPO, Victoria
1972   «Las mujeres y el *Martín Fierro*», en: Lois/Núñez 2001, pp. 999 s.

OLEA FRANCO, Rafael
1990   *«Lugones y el mito gauchesco. Un capítulo de la historia cultural argentina»*, en: Nueva Revista de Filología Hispánica *XXXVIII, núm. 1, pp. 307-331.*
1993   *El otro Borges. El primer Borges*, México, D. F.: El Colegio de México/Fondo de Cultura Económica.
2006   *Los dones literarios de Borges*, Madrid/Frankfurt am Main: Iberoamericana/Vervuert.

OLIVEN, Ruben
1991   «Em Busca do Tempo Perdido: O Movimento Tradicionalista Gaucho», en: *Revista Brasileira de Ciências Sociais*, Rio de Janeiro, Vol. 6, pp. 40-51 (traducido al francés en 2003, *vide infra*).
1992   *A parte e o todo. A diversidade cultural no Brasil-nação*, Petropolis: Vozes, 2006[2].
1999   *Nación y Modernidad: la identidad gaucha en Brasil*, Buenos Aires:Editorial Universitaria.
2003   «À la Recherche des Origines Perdues: le Mouvement Traditionaliste Gaucho au Brésil», en: *Études Rurales* (Paris), 163, pp. 145-165.

PARKER, Alexander
1967   *Literature and the Delinquent. The picaresque novel in Spain and Europe, 1599-1753*, Edinburgh: University Press.

PARKINSON DE SAZ, Sara
2002   «Introducción», en: Ricardo Güiraldes: *Don Segundo Sombra*, Madrid: Cátedra (Letras Hispánicas, 82), pp. 11-64.

PEREDA VALDÉS, Ildefonso
1926   *«Zogoibi, de Larreta»*, en: *Martín Fierro*, 36, ed. facsimilar, pp. 287 y 289.

PERIS LLORCA, Jesús
1997   *La construcción de un imaginario nacional. «Don Segundo Sombra» y la tradición gauchesca*, Valencia: Universitat de Valencia.

258   Sabine Schlickers

PIER, John, SCHAEFFER, Jean-Marie Schaeffer (eds.)
2005   *Métalepses. Entorses au pacte de la représentation*, Paris: Éditions de l'École des
         Hautes Études en Sciences Sociales.

PRIETO, Adolfo
1988   *El discurso Criollista en la formación de la Argentina moderna*, Buenos Aires:
         Sudamericana.

QUESADA, Ernesto
1902   *El 'criollismo' en la literatura argentina*, Buenos Aires: Coni Hermanos; repro-
         ducción de las páginas 29-44 en Lois/Núñez 2001, pp. 855-865.

QUINTANA TEJERA, Luis
2001   «Presencia del Martin Fierro en un cuento de Borges: 'Biografía de Tadeo Isido-
         ro Cruz' de *El Aleph*», en: *Espéculo: Revista de Estudios Literarios*, <www.ucm.es/
         info/especulo/numero17/bo_mfier.html> (22.11.2004).

RAMA, Ángel
1972   «Introducción», en: Lussich: *Los tres gauchos orientales*, Montevideo: Marcha,
         pp. 7-38.
1976   *Los gauchipolíticos rioplatenses*, Buenos Aires: Calicanto.
1977   «Prólogo», en: a *Poesía gauchesca*, Venezuela: Biblioteca Ayacucho, pp. ix-liii.
1982   *Transculturación narrativa en América Latina*, México, D. F.: Siglo XXI.
1983   «El sistema literario de la poesía gauchesca», en: Lois/Núñez 2001, pp.1049-
         1087.

RAMOS, Julio
1989   *Desencuentros de la modernidad en América Latina. Literatura y política en el
         siglo XIX*, México, D. F.: Fondo de Cultura Económica.

RELA, Walter
1967   «La poesía», en: Garganigo/Rela, pp. 9-16.

RENAUD, Maryse
1992   «El gaucho en los cuentos de Borges o de los ritos a la memoria a la celebra-
         ción de lo pasional», en: Centre de Recherches Interuniversitaire sur les
         Champs Culturels en Amérique Latine (ed.): *Le gaucho dans la littérature ar-
         gentine*, Paris: Presses de la Sorbonne Nouvelle, pp. 207-216.

REQUENI, Antonio
1994   «Prólogo», en: C. A. Leumann: *Los gauchos a pie*, Buenos Aires: Secretaría de
         Cultura de la Nación, pp. 9-17.

REVERBEL, Carlos
1986   *O gaúcho. Aspectos de sua formação no Rio Grande e no Rio da Prata*, Porto Alegre: L & M.

RIVERA, Jorge B.
1968   *La primitiva literatura gauchesca*, Buenos Aires: Álvarez.

ROCCA, Pablo
2002   «Encruzilhadas e Fronteiras da Gauchesca (Do Rio da Prata ao Rio Grande do Sul)», en: Martins, pp. 73-92.
2003   *Poesía y política en el siglo XIX (Un problema de fronteras)*, Montevideo: Ediciones de la Banda Oriental.
2004   «A narrativa pós-gauchesca: limites e abrangência de um discurso», en: Chiappini/Martins/Pesavento, pp. 77-93.

RODÓ, José Enrique
1895   «El americanismo literario», en: *RNLC*, reproducido en Id.: *O. C.*, Madrid: Aguilar, 1967, pp. 787-809.
1896   «La novela nueva (A propósito de 'Academias' de Carlos Reyles)», en: *RNLC* 2/42: 273-276, reproducido en Id.: *O. C.*, ed. de A. J. Vaccaro, Buenos Aires: Zamora, 1948, pp. 129-140.
1900   *Ariel*, Madrid: Espasa Calpe, 1991.
1916   Prólogo a Carlos Reyles: *El terruño*, Madrid: Sociedad General Española de Librería Ferraz, 1927, pp. ix-xxix.

RODRÍGUEZ ALCALÁ, Hugo
1988   «Destinos», en: Paul Verdoye (ed.): Ricardo Güiraldes: *Don Segundo Sombra*, Madrid *et al.*: Colección Archivos, pp. 271-285.

RODRÍGUEZ MOLAS, Ricardo
1968   *Historia social del gaucho*, Buenos Aires: Maru.

RODRÍGUEZ MONEGAL, Emir
1964   «Prólogo», en: Acevedo Díaz: *Nativa*, pp. VII-XLVIII.
1991   «*Ismael* de Eduardo Acevedo Díaz», en: C. Goic (ed.): *Historia y crítica de la literatura hispanoamericana*, Barcelona: Crítica, pp. 323-326.

ROGMANN, Horst
1970   «Grundmotive des kriollistischen Romans im spanischen Amerika», en: *Archiv für das Studium der neueren Sprachen und Literaturen* 206/6, pp. 401-422.

ROJAS, Ricardo
1948   *Los Gauchescos*, en: *Historia de la literatura argentina (1917-1922)*, 4 Vols.,
          Vols. 1 y 2, Buenos Aires: Losada.

ROJAS A., Santiago
1978-1979 «Gaucho y paisano en Amorim: del mito a la realidad», en: *Explicación de
          textos literarios* VII/2, pp. 185-192.
1991   «El gaucho en Amorim: Progreso y folklore vistos desde un ángulo social»,
          en: *Romance Quarterly* 38/1, pp. 85-93.

ROMANO, Eduardo
1983   «Poesía tradicional, poesía popular, poesía cultivada», en: Lois/Núñez 2001,
          pp. 1087-1099.

ROXLO, Carlos
1915   *Historia crítica de la literatura uruguaya (Desde 1885 hasta 1898)*, t. VI *(El
          cuento nativo y el teatro nacional)*, Montevideo: Barreiro y Ramos.

RUBIONE, Alfredo V.E. (comp.)
1983   *En torno al criollismo. Textos y polémica*, Buenos Aires: Centro Editor de Amé-
          rica Latina.

SÁENZ, Dalmiro
1984   «Prefacio», en: Id.: *Acordate de olvidar*, Buenos Aires: Torres Aguero, pp. 1-14.

SAER, Juan José
1999   *La narración-objeto*, Barcelona: Seix Barral.

SÁINZ DE MEDRANO, Luis
1997   «Introducción», en: José Hernández: *Martín Fierro*, Madrid: Cátedra (Letras
          Hispánicas, 99), pp. 13-96.

SÁNCHEZ GARRIDO, Amelia
1962   *Indagación de lo argentino*, Buenos Aires: Ediciones Culturales Argentinas.

SANSONE DE MARTÍNEZ, Eneida
1964   «Hernández y Lussich» (prólogo), en: Antonio Dionisio Lussich: *Los tres
          gauchos orientales*, en: Lois/Núñez 2001, pp. 949-953.

SARDIÑAS FERNÁNDEZ, José Miguel
2002   *El héroe en la literatura argentina del siglo XIX* (tesis doctoral inédita), Centro
          de Estudios Lingüísticos y Literarios, México, D. F.: El Colegio de México.

SCHÄFFAUER, Markus Klaus
1998   *ScriptOralität in der argentinischen Literatur. Funktionswandel literarischer Oralität in Realismus, Avantgarde und Post-Avantgarde (1890-1960)*, Frankfurt am Main: Vervuert.
2005   «Passagen von Gattungen und Medien in Lateinamerika im 20. Jahrhundert» [manuscrito inédito de una tesis de *Habilitation*].

SCHLEE, Aldyr Garcia
2000   Introdução, comentários, notas, vocabulário e estabelecimento dos *Contos gauchescos* de Simões Lopes Neto, Porto Alegre: Leitura XXI.

SCHLICKERS, Sabine
2003   *El lado oscuro de la modernización. Estudios sobre la novela naturalista hispanoamericana*, Madrid/Frankfurt am Main: Iberoamericana/Vervuert.
2004   «La literatura gauchesca argentina y uruguaya en los siglos XIX y XX, un esbozo» ,<http://www.celpcyro.org.br/WorkshopsdoprojetoPROBRAL.htm>, (reproducido en: Tito Carlos Machado de Oliveira (ed.): *Território sem limites. Estudos sobre fronteiras*, Campo Grande: UFMS, 2005, pp. 593-608).
2005   «Inversions, transgressions, paradoxes et bizarreries: la métalepse dans les littératures espagnole et française», en: Pier/Schaeffer, pp. 151-166.

SCHÜLER, Donaldo
1989   «Entrevista sobre *Martim Fera*», en Id.: *Martim Fera*, pp. 11-17.

SCHVARTZMAN, Julio
1996   *Microcrítica. Lecturas argentinas (cuestiones de detalle)*, Buenos Aires: Biblos.

SCHVARTZMAN, Julio (ed.)
2003   *La lucha de los lenguajes (Historia crítica de la literatura argentina, 2, dir. por Noé Jitrik)*, Buenos Aires: Emecé.

SCHWARTZ-KATES, Deborah
2002   «Alberto Ginastera, Argentine Cultural Construction, and the *Gauchesco* Tradition», en: *The Musical Quarterly* 86/2, pp. 248-281.

SHIRLEY, Robert W.
1991   «Gaucho Mythology and Regional Nationalism: A Case Study of the Traditionalist Movement in Rio Grande do Sul, Brazil», en: *Journal of Latin-American Lore (JLAL)*, 17/1-2, pp. 199-224.

SILVA, João Pinto da
1924 *História Literária do Rio Grande do Sul,* Porto Alegre: Globo,recogido en Lopes Neto 2002, pp. 136-140.

SLATTA, Richard W.
1980 «Gaúcho and gaucho: comparative socio-economic and demographic change in Rio Grande Do Sul and Buenos Aires Province, 1869-1920», en: *Estudos Ibero-Americanos* (Rio Grande do Sul) VI/2, pp. 191-202.
1985 *Los Gauchos y el ocaso de la frontera,* Buenos Aires: Sudamericana.
1994 «The Gaucho in Argentina's quest for national identity», en: *When cultures meet: frontiers in Latin American History.* Wilmington, Dec.: Jaguar Books on Latin America, 6, pp. 151-164.

SOMMER, Doris
1991 *Foundational Fictions. The National Romances of Latin America,* Berkeley/Los Angeles/Oxford: University of California Press, 1993.

SUBIETA, Pablo
1881 «El poeta argentino», en: *Las Provincias* 279, recogido en: Isaacson 1986, pp. 42-44

TISCORNIA, Eleuterio
1982 Introducción, notas y vocabulario, en: José Hernández: *Martín Fierro,* Buenos Aires: Losada

TINIANOV, Jurij:
1927 «Über die literarische Evolution», en: Jurij Striedter (ed.): *Russischer Formalismus. Texte zur allgemeinen Literaturtheorie und zur Theorie der Prosa,* München: Fink, 1969, pp. 433-462.

TORO, Alfonso de
1998 *De las similitudes y diferencias: honor y drama de los siglos XVI y XVII en Italia y España.* Madrid/Frankfurt am Main: Iberoamericana/Vervuert.

UNAMUNO, Miguel de
1894 «El gaucho Martín Fierro, poema popular gauchesco de D. José Hernández (argentino)», en: *La Revista Española* 1, recogido en Isaacson (1986, pp. 47-54) y en Lois/Núñez (2001, pp. 839-847).

VELLINHO, Moysés
1958 «O gaucho rio-grandense e o gaucho platino», en: *Revista brasileira de estudos políticos,* 3/1, pp. 199-222.

VERDEVOYE, Paul
2001 «La identidad nacional y el *Martín Fierro*», en: Lois/Núñez, pp. 733-767.

VIDELA DE RIVERO, Gloria
1984 «Las vertientes regionales de la literatura argentina», en: *Rivista di Litterature moderne (e comparate)* 17, pp. 11-26.

VILLORDO, Óscar Hermes
1974 Estudio preliminar y notas, en: F. Sánchez: *Barranca abajo*, Buenos Aires: Kapelusz, pp. 7-32.

WARDROPPER, B. W.
1978 «La comedia española del Siglo de Oro», en: E. Olson/B. W. Wardropper: *Teoría de la comedia*, Barcelona: Ariel, pp. 181-242.

WEINBERG, Félix
1974 «La poesía gauchesca de Hidalgo a Ascasubi», en: Becco *et al.*, pp. 103-145.

WILLIAMS ALZAGA, Enrique
1955 *La pampa en la novela argentina*, Buenos Aires: Estrada y Cía, S.A.

6.3 REPERTORIOS

BUARQUE DE HOLANDA FERRERIRA, Aurélio
1999 *O Dicionário da Língua Portuguesa*, Rio de Janeiro: Editora Nova Fronteira.

CORREAS, Gonzalo
1627 *Vocabulario de refranes y frases proverbiales*, Madrid: Visor, 1992.

COVARRUVIAS OROZCO, Sebastián de
1611 *Tesoro de la Lengua Castellana o Española*, ed. de Felipe C. R. Maldonado, revisada por M. Camarero, Madrid: Castalia, 1994.

The New Encyclopædia Britannica
1983[15] Vol. 3., Chicago: Benton Publisher.

GULLÓN, Ricardo (coord.)
1993 *Diccionario de literatura española e hispanoamericana [DLEH]*, Madrid: Alianza.

INCHAUSPE, Pedro
1955   *Diccionario del* Martín Fierro *con un apéndice complementario*, Buenos Aires: Dupont Farré.

NÜNNING, Ansgar (ed.)
1998   *Metzler Lexikon Literatur- und Kulturtheorie [METZLER]*, Stuttgart/Weimar: Metzler.

OREGGIONI, Alberto F.
1987   *Diccionario de la literatura uruguaya*, 2 Vols., Montevideo: Arca.

REICHARDT, Dieter (ed.)
1992   *Autorenlexikon Lateinamerika [ALL]*, Frankfurt am Main: Suhrkamp.

7. Abreviaturas utilizadas

ALL =	*Autorenlexikon Lateinamerika* (coordinado por Dieter Reichardt).
Aurélio =	*O Dicionário da Língua Portuguesa* (coordinado por Aurélio Buarque de Holanda Ferreira).
DLEH =	*Diccionario de literatura española e hispanoamericana* (coordinado por Ricardo Gullón).
METZLER =	*Metzler Lexikon Literatur- und Kulturtheorie.*
HGL =	*Handbuch der Geschichte Lateinamerikas.*
Tesoro =	*Tesoro de la Lengua Castellana o Española* de Sebastián de Covarrubias Orozco.